山地丘陵区土地资源适度规模利用理论与实践

SHANDI QIULINGQU TUDI ZIYUAN SHIDU GUIMO LIYONG LILUN YU SHIJIAN

信桂新　邓　华　杨朝现　魏朝富 / 著

中国环境出版集团 · 北京

图书在版编目（CIP）数据

山地丘陵区土地资源适度规模利用理论与实践 / 信桂新等著. -- 北京 : 中国环境出版集团, 2024. 8.

ISBN 978-7-5111-5950-2

Ⅰ. F323.211

中国国家版本馆 CIP 数据核字第 2024QK8296 号

责任编辑 孙 莉
封面设计 岳 帅

出版发行 中国环境出版集团
（100062 北京市东城区广渠门内大街 16 号）
网 址：http://www.cesp.com.cn
电子邮箱：bjgl@cesp.com.cn
联系电话：010-67112765（编辑管理部）
010-67112736（第五分社）
发行热线：010-67125803，010-67113405（传真）

印 刷 北京鑫益晖印刷有限公司
经 销 各地新华书店
版 次 2024 年 8 月第 1 版
印 次 2024 年 8 月第 1 次印刷
开 本 787 × 1092 1/16
印 张 13.25
字 数 226 千字
定 价 65.00 元

前言

为寻求山地丘陵区农业经营方式变革的适宜模式和适用技术，本书作者围绕山地丘陵区农业现代化进程中土地资源流动过程与整合机制问题，遵循“种植业变化—模式探索—技术集成—效应反馈—机制构建”的逻辑框架，立足于区域农业资源禀赋和产业优势，响应种植业转型增效的契机，从宏观人地关系入手，以乡村地域空间结构优化与功能整合为导向，将人地协调的土地整治模式作为土地利用调控的理性选择；同时，在微观尺度上通过土地流转和土地整治的功能整合、技术重构及集成应用，研发适应农业适度规模经营需求的集成技术；发挥农业产业化和新型经营主体的引领作用，增加土地整治的有效供给；结合需求导向面和供给调整面的对应关系，构建了资源要素流动的各种“有形”“无形”通道及其整合机制。通过理论、技术与实践的综合，为破解山地丘陵区农业现代化难题提供科学参考。

本书得到国家自然科学基金面上项目“土地综合整治驱动下乡村要素融合机理与空间重构效应评价”（42171257）、国家科技支撑计划项目“乡村土地流转与资源整合关键技术与示范”（2013BAJ11B02）、重庆市社会科学规划项目“山区农地适度规模化演进机理与乡村聚落空间重构”（2017YBJJ035）的支持。

本书可供农业经济管理、农业工程、农业资源与环境保护、景观生态等专业的学生学习和参考，也可供地理学者、土地科技工作者及相关行业从业人员参阅。

目录

第1章　绪　论

1.1　研究背景

1.1.1　社会需求分析

“三农”问题不仅是一个经济问题，也是一个社会和政治问题。2004 年以来，中央一号文件连续锁定“三农”，坚持把解决好“三农”问题作为全党工作的重中之重。发展农业产业、建设社会主义新农村是解决“三农”问题的重大战略部署，而发展农业产业的关键是土地经营的规模化（魏巍，2015），建设新农村的核心是城乡建设用地的统筹（王雨濛和张安录，2006），但最根本的仍是城乡资源合理流动和优化重组基础上的效用发挥。2008 年以来，虽然国家在宏观政策层面上允许农民以多种形式流转土地承包经营权，发展多种形式的适度规模经营；借助土地流转，打造多种特色农产品产业带；通过城乡建设用地增减挂钩和农村建设用地价值转换来统筹城乡建设用地，但是，乡村土地流转不能仅满足于政策上的松动，必须攻克土地资源重新配置或整合过程中的一些重大或关键性技术问题，而这也是土地流转和资源整合政策能够凸显时效和发挥长效机制作用的基础。因此，土地资源流动与整合可为统筹城乡、新农村建设与农业产业发展提供用地前提和保障。

（1）土地资源流动与整合是发展现代农业、推进乡村振兴、统筹城乡发展的战略需求。

无论是发展现代农业、推进乡村振兴战略，还是统筹城乡发展，其核心都是土地资源整合基础上的相关城乡资源的流动和优化重组，而现有土地使用权的流转则成为当前阶段土地资源整合不可逾越的关键环节。因此，如何让乡村土地使用权顺畅流转，整合城乡资源，实现资源高效集约利用，达到高效升值和利益分配的公平透明成为城乡融合必须攻克的技术难关。

为加快中西部发展，缩小地区间和城乡间差距，2007 年国家将成渝两地设立为全国最大的一块统筹城乡综合配套改革试验区，其目的就是利用成渝两地在西部地区的重要性和特殊性，开展城乡统筹的先试先行。更为重要的是，国发〔2009〕3 号文将重庆改革发展提升为国家战略。作为全国最大的一块统筹城乡综合配套改革试验区，成渝两地如何积极响应国家发展现代农业、建设社会主义新农村、统筹城乡发展的战略需求，为粮食安全、农民增收、农业可持续发展、城乡资源流动提供成功的示范样板，是今后相当一段时间内统筹城乡先试先行的重中之重。

（2）土地资源流动与整合是破解乡村土地流转供需不畅和城乡资源流动受阻的区域需求。

近年来，由于务农机会成本逐年攀升，非农就业工资显著提高，乡村社会的“推力”和城镇特权的“拉力”共同促使大量农村劳动力从农业“析出”，“386199”成为农村留守人员的真实写照。在现有土地家庭承包的使用格局下，受青壮年外出、留守妇女和老人被动务农、地块分散零碎而农业效益比较低下、自然灾害频繁等情况影响，土地荒芜、闲置或季节性撂荒现象普遍，尤其在不能大规模利用机械替代人力的西南山地丘陵区。为此，倘若将粗放、撂荒或季节性抛荒的耕地流转给拥有劳力、资金、技术、市场等要素的专业合作社、公司（企业），将在很大程度上促进城乡社会资源的整合和重组，续建原来缺乏或改造功能缺失的基础或服务设施，以便土地适度规模经营的实现，以及农业技术和农机装备的推广应用，最终打造功能多样的农业科技产业示范园，提高资源和设施整合的可能性和使用效率。同时，将闲置或使用效率不高的农村建设用地按照周围土地的用途进行转换，可以大幅提高农村建设用地的节约、集约利用程度，而且将农村节省出来的土地进行价值转换用于置换城镇扩张对周围土地的占用，实现城乡建设用地的统筹和优化。

在成渝城乡统筹区，人地关系相对紧张基础上的农业劳动力大量“析出”（朱扶平等，2010），为乡村土地流转的发生提供了可能。据《重庆土地利用总体规划（2006—2020 年）》《重庆市土地整治规划（2011—2020 年）》以及相关调查数据，截至2010年，重庆已撂荒耕地面积为12.71万 hm^2，撂荒率为5.2%；农村居民点空置率在18%以上，复垦面积潜力为7.40万 hm^2；土地流转面积约51.34万 hm^2，占家庭承包总面积的38%。依据重庆现有农村人口和城市化率，考虑2020年统筹城乡发展70%的城镇化目标，将约有602万人转为非农业人口。届时按人均耕地面积0.08 hm^2 计算，将约有48.16万 hm^2 面积的耕地被释放。更为重要的是，目前重庆农村人均综合建设用地面积为250 m^2，城市人均综合建设用地面积为80 m^2，若一个农村人口转化为城市人口，可节约土地面积170 m^2，据此折算，共可节约土地面积约10.23万 hm^2。

因缺乏相应的技术支撑，土地资源的流动与整合出现预期与现实间的较大差距，进而使得现行乡村土地流转不畅和城乡资源流动受阻。无论是耕地还是农村建设用地，流转的发生和资源整合的可能均受制于对未来收益预期及其稳定程度的判断，而未来收益预期及其稳定程度在很大程度上取决于流转发生地基础设施配套程度和技术集成与推广应用基础。鉴于目前大多数地力培肥、田块整治、设施配套、节水灌溉等技术仅在局部开展示范或试验，大范围复制尚未进行或开展，因此，针对山地丘陵区开展土地资源流动与整合的有效途径和关键技术研究，有助于推动该区域土地流转预期的实现和资源整合的开展。

（3）土地资源流动与整合是深化城乡统筹、加强农业农村科技创新、发展现代农业的科技需求。

农业科技是保障国家粮食安全的基础支撑，是突破资源环境约束的必然选择，也是加快农业现代化建设、统筹城乡发展的决定力量。《国家“十二五”科学和技术发展规划》《农业科技发展规划（2006—2020年）》《农业科技发展“十二五”规划》均提出要加快推进农业农村科技创新，其核心内容就是农业关键技术的突破与成果转化应用能力的提升。遵循上述规划，2012年的中央一号文件瞄准加快推进农业科技创新，提出实现农业持续稳定发展的根本出路在于科技，加快农业机械化就要不断拓展农机作业领域，提高农机服务水平。

2015年，重庆农业耕、种、收的综合机械化水平达40%以上，成都因地势较为平缓，综合机械化水平较重庆高10余个百分点，预计2020年重庆和成都农业耕种综合机械化水平均应分别提高到 50% 和 60% 以上。但是，鉴于成渝统筹城乡综合配套改革试验区的辐射和带动范围都在山区，而山区农业科技、农业机械等因受地形起伏多变、地块零碎分散、地类混合镶嵌等影响推广和应用困难，农村适度规模经营的生产方式也较难实现。针对这些障碍性因素，要改变传统的农业经营模式，发展“规模化、产业化、机械化、科技化”的现代农业，就必须用活农村集体土地使用权，尤其是耕地承包权和农村集体建设用地使用权。因此，面对成渝城乡统筹区“深化城乡统筹、加强农业农村科技创新、发展现代农业”的科技需求（张鸿等，2010），要实现农村发展的用地集约化、产业设施化、资源流动化，需要攻克土地资源流动与整合的有效途径和关键技术。

1.1.2　科学问题分析

在国外，因土地所有制所决定的土地流转主要指土地交易（刘奇，2014），但私有制下的土地交易较易导致土地集中，而且市场在公开的买卖过程中经常发生失灵现象，进而导致土地利用的动荡，并引发诸多社会和政治问题（刘莉君，2013）。为此，很多国家采取了一定措施对土地买卖进行宏观干预和限制。就国外土地流转的发展情况来看，即便在允许土地买卖的国家，土地买卖的实际比率也非常小（孟繁元等，2006），如美国土地买卖比例为 2%～5%、英国土地买卖比例为 1%、印度土地买卖比例为 0.19%～1.23%、匈牙利土地买卖比例为 7%（张云华，2014）。在很多发展中国家，土地买卖不仅不能缓解贫困和优化土地资源配置，反而可能使失去土地的农民更加脆弱。为此，在选择土地买卖方式时，更多倾向于采取土地租赁的方式（Vanlauwe et al.，2014）。在多米尼加，有安全保障的土地租赁制度会增加穷人家庭拥有的土地，从而对穷人家庭福利改善产生积极作用（Gross et al.，2014）。在尼加拉瓜，拥有土地所有权凭证的农户更愿意出租他们的土地，为更有效经营土地的农户提供增加种植面积的机会（Kramer，2012）。在埃塞俄比亚，土地确权证书有力地提高了农村土地租赁市场的交易水平，让更多的女户主参与土地租赁活动，增加了广大妇女从土地租赁交易中受益的机会（Nahusenay & Tessfaye，2015）。

由此可见，土地流转可促进土地的集中，便于规模经营和利用效率的提高。来自发达国家和发展中国家的农业生产率的实证数据表明（车维汉和杨荣，2010；李文秀等，2015），土地规模经济的作用能提升约15%的生产率，而在高收入的发达国家和低收入的发展中国家，土地规模可缓解约25%的劳动生产率差异。此外，租赁是把土地从生产率较低的生产者向生产率较高的生产者流转的更灵活且更通用的方式。综观世界各国，土地流转的发生均是受土地的破碎对规模化、产业化生产的限制和提高土地产出率、产品综合竞争力的需求驱动。微观上，土地边际产出率较低的农户将土地流转给土地边际产出率较高的农户，在边际报酬递减的作用下，两者的边际产出趋于相等，资源配置效率达到最优。可见，土地流转有助于扩大经营规模，获得潜在效益，尤其是在土地私有制的国外，土地流转是实现土地资源优化配置和财富增长的方式之一。

从资源整合的角度来看，农村土地流转是一个具有“边际产出拉平效应”的“帕累托改进”过程（夏渝，2010）。其本质是推进土地要素的市场化，从而有效地改善土地资源的配置效率，进一步驱动农业劳动力的顺畅转移，为农业规模化、集约化、高效化经营提供便捷通道。现阶段，在我国劳动力市场和资本市场不充分的条件下，土地流转是促进资源有效配置的最佳途径，大幅提升了农业生产过程中的科技含量，推进了外向型农业的发展，刺激对土地资源利用的深度投资，减少农户的风险规避行为，有利于形成并提高抵御自然风险和市场风险的能力，降低经营风险，可在“保收益，抗风险”间找到均衡点，防止“价格伤农”现象频发（卞瑞鹤，2015）。目前已形成以转包、出租、互换、转让、入股、抵押等为主的土地流转模式。多样化的土地流转模式在很大程度上解决了农村土地的“四荒”和“有地无人种，有人无地种”问题。更为重要的是，借助土地整理中的田块归并、基础设施改造或续建等，建立了以土地整理项目为先导的引导地方政府招商引资逐步实现农村土地承包经营权流转的新思路，既流转了土地，又整合了基础设施和相关产业资源。

从区域上看，东部经济较发达和城郊非农机会较多的地区多采用股份合作经营、承包土地资本化、承包土地证券化等模式（卢建新和苏雨薇，

2013）。而在非农就业机会不多的地区采用承包土地反租倒包、团体租赁经营、托管经营等模式。但新型流转模式对农业内外部条件要求较高，如劳动力素质、社会保障、企业自身条件等。相较于东部沿海地区，作为全国城乡综合配套改革试验区的成渝地区，现已将农村集体土地流转作为城乡统筹试验改革的重要手段之一，积极探索土地利用的集约化、规模化和产业化经营模式。以重庆为例，自开展土地流转以来，土地承包地经营权流转速度不断加快，2008 年全市土地流转绝对面积达到 33.18 万 hm^2，占农村承包耕地总面积的 25.3%；截至 2014 年年底，全市承包耕地总面积为 234.89 万 hm^2，其中土地流转面积为 93.33 万 hm^2，流转比率为 39.7%，同比增长 3.1%；适度规模经营面积为 76.53 万 hm^2，适度规模经营集中度为 32.60%（中共重庆市委研究室课题组，2016）。同时，土地流转的参与主体呈多元化的发展趋势，除传统的农户与农户之间相互流转之外，专业大户、专业合作社、产业化龙头企业、社会工商企业等多种社会资本也参与到流转中。调查显示，在都市核心圈近郊大约有 50% 的农村土地流向农业产业化龙头企业，有 30%～40% 的农村土地流向农业种养专业大户和农民合作经济组织。

土地作为最基本的生产和发展要素，承载着人类社会发展的所有活动。土地流转与整治改变了现有土地的权益分配和生产效率，是充分发挥土地利用效益的一种有益尝试和重要方式，更是实现城乡资源流动和优化配置、农业规模化生产及产业化经营、改善乡村居住环境和适应现代农业发展的一种有益探索。因此，以土地资源作为统筹城乡发展的载体或纽带，宜将土地资源的流动与整合作为农业现代化、城乡一体化顺利开展的关键支撑和基础。

现有文献已对成渝农村土地流转与资源整合展开了大量研究工作（董刚和丁新正，2009；谢新，2012），但分析发现，大多文献集中在土地流转对农村土地产权体系重构影响的理论分析上，并注重探讨土地流转与外部制度环境因素、与土地流转主体行为选择的相关关系，以及宏观机制的构建；在少量针对土地资源流动与整合联动关系的研究中，多侧重于从耕作田块、道路工程、蓄水工程、农村建设用地复垦等分块工程技术上（范玉芳等，2010；陈心佩等，2016）探讨土地整治对土地资源整合利用的情况，以及反映土地流转所带来的资源整合效应，但鲜有技术集成层面的相关研究报道。

实际上，无论是土地使用制度改革还是农田、居民点的改造，都造成了农村土地利用结构的调整和利用效率的变化。土地流转是土地使用权转移以及收益的流动和再分配，农地整治是农地自然属性以及利用方式的重构和调整，居民点复垦和新村建设是农村建设用地的布局优化和效用提升。这些变化过程的实质正是土地资源的流动与整合。当然，无论是土地使用权的调整还是技术的改进，都是为适应提高土地利用效率的需要，以达到综合效益的最佳，从而带动乡村内部、城乡之间的资源整合，最终实现城乡融合发展和资源的高效利用。

成渝城乡统筹区自然禀赋优良，产业基础较好，城镇分布密集。但与成都相比，重庆的统筹城乡在“大城市、大农村、大山区、大库区”基本市情的背景下更有特殊性，尽管田块分散、农户耕地撂荒、土地细碎未严格限制生产，但加剧了农户生产的策略风险，致使生产效率降低，造成小型农机具的大量重复置备，妨碍了大中型高效的机械和农田水利工程等的投入，使土地供需矛盾加剧，不利于城乡统筹区的资源流动与整合，以及城乡间的统筹发展、新农村建设和“三农”问题解决。另外，重庆丘陵山区在加强农业综合开发、推进农业技术进步、促进农业产业基地建设等政策引导基础上，要求土地整治的创新模式要以调整农村土地权属关系为前提，有计划、有步骤地推进重庆山地丘陵区土地的规模经营，实现农业产业化发展。因此，围绕成渝城乡统筹区，尤其针对重庆“大城市、大农村、大山区、大库区”的城乡土地利用格局和生态—经济需求特点，研究山地丘陵区土地资源流动与整合的过程，探索资源流动与整合的适宜模式，集成关键技术，评价其效应，有助于山地丘陵区人口、资源、经济与生态间的整合，构建社会主义新农村建设中土地流转的长效机制，为土地流转制度的制定提供科学依据，为山地丘陵区土地资源的流动与整合的顺利开展提供技术支撑与示范。

1.2 研究意义

人多地少、人地矛盾突出，是中国近代以来的基本国情（王昉，2007）。在我国漫长的封建社会里，农民一直是由占有少量土地和生产资料的自耕农和依附于地主的佃农两种身份构成，但不论哪种都是以自给自足的小农经济存在（叶茂等，1993）。即使我国实行改革开放之后，以农户家庭经营为主导的家庭承包制改革，实质上也是一种小农经济设计（向国成，2005）。但受快速的工业化、城镇化进程驱动，城市和基础设施建设对土地资源的需求旺盛，导致大量优质耕地被占用，耕地过度非农化问题突出（刘彦随，2015）。同时，由于各行业排放的污染物处理不当，导致水土环境恶化，严重威胁食品安全和人类健康（Tilt，2013）。在耕地持续减少、生态环境持续恶化的双重压迫下，我国高度紧张而敏感的人地关系前景更为堪忧（刘彦随，2011）。在城乡对立的二元结构下，一方面，农村居民点用地并未顺应工业化、城镇化潮流，伴随大量农村人口非农化转移而有效减少，反而呈现“人减地增”“外扩内空”的用地态势（刘彦随和刘玉，2010）；另一方面，耕地并未有效摆脱小农式的分散土地经营模式，响应农业现代化发展要求，推行适度规模经营，反而呈现农户兼业化（钱忠好，2008）、农业副业化（孔祥智和周振，2014）、农地边际化（刘成武和李秀彬，2006a）和劳动力老龄化（李澜和李阳，2009；何小勤，2013）四大特征，不仅妨碍了土地适度规模经营和机械化，也束缚了农业科技成果的推广应用，导致农业生产效率低下、农业产业化程度低下、农业经济效益差等（秦志伟，2016）。无论是从宏观社会经济背景，还是从农业本身的经营格局，都在寻求土地资源的流动性变革（罗必良，2013）。问题是，我国是一个多山地丘陵的国家，山地、丘陵和高原面积约占全国土地总面积的69%，而耕地分布在这三大地貌区的面积比重高达69.27%。可以说，没有山地丘陵区的农业现代化，就没有我国的农业现代化。农业机械化是农业现代化的基础，农业产业化、专业化、规模化是农业现代化的重要内容（罗小锋和刘清民，2010），而山地丘陵区的农业机械化、产业化、规模化仍然是我国农业转型发展进程中理论和技术上的难题（敖方源，2016）。因此，推动我国农业转型发展，探索我国农业现代化发展的适宜模式（黄宗智，2009），有必要及时总结山地丘陵区农业适度规模经营的理论、技术与实践经验。本书以资源流动与整合为视角，着眼于种植业变化的趋势和政策方向，遵循“模式—技术—效应”的逻辑思路，结合土地流转、农业产业化及土地整治的理论与实践，探讨山地丘陵区农业现代化进程中土地资源的流动与整合问题，具有重要的理论、技术和政策意义。具体体现为：

（1）在理论上，借鉴已有的理论成果，基于农地适度规模经营前后农业生态—经济系统的变化提出山地丘陵区农业经营模式转变的方向；基于人地协调的价值关怀提出山地丘陵区土地资源整合利用的适宜模式；基于山地丘陵区农业现代化提出开展农业适度规模经营的土地流转与土地整治联动途径；基于农业产业化视角构建土地资源流动与整合效应评价指标体系和评估模型。以上述4个方面为基础，搭建土地资源流动与整合的理论框架，为助推山地丘陵区农业现代化进程提供理论参考。

（2）在技术上，依据人地协调的土地整治模式框架，基于生产、生活、生态三大空间，提出农用地整合技术、农村建设用地盘活技术和生态景观提升技术3条技术途径；基于土地流转与土地整治联动，通过功能整合、技术重构及集成应用，从土地流转与产业发展协同、土地及附属资源整合两个方面，集成山地丘陵区土地资源流动与整合的关键技术。以上述两个方面为基础，构建土地资源流动与整合的技术体系，为实现山地丘陵区农业现代化提供技术支撑。

（3）在政策上，通过分析改革开放以来种植业的发展特征及变化趋势，提出种植业发展的政策取向；通过选取代表区域，分析比较山地丘陵区和平原区农地流转与适度规模经营的差异，提出山地丘陵区差别化的农地利用政策；通过分析3个农业产业化进程梯度差异明显区域的土地资源流动与整合效应，提出农业产业化导向下差别化的土地整治对策；通过土地资源流动与整合过程分析，构建相应的流动与整合机制，并提出配套政策，为加快山地丘陵区农业现代化进程提供决策参考。

1.3 研究目标与内容

1.3.1 研究目标

围绕推动农业转型发展、实现农业现代化，以资源流动与整合为视角，以重庆市江津区为研究样区，并选取四川省广汉市和重庆市荣昌区、铜梁区、梁平县为主要参照，结合土地流转、农业产业化及土地整治的理论与实践，基于农业经营模式选择、土地资源整合利用模式构建、土地流转与土地整治联动以及土地资源流动与整合效应评价，搭建土地资源流动与整合的理论框架；通过分块技术整合、重构和集成应用，构建土地资源流动与整合的技术体系；通过宏观政策取向分析、区域差别化农地利用对策讨论和土地资源流动与整合机制构建，为山地丘陵区实现农业现代化、推进适度规模经营提供决策依据。

1.3.2 研究内容设置

（1）山地丘陵区种植业变化与政策启示。种植业是整个农业的基础。近年来，我国口粮消费有所下降，但饲料用粮、工业用粮快速增长。同时，多样化、中高层次的食品消费需求在不断扩大。受需求拉动，大量工商资本通过流转土地和农业结构调整改造传统农业生产经营方式，导致大量耕地由水田转为旱地、由谷物用地转为经济作物用地。以重庆市为研究区，利用统计数据和半结构访谈信息，构建种植业变化影响因素灰色关联多维分析模型，通过分析1978—2018年种植业的变化，解释改革开放以来种植业的发展特征，提出未来种植业发展的政策方向。

（2）山地丘陵区土地资源流动与整合利用特征。立足成渝统筹城乡综合配套改革试验区，选取地处山地丘陵区的重庆市江津区为研究样区，并以地处平原区的四川省广汉市为参照对象，依据对两个区域农地流转与适度规模经营的大量调查数据，分析比较山地丘陵区农地流转与适度规模经营的差异化特征，并运用能值分析法综合评价两个区域农地流转与适度规模经营带来的变化效应差异，为山地丘陵区因地制宜地寻求农地流转与适度规模经营的模式、制定差别化的农地利用政策提供参考。

（3）山地丘陵区土地资源整合利用模式与实践。应对我国人地关系、城乡关系矛盾和转型发展需求，在已有理论成果的基础上，立足于人地协调的价值关怀，综合论述人地协调的土地整治理念、模式与技术途径，并结合典型案例予以实证，以便从基础理论研究层面对现阶段土地整治存在的问题给予系统的解答，提出山地丘陵区土地整治的适宜模式和技术途径。

（4）山地丘陵区土地资源流动与整合集成技术。推动我国农业转型发展，探索我国农业现代化发展的适宜模式，有必要及时总结山地丘陵区农业适度规模经营的理论、技术与实践经验。遵循“理念—技术—示范”的逻辑思路，结合土地流转、农业产业化及土地整治的理论与实践，立足于山地丘陵区农业现代化，对农业适度规模经营的理论与技术及实践进行探讨，提出山地丘陵区土地流转与资源整合集成技术，并进行示范应用。

（5）山地丘陵区土地资源流动与整合效应评价。借助“十二五”高标准农田建设综合成效评估工作，以农业产业化为视角，以重庆市3个农业产业化进程梯度差异明显的高标准基本农田建设示范县为样区，以土地整治项目为样点，通过构建高标准基本农田建设后经济—社会效应评价指标体系，并以熵权法确定指标权重，以改进TOPSIS模型进行高标准基本农田建设后经济—社会效应评价，丰富高标准基本农田建设的理论与实践，为山地丘陵区在精准扶贫和农业转型发展中科学实施高标准基本农田建设提供指导。

（6）基于城乡融合的土地资源流动与整合机制构建。资源流动与整合核心在于破除各种有形、无形资源流动与整合障碍，建立城乡要素双向流动的机制，形成城乡融合发展的载体和抓手。为此，以“刘易斯通道说”为视角，通过分析城乡融合中资源流动与整合的过程，以及对全国统筹城乡综合配套改革试验区——重庆市的实践考察，总结资源流动与整合促进城乡融合的经验做法及成效，提出相应的创新机制和配套措施，以期为城乡融合发展提供决策参考。

1.3.3 拟解决的关键问题

（1）种植业变化的机理分析。近年来，基于全球变化、工业化、城镇化背景，大量文献从气候变化、生物技术创新、劳动力转移、市场等角度有针对性地开展了种植业变化机理方面的研究，其中一些研究已不自觉地涉及粮食产销平衡区。综合这些成果进一步证明，种植业变化离不开各类因素的综合作用，但从整体上对此作出系统阐释的报道还不多见，在研究区明确粮食产销平衡区的文献更是少见。重庆市是山地丘陵区和粮食产销平衡区的叠加区域，摸清其种植业变化的内在机理，对于客观把握种植业发展的政策方向具有特殊意义。

（2）土地资源整合利用模式研究。围绕传统农村改造，以及新型城乡关系构建，以实现城乡一体化发展和人地协调，地理学者和土地科技工作者提出了以土地整治为重要抓手和空间支撑平台调解、调控人地关系的基本方略，并依据经济地理学、乡村地理学、景观生态学以及资源优化配置理论、人地关系地域系统理论等，形成了土地整治生态景观建设理论、乡村空间重构理论、空心村“三整合”理论、乡村土地流转与整治联动的资源整合理论等创新性理论成果，不仅填补了转型期我国农村土地整治学术研究理论建设上的诸多空白，也为深化土地整治科学决策和规划实践研究提供了重要的理论参考。但是，在现代意义上我国大规模地开展土地整治自 2000 年至今仅有二十几年，现阶段土地整治仍处于起步和探索阶段，在发展过程中盲目性、过度工具化和行为短期化等问题造成的社会经济和生态环境负面效应依然严重。因此，如何进一步从基础理论研究层面给予系统的解答，成为丰富转型期中国农村土地整治的理论与实践，推进土地整治事业可持续发展的关键问题。

（3）基于资源流动与整合的农业转型路径。经历 40 多年的改革开放，我国城乡、工农二元结构矛盾导致的资源流动性不畅、整合受阻，已成为弥合城乡、工农差距，制约经济社会健康发展的结构性障碍。在二元结构下，小农经济长期低效徘徊，资本、技术、营销渠道乃至市场经验等现代农业生产要素极度缺乏，其中地块破碎、经营分散、机械化率低、基础设施配套差、劳动力不足等问题，对农业发展、粮食安全的不利影响加剧显现；农村建设用地闲置、废弃、利用低效，城乡建设用地统筹困难。技术进步、产业化经营，以市场需求引导农业结构调整等改造举措，是传统农业向现代农业转型发展的有效手段。问题是，如何将现代生产要素和经营方式的顺畅输入来提高资源配置效率，推动农业转型发展？为此，找到现代农业生产要素与传统农业生产要素结合的资源与空间，将现代生产要素与传统生产要素有机结合起来，探索形成资源流动与整合的互补性模式和有效途径，成为破解结构性障碍、推动农业转型发展要解决的关键问题。

（4）基于农业产业化与高标准基本农田建设开展土地资源流动与整合效应评价。高标准基本农田建设是土地整治的主要内容，更是提高耕地综合生产能力、改善农业生产条件、保障国家粮食安全、发展现代农业的宏观战略举措，也是推动农村经济发展、农业产业培育以及农村社会和谐和有序治理的基础平台和重要抓手。但是，与丰富的土地整治绩效评价研究现状相比，作为中国农业转型的有力支撑，高标准基本农田建设评价方面直观的研究报道显得较少，以致在高标准基本农田建设的投资决策和项目管理中，一些共性问题反复出现，严重影响了高标准基本农田建设的效果。因此，结合农业产业化进程的梯度差异研究高标准基本农田建设后的经济—社会效应问题，对土地整治更好地支撑农业产业化将具有极强的现实意义。

1.4 研究思路与方法

1.4.1 研究思路

围绕山地丘陵区农业现代化进程中土地资源流动与整合的过程和机制问题，以资源流动与整合为视角，在对重庆市种植业变化趋势分析的基础上，以江津区为研究样区，并选取四川省广汉市和重庆市荣昌区、铜梁区、梁平县为主要参照，遵循“种植业变化—模式探索—技术集成—效应反馈—机制构建”的逻辑框架，结合土地流转、农业产业化及土地整治的理论与实践，首先，以种植结构及经营模式变化为需求导向，一方面，通过分析1978—2018年重庆市种植业的变化，客观把握未来种植业发展的宏观政策方向；另一方面，通过典型区域比较，表征山地丘陵区土地资源流动与整合利用特征，探讨山地丘陵区差别化的农地适度规模经营模式。其次，以土地资源整合利用模式和土地资源流动与整合关键技术为支撑，一方面，应对土地资源流动“不畅”和乡村地域空间整合“受阻”，通过综合论述人地协调的土地整治理念、模式与技术途径，探讨山地丘陵区土地资源整合利用的适宜模式；另一方面，综合土地流转、农业产业化及土地整治的理论与实践，揭示传统农业向现代农业的转型路径，集成山地丘陵区土地资源流动与整合的关键技术。再次，以土地资源流动与整合效应为反馈，选取农业产业化进程梯度差异明显的高标准基本农田建设示范县为样区，以土地整治项目为样点，实施土地资源流动与整合效应评价。最后，以基于城乡融合的资源流动与整合机制构建为保障，通过分析城乡融合中资源流动与整合的过程，以及对重庆市的实践考察，集中构建土地资源流动与整合机制，并提出相应的配套政策。

1.4.2 研究方法

（1）田野调查方法。本书对农户和经营大户的调查，即遵循了田野调查方法。首先，调查人员到当地政府报到，以取得当地县政府、乡政府和村委的支持。其次，到达研究区前后，通过查阅相关资料、走访相关部门，掌握研究区的基本情况，在确定调查点过程中征求当地政府和职能部门的意见。最后，选定调查点后，为便于参与观察和深度访谈，调查人员深入农户家中和经营大户的农业作业区域了解、追踪土地流转和农业经营情况。

（2）一般统计分析方法。本书中，为整理农户和经营大户调查问卷、访谈材料及相关统计数据，将进行大量的统计分析工作。统计分析工作平台是在 SPSS 20.0 的环境下完成的。具体的统计分析方法包括描述性统计、变化趋势分析、标准差系数（CV）等方法。

（3）GIS 空间分析方法。本书中，我国粮食产销平衡区及重庆样点区的分布、人地协调的土地整治案例区、山地丘陵区土地流转与资源整合技术综合示范点、农地适度规模经营典型案例区、农业产业化进程梯度差异明显的高标准基本农田建设示范县，以及重庆市功能分区、研究样点区及地票生产和落地区域，均是基于 ArcGIS 9.3 进行图件空间分析处理。其中，人地协调的土地整治案例区和山地丘陵区土地流转与资源整合技术综合示范点则是从 DWG 格式的项目区土地利用现状图、土地利用规划图（农地整治项目 1∶2 000，农村建设用地复垦项目 1∶500）及工程单体图转换而来。

（4）数据处理与建模方法。本书在研究种植业变化的影响因素时，基于种植业变化多维分析框架，依据灰色系统的关联理论，建立了种植业变化影响因素灰色关联多维分析模型；在研究农地适度规模经营对农业生态—经济系统的影响时，基于农业生态系统能流图，建立了能值分析模型；在研究高标准基本农田建设后经济—社会效应问题时，基于熵权法与改进 TOPSIS 模型，构建了高标准基本农田建设后的经济—社会效应评价模型。其中，设计的数据处理与建模方法包括定性指标的量化处理、数据指标的无量纲化处理等。研究技术路线见图 1-1。

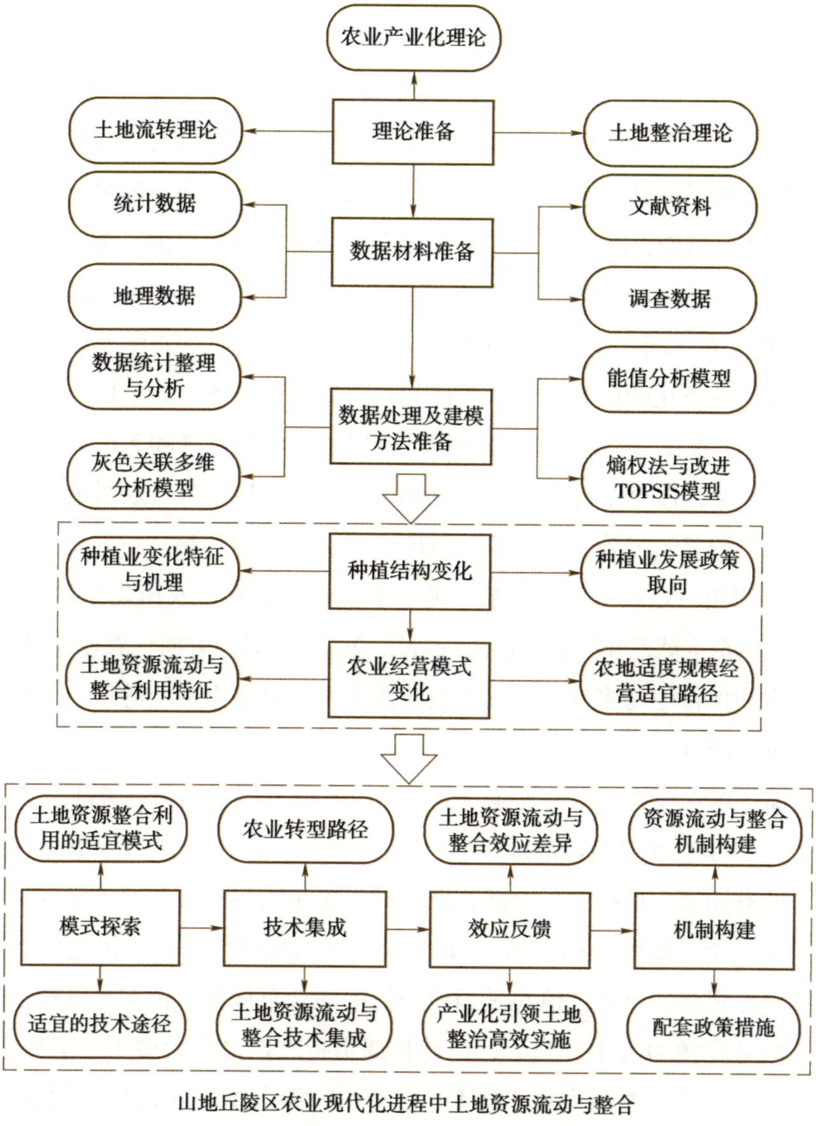

图 1-1 研究技术路线

第2章　土地资源流动与整合研究进展概述

近代以来，全球农业产值的比重持续降低，但农业的重要性更加突出。在国民经济中，农业仅是一项基础性国民经济活动（许传力，2016），但农业发展不仅实现了自身多功能价值（刘丽伟，2012），还驱动了涉农产业和非农经济发展（严斌剑，2011），为工业化乃至整个经济发展提供了基础和前提条件（胡霞，2000）。《2008年世界发展报告》指出（IBRD，WORLDBANK，2007），传统农业国农业增加值在其国内生产总值中的平均贡献率近30%，而转型中或已城市化的国家，与农业相关的制造业和服务业的平均贡献率超过30%。同时，农业是全球农业人口中85%以上小农生产者和无地雇工近乎唯一的生计来源，以至于对全球贫困治理的贡献80%以上来自农村地区的条件改善和人口脱贫。另外，农业的生态环境意义也不容忽视。一方面，农业的过度开发利用，导致水资源短缺、地下水枯竭，引发了农用化学物质污染、土地退化乃至全球气候变化（Lieke et al.，2009），另一方面，农业通过固碳、流域治理和保持生物多样性，有效地缓冲了人类对生态环境的压力（章家恩和骆世明，2004）。

目前，以农业为中心的竞争日趋激烈，农业发展面临艰巨挑战。20世纪70年代，基辛格展望美国地缘政治长期目标时就指出：谁控制了石油，谁就控制了所有国家；谁控制了金融，谁就控制了全世界；谁控制了粮食，谁就控制了全人类（威廉·恩道尔，2008）。欧美国家凭借工业化优先发展优势和人口资源优势，农业产值在其国民经济中的比重极低，但在高额价格补贴政策下农业竞争力又十分强大，因此长期奉行农产品低价政策（董运来等，2008），其他国家一经参与欧美体系，农业生产能力便大幅下降，并长期处于绝对不利的竞争地位，尤其对于高度依赖农产品出口的发展中国家而言，国家命脉更是难以自主。加之水资源短缺、耕地减少、生态环境恶化以及全球气候变化等严峻威胁，发展中国家的农业持续稳定发展和农产品有效供给面临艰巨的挑战。在传统农业向现代农业转变的当口，以农业资源要素的流动与整合为特征，工业要素正在快速替代传统要素投入，尤其以机械化替代畜力和手工作业、化肥等农业外部要素替代农家肥等农业内部要素、科学知识和实验型农业替代经验传承型农业、专业化商品型农业替代零散的自给型农业为突出表现（程序等，2008）。问题在于，在这个过程中，农业资源要素发生了怎样的变化？其流动与整合的路径有哪些？又会给资源利用、经济社会发展和环境带来什么影响？围绕这些问题，众多专家学者结合不同的命题或基于不同的视角，开展了大量工作，取得了丰富的研究成果。我国是世界上最大的发展中国家，农业、农民和农村问题始终是国家经济发展和社会稳定的首要问题（范鼎和闫明，2002）。为此，本书立足于我国农业资源要素流动与整合问题，按照农业资源要素概念解读—流动与整合途径分析—资源利用效应评价的逻辑思路，对已有的相关文献报道进行述评，以期为开展土地资源流动与整合研究提供参考和借鉴。

2.1 农业资源要素构成及属性

推动农业持续发展的根本措施是合理开发、利用和保护农业资源，因此厘清农业资源要素的内涵、外延、层次体系显得尤为重要（缪瑞林，2000）。西方农业经济学著作认为，一切农产品来自各种生产资源的配合，故提出了“农业生产资源”概念，包括土地、劳动、资本和管理四大要素（蒋宏宾，1996），这一概念将农业资源指向了社会经济资源类型。在我国，“农业资源”一词最早见于 20 世纪 80 年代后期寇有观（1987）的《农业资源信息系统的研究》一文，该文虽未明确农业资源的概念，但基本指向农业自然资源类型。事实上，农业资源的内涵与外延广泛，涉及各个方面的资源。1999 年，刘书楷首先较为系统地阐述了“农业资源”的含义和范围，提出应从资源整体性上系统认识农业资源的范畴，认为农业资源即主要用于农业生产和农业产业部门的资源。其后，王海燕（2002）提出，农业资源是农业在自然再生产和经济再生产过程中，涉及的农业自然、农业环境和社会经济等各类资源的总称，是人类从事农业生产或农业经济活动所利用或可利用的各种资源总称。在此基础上，谢高地（2002）做了进一步修正，认为农业资源是农业在自然再生产和经济再生产过程中所涉及的自然资源和社会经济资源的总称，并由此奠立了农业资源"两分法"的框架（图2-1）。随后，徐勇等（2009）进一步将自然资源细分为土地资源、水资源、气候资源和生物资源等，将社会经济资源细分为资本、劳动力、科学技术、信息和管理等资源。此外，从资源利用的广义角度，农业资源是一个具有无限定意义的集合概念，随着科学技术的进步，农业资源的内容还将拓展。黄祖辉（2009）将反映农业经济效益的资源概括为土地资源、劳动力资源、水资源、物资资源、技术资源五大类；周小萍（2004）将区位、基础设施功能引入农业社会资源评价体系中；李炳坤（2007）认为，在农业社会经济资源中，应加强农业社会服务资源的供应，尤其是生产性设施、技术推行设施、农产品流通和生产要素流通设施、信息服务设施等。

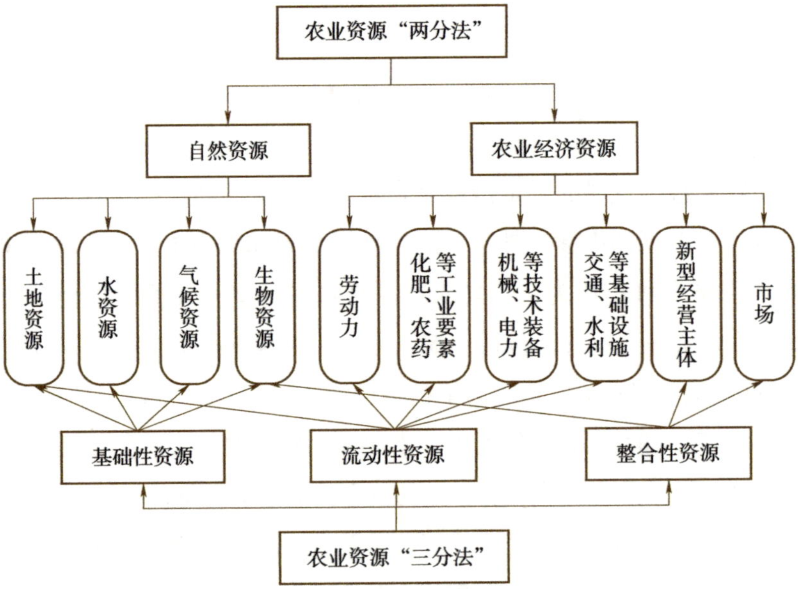

图2-1　农业资源要素构成

综合来看，农业资源包括自然资源和农业经济资源两个方面。自然资源是指农业生产可以利用的自然环境要素，如前文所述的土地资源、水资源、气候资源、生物资源等，并具有整体性、地域性、动态平衡性、可更新和再生性、数量有限性和潜力无限性等特性（段建南，2013）；农业经济资源是指对农业生产有直接或间接作用的社会经济因素和社会生产成果，如农业人口、劳动力、农业技术装备以及水利、交通等农业基础设施等。从资源利用的角度来看，虽然这种"两分法"的划分框架能够较好地反映资源构成和资源禀赋，但难以体现利用过程中资源要素的流动与整合。因此，依据流动与整合过程中不同资源要素地位和功能的差异，将农业资源重新划分为基础性资源、流动性资源和整合性资源，简称为"三分法"。

如图 2-1 所示，基础性资源包括自然资源方面全部的自然环境要素，是资源流动与整合过程中一个相对稳定的方面。相较而言，流动性资源则十分活跃，包括土地资源，劳动力，化肥、农药等工业要素，机械电力等技术装备以及交通水利等基础设施。其中，土地资源的自然和经济双重属性，使其具有基础性资源和流动性资源的双重性，并是资源流动与整合主要的载体性资源，其他流动性资源主要依附于此发生转移。而整合性资源是农业资源要素优化配置的主导力量和媒介，包括新型经营主体、市场和生物资源，农业生产具有鲜明的地域性和节律性，因此利用新型经营主体和市场的力量因地制宜地发挥区域优势或特色生物资源，有助于形成规模化、专业化的农业产业发展格局，从而驱动农业资源要素优化整合。为此，基于资源流动与整合过程中农业资源要素的重要性和活跃度，重点对土地资源、劳动力、农业产业要素做进一步阐释。

（1）土地资源。

土地是万物之本，是一切生物赖以生存、繁衍的物质基础。土地资源是已被人类所利用和可预见的未来能被人类利用的土地，是自然属性和社会经济属性的结合体（王桂艳，2015）。从利用状况来看，土地资源可分为由耕地、园地、林地、草地、工矿交通居民点用地等土地类型组成的已利用土地，由宜垦荒地、宜林荒地、宜牧荒地、沼泽、滩涂、水域等土地类型组成的宜开发利用土地，以及由戈壁、沙漠、高寒山地、冰川等土地类型组成的难利用土地。

从土地资源的整体性来看，高效利用农村土地资源，减少闲置、浪费，关乎农村乃至整个社会经济未来长远发展和国家粮食安全。土地资源是农业发展的基础，在世界各国工业化、城镇化进程中，非农建设用地规模快速增长，不仅导致农业用地尤其是耕地资源持续减少，同时带来土地退化、污染、浪费等诸多问题（Tilt，2013；龙花楼，2013），以致城市与乡村、吃饭与建设、发展与环境等二元结构性矛盾呈持续加剧趋势。在吃饭、建设与生态的多维需求下，推动土地资源合理、高效、持续利用日益迫切。我国人地矛盾突出，但改革开放以来工业化、城镇化的快速推进又对人地关系产生了深刻影响（李伯华，2014），适时调整和完善土地资源利用方式的要求已摆到眼前（龙花楼，2015）。目前，我国农村土地资源普遍利用低效（王庆日和唐健，2015），同时存在分户承包超小规模经营与集中流转规模化集约经营、耕地强势转用与弱势保护、自发性流转与土地收益不确定性等诸多矛盾（朱启臻，2015）。为此，因地制宜地实施土地规范有序流转，有效集聚土地资源，实行适度规模经营，已成为我国农村改革、农业发展的政策导向（人民网，2015）。实践证明，土地流转与适度规模经营能够从根本上提高土地资源总体利用效率（单志芬等，2010），是一条有效整合农村土地资源的重要途径。而在这个过程中，土地整治的作用不可或缺。通过农村土地整治，可有效解决地块细碎化、改善农业生产条件、配套农业基础设施、提高集约节约化程度、降低劳动投入强度（冷敏华，2013；田孟和贺雪峰，2015；杨敏等，2016），从而加速土地流转与规模经营对农业产业结构的调整，以及农业发展方式的转变，最终促进对农村土地资源的有效整合（张仕超等，2014）。

然而，土地资源是一个集合概念，包含各种各样的利用类型。从与土地利用类型对应的生态景观要素来看，在农村土地资源流动与整合过程中，协调好农田、村庄、林、水、路等各类生态景观要素的关系具有重要意义（刘文平等，2012）。其中，农田指耕地；村庄主要是农村居民点；林主要包括农田防护林和生态防护林；水主要是农业灌排用水；路主要包括生产路和田间道。随着工业化、城镇化进程的加快推进，农村自然景观不断受到外来的冲击（Diebel et al.，2009；Jellema et al.，2009）。那么，我国农村生态景观现状如何？郧文聚和宇振荣（2011）对全国 255 个案例村的调查显示，约 60% 的村景观风光一般或差，约 80% 的村街道和田间道路绿化不足，沟路林渠毁损严重，生态景观功能退化。因此，为营造和保护农村良好的生态景观资源，不能单纯在经济上发展农业，还应采取一定的工程、生物等措施实施农村生态景观建设或进行恢复重塑（孙博等，2011）。而现阶段功能日趋综合的农村土地整治则不失为加强农村生态景观建设的一条有效途径（郧文聚和宇振荣，2011a）。通过土地平整工程、灌溉与排水工程、田间道路工程、农田防护与生态环境保持工程以及其他工程的规划实施，对农村生态景观要素进行有效整合，构建优美和谐的生态景观。

（2）劳动力。

劳动力是指具有能够被雇佣潜力的社会人群。劳动力资源也称人力资源，是指一个国家或地区人口总体所拥有的劳动能力的综合。我国对劳动力资源的认定依据是，劳动年龄内具有劳动能力的全部人口以及在劳动年龄以外实际常年参加社会劳动的人口总和。依据劳动年龄标准，我国农村劳动力主要是指年龄在 16 岁以上、时常参加集体经济组织（包括乡镇企业、事业单位）和家庭劳务的劳动力。其中，男性 16～59 岁，女性 16～54 岁，并具备劳动能力。

我国农村劳动力资源数量巨大，但质量不高。改革开放以来，农村劳动力转移释放出的人口红利为中国快速的工业化和城镇化提供了有力支撑（陈松和刘海云，2013；王家庭等，2015）。2014 年，我国拥有 7.98 亿劳动力，其中，农业占比为 33.60%，工业占比为 30.30%，服务业占比为 36.10%。不过，多元化的就业发展趋势（凡兰兴，2011），也对农村劳动力输出地的农业生产、农村土地利用以及农村社会经济可持续发展等产生了较大冲击（卢福营，2005；贺雪峰，2013a），并衍生出农业副业化（孔祥智和周振，2014）、农地边际化（刘成武和李秀彬，2006a）、农村边缘化（李程骅，2009；段应碧，2011）等诸多问题。同时，由于农村劳动力受教育程度有限（张秀青和赖景生，2004），导致素质和能力参差不齐（杨祥禄等，2012；王英等，2012），已影响我国经济社会转型和产业升级的速度和质量（张媛媛，2014；

俞贺楠，2014）。因此，提高农村劳动者素质，培养新世纪现代农民，是今后我国农村教育的重要任务（徐红，2007）。

开发和利用好农村劳动力资源，具有十分重要的现实意义。实践证明，加快农村脱贫致富，增加农民收入，促进农村经济快速发展，关键在于有序推进农村劳动力转移。而通过转变农村土地资源组织经营利用方式、调整农业产业结构，不仅可整合农村劳动力资源，而且是解决城乡二元经济矛盾、统筹城乡发展、实现农业现代化的有效途径。但是，目前农村劳动力资源在地区之间、部门之间、单位之间分布的不平衡性问题突出（Khandker & Rashid，1995；马忠伟，2007），导致许多地区农村劳动力资源利用不充分、闲置浪费情况严重。其中，一方面是农忙时参加农业生产，农闲期间待业的劳动力资源；另一方面是由于农业生产方式落后或不科学，难以形成有效替代而占用的劳动力资源。因此，摸清农村劳动力资源状况，引导农村劳动力转移，推动传统农业向现代农业过渡，对农村经济快速持续健康发展具有重要的推进作用（孙剑，2008）。

（3）农业产业要素。

农业产业要素主要包括与特色或优势农业产业发展密切相关的道路、水利等基础设施以及土地经营利用方式等。农业产业要素资源的整合，离不开农业产业化经营。农业产业化是资本主义发展和工业革命以来农业生产发展到一定阶段的必然结果，是传统农业向现代农业转变的主要方式和根本出路，是新农村建设的根基所在（金炳华，2003；李雪瑞，2010）。其最早是在20世纪50年代由John H. D. 提出“Agribusiness”概念，即农业工商综合经营（Jerome，1958）。通过推动生产、经营、服务与利益分配等方面的转变，农业产业化调和了小生产和大农业的矛盾，促进农户或经营大户采取适度规模化经营，因地制宜地发挥农业资源优势，进行农业产业结构调整，获取效益最大化。

由此可见，农村农业产业要素资源整合，就是以适度规模的形式，调整农业产业结构，配套农业基础设施，进而转变农业生产方式，最终降低成本、提高收益的高效生产经营模式。在国外，基于城市化、工业化的发展思路，有学者提出了通过改变管理部门结构来支撑现代工业化发展道路，实现农业与畜牧业集约型的、高度集成的、可持续的发展模式（Wang et al.，1996）；还有学者则希望通过农场主扩大经营规模及加大工业品投入来加速农业产业发展（Rhodes，1993）。目前，在我国，尤其是山地丘陵区，由于依然延续传统的耕作方式和种植模式，导致土地资源利用率较低，而且农业收益低效化严重（Grandy & Robertson，2006；韩啸等，2015），已难以满足农业产业化和农村经济发展形势的需要。培育新型经营主体，依托土地流转和土地整治，推进农业经营制度转变及农村产业结构调整，正在成为农业产业要素资源整合的主导方向（李善君，2009；陈幼惠，2013；吴文嫔，2015）。

2.2　农业资源要素流动与整合途径

2.2.1　资源流动与整合

（1）资源流动、整合的基本含义。

资源流动性是现代经济的重要特征。一个保持较高流动性的经济体制，将使国民经济结构可以随时调整，资源配置不断优化，失衡的供求关系得到顺利解决，经济要素也可以按照效率原则重组（Whelan & Layte，2006；Vanhala，2012）。因此，流动性本身将增加资源价值。资源流动过程中具有方向性，具体表现为趋利性、就近性、聚集性和结构合理性等。而资源沿某个方向流动的动力强度，取决于流动目的地在区位条件、资源禀赋、基础设施、资源配置能力、政策法规、社会环境等方面的相对优劣程度（郭文炯等，2015；马述忠等，2015）。随着这些区域因素的强弱变化，资源流动的方向也会相应发生改变。因此，遵循资源流动规律，改善区域各种因素以吸引资源流入，有助于形成区域发展的靶心效应（李鹏，2011）。

资源整合在现代经济中也扮演着重要角色。资源整合是基于特定的区域和时间范围，通过市场机制合理地利用和有效地配置人力、资本、自然、信息等生产要素资源，增强相互关联性，使之能够在竞争过程中动态调节、相互协调，从而实现“1+1＞2”的效果（袁国华，2005）。因此，整合就是对资源进行优化配置以获得整体最优。在该过程中，通过对不同来源、不同层次、不同结构、不同内容的资源进行识别与选择、吸取与配置、激活和有机融合，使资源具有较强的柔性、条理性、系统性和价值性，从而创造出新的资源和价值（张大文，2002；汪鸣，2015）。

由此可见，在现代经济中，资源流动与整合既是功能有别的两个部分，又是密不可分的一个整体。前者是后者的基础和前提，没有资源流动，资源整合便是无本之木、无源之水；后者是前者的归宿和再生，没有资源整合，资源流动就会无的放矢、事倍功半。同时，通过资源流动与整合不仅赋予原有资源更多的价值，还创造了新的资源价值，带来了国民经济和社会财富的增长。

（2）资源流动—整合机制。

从比较经济史来看，资源流动与整合过程是对城乡关系、工农关系的重塑再造（刘维奇和韩媛媛，2013）。在原生工业化国家，随着农业生产力的提高，农业剩余进入商业部门，在需求刺激下，商业部门扩张，商业资本流向城市并聚集促进城市工业发展，工业革命爆发后，进入工业化和城市化进程，城市向现代城市转型，农村劳动力向城市转移，城市为农村发展提供技术支持，农村人均生产力提高，农村剩余进一步积累并再次进入商业部门，不断重复，从而使得工业化得以完成，城乡之间差距缩小。

由此不难发现，在工业化、城市化进程中，资源流动与整合的基本方向是从农村到城市，并实现工业发展和城市转型。但是，如果城市不能为农业提供技术支持和资本积累渠道，资源流动与整合将难以实现城乡、工农之间的互动发展，陷入畸形，导致出现城乡、工农分离的二元结构，其结果就是资源流动性不畅、整合受阻（陈家宝，2002；张永岳，2011）。

（3）农业转型的资源流动—整合途径。

农业转型迫切需要现代农业生产要素投入。农业生产是自然再生产与经济再生产的结合。对于我国农业而言，摆脱传统的小农分散土地经营模式，加快转变农业发展方式，大力推进农业现代化，是实现其农业转型发展的必由之路。我国有着优越与广阔的农业生产环境和总量较丰富的土地资源，以及在城乡差别制度安排下长期积累的大量农业剩余劳动力，总体上处于传统农业向现代农业过渡的进程之中。长期以来在二元结构下的小规模经营导致资本、技术、营销渠道乃至市场经验等现代农业生产要素缺乏，农业发展迫切需要现代农业生产要素的投入（卫思祺，2012），而技术进步、产业化经营，以市场需求引导农业结构调整，是农业进一步发展的有效途径（何广文和赵大晖，2001；陈锡文，2015）。

但是，现代生产要素向农业输入的路径并不畅通。经历 40 多年的改革开放，我国快速的工业化、城镇化进程与城乡、工农二元结构的矛盾，给农村社会经济发展造成了深刻影响。资源流动性不畅、整合受阻已成为缝合城乡、工农差距，制约经济社会健康发展的结构性障碍。突出表现为人地矛盾加剧、城乡关系扭曲，“三农”问题日趋沉重，以致农业、村镇和产业建设长期缺乏必要的资本积累支撑和现代技术支持。在农村，耕地地块破碎、经营分散、机械化率低、基础设施配套差、劳动力不足等问题，对农业发展、粮食安全的不利影响加剧显现；农村建设用地闲置、废弃、利用低效，城乡建设用地统筹困难等问题，已成为城乡、区域统筹发展的主要障碍。

为此，提高资源配置效率，推动农业转型发展，迫切需要探索资源流动与整合的有效途径。事实上，现代农业生产要素没有传统农业生产要素的基础将难以发挥优势，而传统农业要素需要现代农业生产要素的注入才能有效提高配置效率（林卿等，2006）。找到现代农业生产要素与传统农业生产要素结合的资源与空间，关键是通过资源性流动将资金、技术、管理经验、营销能力等现代生产要素与土地、劳动力等传统生产要素整合，以拓展农业发展空间，推动农业结构转型与升级，降低农业生产成本，提高农产品市场竞争力和资源比较优势，从而形成资源流动与整合的互补性模式和有效途径。这就要求农业不能再因循农户土地各自承包分散经营的形式，而应采取适度的规模化经营形式。同时，由于现代生产要素的输入依附于土地资源，寻求土地资源流动与整合的有效途径和关键技术，也就成为发展农业适度规模经营的核心问题。由此可以推断，农业资源要素的流动与整合离不开两条基本途径，即土地流转与集中规模经营途径（以下简称“土地流转途径”）和农村土地综合整治途径（以下简称“土地整治途径”）。

2.2.2 土地流转途径

土地流转可有效促进农业资源要素的流动与整合。土地流转，即土地使用权流转，一般是指拥有土地承包经营权的农户将土地经营权（使用权）转让给其他农户或经济组织的行为。简言之，就是保留承包权，转让使用权。在现代市场经济条件下，土地流转能够推动土地要素的市场化，改善土地资源配置效率，加快农村剩余劳动力转移，为农业适度规模化、集约化、高效化经营提供发展空间。有学者研究证实，农村土地流转能够及时调整劳动力与土地的资源比例，带动耕地资源合理流动和剩余劳动力转移，提高土地资源配置效率，打消农民在农业投入行为决策上的各种顾虑，促进土地规模化、集约化及农业产业化经营（罗必良和吴晨，2008；Huang et al.，2010）。马晓河等（2002）认为，农村土地流转促进了农业规模化经营和机械化作业，节约了农民的社会必要劳动时间，提高了农业劳动生产率。陈训波等（2011）通过测算北京、上海和广东三地农村土地流转对农户生产率的影响，发现农户的平均全要素生产率仅为0.28，但农村土地流转带来的规模效率的正效应远大于技术效率的负效应，确实提高了农户的生产率。付凯（2014）通过对重庆市江津区燕坝村291份农户流转问卷进行模型运算后发现，农村土地流转能够通过对各类生产要素的有效配置实现整合效应最优化和整合效益最大化。此外，通过规范的农村建设用地流转，还可以让农民更充分地分享工业化、城镇化成果，释放和显化集体土地资产价值，促进农民财产性增收。

具体来看，土地流转对土地资源流动与整合的影响，集中表现为：

（1）提高土地利用率。

刘灵辉、杨涛等的研究表明，良好的土地流转环境可通过土地流转归并小田块，减少田坎数量，增加有效耕地面积，从而有效抑制土地碎块化，遏制耕地抛荒（杨涛和王雅鹏，2003）；同时，可以通过增加复种指数和综合产出率提高土地利用效率（刘涛等，2008）。

（2）提高土地质量。

李潇（2012）对吉林省红日村的土地流转进行调查发现，土地流转后，为增加粮食产量，农户通常会进行土壤改良以提高耕地质量；刘英等（2011）研究认为，土地流转为土地集中连片整治创造了条件，田土平整化和坡地梯田化有助于提升耕地质量。

（3）转变土地经营模式。

在保障粮食安全的基础上，通过土地流转，调整农业产业结构，适当减小谷物、油料等土地密集型农业经营规模，适当扩大果蔬、花卉等劳动密集型农业经营规模，有助于改变小农落后的土地经营模式，发展土地规模化、集约化、产业化经营，实现一家一户独立分散经营向“龙头企业 + 基地 + 农户”“农业专业合作社 + 农户”“种养大户 + 农户”等现代农业经营形式转变（樊帆，2002；马贵发和李建，2011），促进农业增效、农民增收、农村发展。

土地流转对劳动力资源流动与整合的影响，集中表现为：

（1）提高劳动生产率，增加农民收入。

土地流转集中利用，有利于实现农业规模化经营和机械化作业，减少农民的社会必要劳动时间，从而为提高农业劳动生产率创造先决条件（马晓河和崔红志，2002）；同时，一部分农民向非农行业转移，另一部分农民则受雇于农业专业合作社或农业公司，从而使农村劳动力配置效率得到提高，农民收入得到增加（胡奇，2012）。

（2）弱化农民对土地的依赖性。

合理、规范、有序的土地流转，不仅解除了土地对农民的束缚，还提供了预期稳定的流转租金，起到了一定的保障功能（李香，2012），让农民在外出务工过程中更安心、更放心（曹利平，2009），具有帕累托改进效应（高鹏和傅新红，2014）。不过，相对集中、规模较大、稳定性高的土地流转，对创造新的就业机会和彻底转移家庭劳动力具有显著作用。对此，可划分为 4 种不同的劳动力整合模式（付凯，2014）：一是自行经营模式，即通过土地流转调整农村产业结构，发展果蔬、花卉、水产等劳动密集型产业，实现农村劳动力在农业内部合理配置；二是受雇模式，即土地流转到专业合作社、龙头企业或公司，而原有的劳动力受雇于其从事农业生产，实现农村劳动力的就地转移；三是乡镇企业模式，即土地流转后，农村劳动力就地向乡镇企业转移安置，离土不离乡；四是外出务工模式，即土地流转后，劳动力完全脱离当地农业生产，通过外出务工实现农村劳动力异地转移。相比之下，小面积、不稳定的土地流转，对劳动力资源的整合则存在明显的局限性，如人力资本投资方向分散、部分家庭农业劳动力不足、剩余劳动力转移不彻底等。

土地流转对农业资本要素流动与整合的影响，集中表现为土地流转后，新的经营主体对土地持续的资本追加，以实现土地经营的规模化、机械化、产业化（张瑾，2014）。农业资本分为货币形态的资本和实体形态的资本，后者包括农业生产资料、农业生产装备和农业运输工具等。李晓燕等（2004）的研究指出，土地流转前，农户小规模的土地经营在一定程度上阻碍了农业产业化、农业结构调整步伐，制约了大型农业机械的应用。因此，王雅芹等（2010）认为，追加农业生产资金、补充农业生产设备，是提高农业发展能力，实现土地适度规模经营的必要前提。李潇（2012）也发现，为进一步提高劳动效率和土地产出，新的经营主体会根据实际情况添加更多农业生产装备，因此其生产资料的投入总量反而会因经营规模的扩大而增加。并且，从区域上看，由于经济发达地区农地流转的规模更大，稳定性更好，农业生产的目标更倾向于利润最大化，因此增加农业生产投入的动机更强（杨钢桥和靳艳艳，2010）。

2.2.3 土地整治途径

土地整治能够有效促进农业资源要素的流动与整合，但途径与土地流转不同。土地整治的根本出发点在于有效利用和保护土地资源，最终目的是实现土地资源的可持续利用。从具体整治内容来看，被损毁或污染土地的治理、中低产田改造、适宜未利用土地开发、废弃土地复垦、基本农田建设、旧村改造、新村建设或农村建设用地复垦、小流域治理等都在其范畴内，涉及优化土地自然条件，促进农业发展，调整土地利用关系，协调农村发展和改善生态环境等方面（蒋一军，2001）。因此，基于土地整治的综合性和多功能性，可以说土地整治是改变土地利用中各类限制因素和条件的综合措施（袁启，2008），是落实最严格的耕地保护制度最有效、最直接的手段，是盘活存量土地、强化集约用地、提升土地产能的重要措施（刘彦随等，2012），是统筹城乡发展的基础平台（李晨等，2013）；同时，土地整治是改善农业基础设施，吸引社会资金投入，刺激个体企业、公司及农业大户参与土地流转、发展农业产业，带动农村经济发展，促进农村劳动力转移的重要抓手（隋学佳等，2016）。从整治工程来看，通过土地整治优化土地利用空间格局，能够使土地生态景观用地明显增加且在空间布局上更加合理，城乡用地在空间格局上更加紧凑（韩宏伟，2012）。由此，从土地整治促进土地集约利用、农户转型、农业产业化及改善乡村生态景观角度分析，土地整治已成为农业资源要素流动与整合的重要手段。

（1）土地整治是对土地及其生态景观资源的整合。

土地及其生态景观资源的整合与土地整治内在相一致。土地资源整合不仅是挖掘土地利用的潜力（袁弘等，2008），还是对土地利用结构在一定时空尺度上进行的多层次设计和组合，如对城镇建设用地的整合、农村居民点的整合、零散耕地的整合（黄鹏和郑巧凤，2011），并被视为促进农村发展的一个有效工具，对改善农村生产生活条件、促进就业和保护生态环境产生积极影响（Mihara，1996）。这些内容与土地整治均具有内在的一致性。

土地整治是对土地资源的整合。土地整治的直接对象是土地，作为一种外部干预手段，土地整治势必与土地系统相互影响，改变土地系统的功能（Jiang et al.，2015）。国内土地整治与土地资源利用的研究报道较多，总结相关成果，土地整治对土地资源整合的影响主要体现为：①通过土地平整工程，降低田面坡度、归并田块、削除田埂，提高净耕地系数，增加有效耕地面积（郎渊，2015）；②通过田间道路、农田水利等基础设施工程，改善农业生产条件，提升土地质量和生产能力（杜云生，2011）；③通过地块权属调整，降低土地破碎度，实现土地集中连片改造，调整农业产业内部用地结构，发展特色或优势农业产业（王鹏等，2004；Sam，2007）；④通过农村建设用地复垦，增加非农建设用地流量，优化农村建设用地存量、提升土地节约集约利用水平，促进农村基础设施和公共服务均等化（杨继瑞等，2011）。

土地整治是对土地生态景观资源的整合。受不合理的经济发展方式和土地利用方式的长期影响，我国农村生态系统及其服务功能严重退化，生态环境保护与经济社会发展之间的矛盾日益突出。陈银龙（2012）认为，农村环境整治是生态文明建设的重点和难点，只有通过城乡统筹、资源整合才能从根本上解决问题。土地整治通过调整或重新规划农村绿色植被、农田规格、田间道路、农田水利、水域等土地生态景观的布局和功能，可提高农村生态系统的景观功能。蔡鹏程等通过研究福建省龙岩市农业发展模式发现，传统的农业发展模式会严重破坏农村生态环境，而循环农业发展模式则能够提供有效保护（Zhang et al.，2011）；对此，郧文聚等（2011b）通过分析我国农村生态景观的问题与建设需求，提出在土地整治中应注重维系并提高乡村景观文化和美学价值、重视建设生态网络和绿色基础设施、提高生态环境质量和景观多样性、加强生态景观化整治技术研究。由此来看，土地整治对土地生态景观资源的整合的影响主要体现为：通过土地整治生物及工程的措施，改变土地利用结构和土地覆盖状况，改善农田田块布局、农业机械化和现代化的基础设施条件，提高景观协调性，增加农村生态景观美学价值和生物多样性（Bonfanti et al.，1997；谢苗苗等，2011）。为此，学者们（Yang et al.，2010；王军等，2011；Kadlec et al.，2014）认为，应以景观生态学理论引导土地整治规划设计，使土地整治不仅能够增加耕地、提高土地综合产能，还能构建区域生态景观安全格局。

（2）土地整治是对劳动力资源的整合。

农村劳动力资源的整合与农民增收息息相关，是破解“三农”问题的关键（程达军，2004）。土地整治有效改善了农业生产环境，集中连片的耕作田块、便捷高效的田间道路、旱涝有保的排灌设施等，不仅提升了农业综合生产能力，也在一定程度上提高了劳动效率，节约了劳动时间和劳动力。由此可见，土地整治在促进农村劳动力优化配置方面具有重要作用（邵晓梅等，2006）。其积极意义就在于，一方面，土地整治通过优先吸纳当地劳动力参与土地整治施工，增加了当地的就业机会，直接促进了农民增收；另一方面，通过改善农业生产环境，为土地流转和适度规模经营创造了条件，而农业技术水平和技术效率的提升，不仅创造了新的农业雇工就业机会，也为农业释放更多的劳动力提供了空间，对现代农业发展和解决近年来困扰非农产业的“用工荒”问题具有重要意义（蔡昉，2010a）。

（3）土地整治是对农业产业要素的整合。

整合农业产业要素，开展农业产业化经营，是发展农村经济和实现农业现代化的必由之路（邹利林等，2005）。与国外相比，我国的农业产业化道路与土地整治的联系更加密切。正是通过土地整治满足了土地流转和适度规模经营前期对农业生产环境和基础设施的要求，实现了田成方、路相通、渠相连、树成行、旱能浇、涝能排，满足了农业产业化的基础条件（徐绍史，2009；高向军等，2011），为规模经营和发展现代农业创造了空间（张雪露等，2014）。围绕如何整合农业产业要素，丁松等（2004）以农业产业化为导向，针对现阶段我国土地整治存在的问题与不足，提出了土地整治全程产业化的发展方向；李让恩（2012）则通过对比土地整治前后项目区农村产业发展的状况，提出土地整治促进农业产业化的关键在于从培育当地特色或优势农业产业出发，因地制宜地实施土地平整及田间道路、农田水利等基础设施配套工程，以求改善土地利用状况、提升农业产业发展能力。

2.3 农业资源流动与整合效应

2.3.1 资源配置效应

资源配置合理与否，对资源和利益的再分配具有决定性意义，关系着经济增长和国民生计。为优化资源配置效率，市场经济环境中土地、劳动力、资本等资源要素的自由流动与组合以及政府的调控构成了农业资源要素与整合的渠道（邵景安等，2007；Xu et al.，2011），并在市场化的土地流转和政府主导的土地整治中得到集中体现。

市场化的土地流转带来的资源配置效果更接近于最优。姚洋（2000）指出，农地资源使用效率的提高有赖于农地经营权的自由流动，而相对于农地经营权的行政性调整，市场化调整有更好的配置效果。世界银行 2011 年的一份报告认为，市场化配置方式比行政手段调整能更大程度地提高土地利用效率（Deininger et al.，2011）。李霄（2003）依据博弈论分析发现，通过农地流转市场自愿交易，各种自愿要素能达到最优配置效果，进而提高流转双方的积极性。大量实证研究结果表明，土地流转虽然加剧了农户家庭土地、劳动力、资产等资源禀赋的异质性，导致农户生计进一步分化（Simatele & Binns，2008；Kilic et al.，2009），但实现了土地经营规模的扩大，促进了土地、资金与劳动力有效配置（胡初枝和黄贤金，2007）。耕地承包经营权流转或退出改变了家庭土地资源数量和空间格局，转出户与转入户的土地资源结构又反过来左右劳动力、资产和资本的配置（梁义成等，2010；Haggblade et al.，2010），影响了农业经营规模（吴晨，2009），尤其降低了纯农户和农业兼业户的耕地经营规模（Radel et al.，2010；阎建忠等，2010）。而这一过程也提高了农业科技水平，拓展了集约化、规模化、高效化现代农业发展空间，带动了区域产业重构与优化升级，激活了农村剩余劳动力转移，提升了农村经济发展力（刘卫柏和李中，2011）。另外，宅基地等农村建设用地的流转与退出，优化了农村建设用地布局，促进了土地资源节约集约利用，通过城乡建设用地增减挂钩，缓解了非农建设用地紧张局面，实现了城乡资源的流动与重组（李光跃等，2010；段力和傅鸿源，2011），同时带动了农村人口的迁移（张建武等，2008；Démurger et al.，2010）。但是，在不同时期，土地规模经营与土地效率之间的相关性方向会出现变异。土地流转能够增加农民收入，促进农业产业结构调整，但土地流转过程中农民个体弱势、政府垄断型主导、片面追求周转指标，也产生了负面效应，导致区域差距拉大、城镇用地粗放、耕地质量下降、生产生活水平降低、农民利益受损等问题（于建嵘，2016；赵智等，2016）。

农业资源要素的流动与整合除了要发挥市场的决定性作用，还需要由政府主导的土地整治提供支撑。优化资源配置效率离不开市场，但资源和利益的再分配不能完全跟着市场走（李妍，2013）。由政府主导的土地整治通过对土地资源的整合与工程建设，一方面调整了土地利用结构和土地关系，打破了分散细碎化农田格局，并融入水利、道路、林带等工程，为先进农业技术与农机装备应用创造了条件；建设了高标准农田，改良了中低产田地，为土地规模化经营和农业结构调整，建设现代设施农业和机械化农业基地奠定了基础（冉清红等，2008；钟勉，2013）。另一方面，复垦废弃、闲置农村建设用地，可以集中建设农民新村，优化土地利用格局，促进土地节约集约利用，为改善农村人居环境、发展乡镇企业和非农产业、壮大集体经济提供了用地保障（李子联，2012；高明秀和赵庚星，2012）。同时，通过城乡建设用地增减挂钩和地票，将农村建设用地整治节余的建设用地指标统筹调剂使用，相应收益再返还农村和农民，有力地促进了新农村建设和城乡统筹发展（郭苦成等，2010；伍学林，2011）。

2.3.2 社会经济效应

社会经济效应是评价农业资源要素流动与整合效果的重要方面。但在具体途径上，市场化的土地流转更注重资源流动与整合的经济效应，而政府主导的土地整治更注重社会效应。

从已有的研究来看，土地流转评价研究集中于反映经济效应，但社会效应也受到关注。经济效应主要表现为，农地流转后，规模化经营对良种、肥料、机械、管理、基础设施等要素需求增长所导致的投入追加效应（徐珍源和孔祥智，2010；郭斌和韩璐，2012）；由于经营规模扩大，导致土地资源要素集约化利用带来的资源配置效率改善效应（Dijk 2003；游和远等，2013）；以及适度规模经营带来平均经营成本下降、劳动生产率和土地产出率提升而产生的规模收益效应（速水佑次郎和弗农·拉坦，2000；卢盛荣等，2012）；另外，对于一般农户而言，不必再在土地上耗费大量低效的劳动时间，可以专门化地从事务工，由此增加的务工收入会同土地流转租金又带来相对稳定和持续的收入效应（游和远和吴次芳，2010；李中，2013）。在社会效应上，主要表现为农地流转与规模化经营，加快了大型农业机械、新技术和农业新品种的运用推广，提高了粮食产能，保障了粮食安全（刘琴，2014）；规范有序的农地流转中，农户保留承包权，转让使用权，尊重了土地对农户的多重价值，在政治经济学上具有重要意义，有助于维护社会公平稳定（朱海莲和彭开丽，2013）。

对于土地整治而言，其社会经济效应受到广泛关注。

（1）促进农业发展。

土地整治通过微地形改造、田块规整、农业基础设施配套，不仅增加了有效耕地面积（张贞等，2007），也在一定程度上改善了农业生产条件，提高了农业综合生产能力（Wu et al.，2005）。有研究表明，土地整治下农民劳动回报率得到提高，大幅激发了农民对土地整治活动的支持和参与度（Noort，1987）；基于“地块分散度”指标，Crecent 等（2002）评价显示土地整治下路网改善，节约了农业交通运输时间；张信宝等（2002）发现，与 20° 坡地相比，坡改梯工程与农业先进技术相结合，土地产出率和劳动生产率可分别提高 189.4% 和 73.6%。

（2）推动乡村建设。

德国基于“城乡居民生活条件等值化”理念，在土地整治中实施了村庄革新和农村发展，并注重自然环境与景观保护，以改善农民的生产生活条件和工作条件（中央党校访德代表团，2006）；韩国将基础设施建设与居民地块调整相结合，持续推进新村建设（Park，1974）；我国也开展了农村建设用地整治，既增加了耕地面积、提高了土地质量，又优化了城乡用地结构和布局（高明秀等，2006），拓展了城乡发展空间（Sklenicka，2006；曲衍波等，2012），调和了政府与群众关系，促进了管理民主（Tayfun et al.，2010），提升了人民群众的生活质量（陈小明等，2009）。

2.3.3 生态景观效应

在农业资源要素流动与整合过程中，土地流转所造成的生态景观环境影响尚缺乏系统的研究，相关的论述分散于农业面源污染、施肥的环境影响研究中。相关研究证实，家庭承包经营不利于农业环境行为的统一实施与监管，如标准化的病虫害防治、化肥与农药喷洒次数和数量控制、农业面源污染治理等。而农地流转有助于农地集中、规模经营，为科学施肥和统一防治病虫害创造了条件（李亮科，2015）。但是，农地流转也会导致大量施（使）用化肥农药，而减少施用有机肥，迫使地力不断衰弱，农业生态环境恶化，不利于农业可持续发展（Tan et al.，2006；郭斌和康彦，2013）。

相比之下，围绕土地整治导致的生态景观效应问题则开展了大量研究。一是土地整治改变了景观格局。土地整治通过改造原有的景观基质、修建各种类型的廊道，强制驱动项目区斑块类型转型，形成田成方、路相通、渠相连的高度人工化景观（高向军，2006），直接改变了景观斑块的形状、大小、数量及空间格局（Pascual & Saura，2006；刘勇等，2008）。虽然改善了农业生产条件，提升了农田景观协调性和美学价值（贾芳芳等，2007），但在一定程度上破坏了自然原生景观结构和功能。尤其是不适当的整治方式，加剧了景观分割、破碎程度，增加了孤立嵌块体数量，影响农田生态系统的自组织能力和稳定性（曹顺爱，2006），使得农业生态系统的缓冲和补偿能力、抗御灾害能力及调节能力下降（Coelho et al.，1966；Antrop，2005），导致土地生产能力降低（Rafael et al.，2002）。二是土地整治扰动了生态环境系统。土地整治干扰了原有的生态环境系统，造成对区域小气候、土壤、水、生物资源、植被等环境要素及其生态过程直接或间接、有利或有害的影响（谭梦等，2011；Xue & Zhang，2014）。研究表明，恰当的坡改梯工程可减小地表径流的冲刷影响，增厚土层，改善土壤物理性状，增强土壤持水性，提高土壤肥力（胡建民等，2005）；另外，不适当的坡改梯工程技术措施，容易破坏表土熟化层，造成土壤板结，导致土壤理化性状恶化，影响土壤养分循环效益（徐畅等，2009）。因此，土地整治融入景观生态理念的，不但可促进农业可持续发展，还对区域生态环境改善有积极作用（Yu et al.，2010；张贞等，2010）。

2.4　结论

（1）基于农业资源要素的流动与整合，建立“三分法”的农业资源类型划分框架。

已有的研究依据“两分法”的划分框架，将农业资源划分为自然资源和农业经济资源两个方面。其中，自然资源是指农业生产可以利用的自然环境要素，如前文所述的土地资源、水资源、气候资源、生物资源等；农业经济资源是指对农业生产有直接或间接作用的社会经济因素和社会生产成果，如农业人口、劳动力、农业技术装备以及水利、交通等农业基础设施等。总体而言，“两分法”能够较好地反映资源构成和资源禀赋，这为开展农业资源要素流动与整合研究奠定了认识基础。但从资源利用的角度来看，这种“两分法”难以体现利用过程中资源要素的流动与整合。因此，依据流动与整合过程中不同资源要素地位和功能的差异，有必要将农业资源重新划分为基础性农业资源、流动性资源和整合性资源，简称为“三分法”。其中，流动性资源和整合性资源是农业资源流动与整合过程中的活跃要素。

（2）农业资源要素流动与整合的核心，是寻求土地资源流动与整合的有效途径和关键技术。

在现代经济中，资源流动与整合既是功能有别的两个部分，又是密不可分的一个整体。通过资源流动与整合不仅赋予原有资源更多的价值，还创造了新的资源价值，带来了国民经济和社会财富的增长。在工业化、城市化进程中，资源流动与整合的基本方向是从农村到城市，并实现工业发展和城市转型。但是，如果城市不能为农业提供技术支持和资本积累渠道，资源流动与整合将难以实现城乡、工农之间的互动发展，而是导致城乡、工农分离的二元结构，其结果就是资源流动性不畅、整合受阻。因此，提高资源配置效率，推动农业转型发展，需找到现代农业生产要素与传统农业生产要素结合的有效途径。即通过要素流动将资金、技术、管理经验、营销能力等现代生产要素与土地、劳动力等传统生产要素连接起来，再通过资源整合实现各类资源要素的有机融合和价值再造。由于现代生产要素的输入依附于土地资源，寻求土地资源流动与整合的有效途径和关键技术，将是发展农业适度规模经营的核心问题。并在此指明，土地流转与集中规模经营和农村土地综合整治是农业资源要素的流动与整合的两条基本途径。

（3）完善农业资源要素流动与整合效应评价。

在提升资源配置效应上，市场化的土地流转和政府主导的土地整治，二者分别扮演着不可或缺的角色。同时，二者在经济社会效应方面，虽然各有侧重，但均兼顾着另一面。相比之下，土地整治的生态景观效应研究已相当丰富，而土地流转方面的相关研究还有待加强。农业资源要素流动与整合效应评价研究，除了关注于土地流转、土地整治各自的效应变化，还应当在土地流转与土地整治的联动机制下深入开展。

第3章　山地丘陵区种植业变化与启示

莱斯特·布朗（1995）提出“谁来养活中国人”的问题已经过去20多年了，根据他的判断，中国21世纪初期已经出现粮食危机（莱斯特·R. 布朗，2006）。但事实是，在过去10年，中国粮食实现了“十连增”，2013年粮食产量突破了6亿t（张顺喜，2014）。不过，他的话并非危言耸听。在粮食连年增收的同时，我国粮食自给率突破了95%的政策红线，2012年年底跌破90%（王媛，2014）。而在区域层面，2001年新一轮“粮改”以来，国内粮食主产区、产销平衡区和主销区的版图也在悄然变化（金微，2013）。撬动国内粮食区域平衡的主要力量，就是产销平衡区粮食产销供求形势的变化。“粮改”后，全国11个粮食产销平衡省（区、市）中，山西、宁夏、青海、甘肃、西藏、云南、贵州、重庆、广西9个粮食产销平衡省（区、市），粮食供求形势普遍从基本平衡转向缺口不断扩大，有些省（区、市）甚至向粮食销区转化（王丽和蒋桂斌，2015）。以重庆市为例，近年来重庆市粮食总产量稳中有增，但粮食消费缺口不断扩大，2008—2013年粮食自给率由90%左右下降到85%左右，已由粮食产销平衡区过渡为销区（蔡杨，2012）。

种植业是整个农业的基础。粮食安全系于农业，农业系于种植业，不过当前种植业的前景不容乐观。从外部看，大量的文献和媒体报道指出，气候变化给作物的生长环境带来显著的负面影响（IPCC，2007；赵俊芳等，2010；秦鹏程等，2011），联合国政府间气候变化专门委员会（IPCC）第四次评估报告显示，受气候变化影响，到2030年中国种植业生产能力将下降5%～10%；而受工业化、城镇化驱动，不仅大量优质耕地被占用，而且带动了农村居民生计转型和劳动力析出（欧阳近良等，2004；信桂新等，2012），引发的农村土地利用低效、农地撂荒、务农劳力老龄化等问题，也是当前种植业发展面临的难题（刘成武和李秀彬，2006；陈瑜琦和李秀彬，2009）。在种植业内部，随着我国食品消费结构转型期的到来（秦中春，2013），粮食作物与蔬菜、经济作物间的竞争更趋激烈。近年来我国农产品消费的相关调查数据表明，尽管我国口粮消费有所下降，但饲料用粮、工业用粮快速增长；同时多样化、中高层次的食品消费需求也在不断扩大。受需求拉动，大量工商资本通过流转土地和农业结构调整改造传统农业生产经营方式，导致大量耕地由水田转为旱地、由谷物用地转为经济作物用地（黄宗智和彭玉生，2007）。

在国家强农、惠农、富农政策力度不断加大和农业技术革新背景下，未来种植业是否既能满足粮食消费多元化需求（食用口粮、饲料粮、加工粮、种子粮），又能满足居民不断增长的多样化的菜瓜果消费需求？种植业如何在满足多元化的粮食消费需求与多样化的菜瓜果消费需求间建立适度的平衡？对此，作为粮食产销平衡区的省（区、市）又应如何应对？本书以重庆市为研究区，旨在通过分析 1978—2018 年种植业的变化，揭示种植业的发展特征，找出种植业平衡粮食与菜瓜果两种消费需求的途径和办法，为山地丘陵区和粮食产销平衡区种植业发展提供对策。

3.1 数据与方法

3.1.1 研究框架

在我国，种植业通常包括粮、菜、棉、油、糖、麻、丝、烟、茶、果、药、杂等作物的生产。但从播种面积和产量来看，粮食作物和以菜瓜果为代表的蔬菜及经济作物是种植业的构成主体，粮食和菜瓜果的播种面积和产量在整个种植业中的占比为 80%～90%，两者的竞争不可避免地会影响种植结构乃至整个种植业的变化。鉴于此，本书选取粮食作物和菜瓜果作物说明种植业的变化，具体指标包括粮食播种面积、粮食产量和菜瓜果种植面积、菜瓜果产量。

种植业的发展变化是多种因素综合作用的结果，因此，解释种植业发展变化的原因，需要建立综合视角。依据种植业所处的内外环境，从气候条件、农业装备水平、农业要素投入和市场条件 4 个方面建立了一个多维分析框架。为实现各类影响因素与统计数据融合，有必要对上述 4 个方面涉及的具体指标做进一步界定，其中，气候条件选取与作物生长关系密切的降水量、平均气温、日照时数 3 项指标；农业装备水平选取反映种植业基础设施和装备的有效灌溉面积、农用机械总动力、农村用电量 3 项指标；农业要素投入选取反映种植业物质资本和劳动力状况的农用化肥施用量、农膜使用量、农药使用量、种植业从业人员数量 4 项指标；市场条件选取反映涵盖居民食品消费的居民消费价格指数（Consumer Price Index，CPI）1 项指标。

3.1.2 数据来源

数据来源一是利用重庆统计信息网的数据资源平台，收集了 1997—2019 年的《重庆统计年鉴》，分类整理出 1978—2018 年反映粮食和菜瓜果播种面积、产量数据和种植业产值数据，1978—2018 年反映农业气象条件的降水量、平均气温、日照时数数据，1978—2018 年反映农业装备水平的有效灌溉面积、农用机械总动力、农村用电量数据，1978—2018 年反映农业生产要素投入的农用化肥施用量（折纯）、农膜使用量、农药使用量、种植业从业人员数量，1978—2018 年反映居民生活消费变化的居民消费价格指数数据。需要说明的是，1997—2019 年的《重庆统计年鉴》数据包含 1978 年以来的历史数据，并对重庆成为直辖市前后因行政区划调整导致的统计口径差异进行了统一；种植业产值数据为不变价格数据；考虑到重庆市农业普遍采取的是种养结合的经营模式，第一产业从业人员与种植业从业人员基本持平，故将第一产业从业人员数量作为种植业从业人员数量。

二是采用半结构式访谈方法，于 2017 年 7—8 月深入重庆市江津、荣昌、合川、綦江、开县、石柱的农村，与农事经验丰富的农户和经营大户进行座谈，以获取种植业变化的经验性解释信息。访谈围绕种植结构、作物特性、生产投入、生产决策及农事经验展开；访谈对象要求 40～60 周岁，有长期从事农业生产的经历，具备初中及以上文化，思路清晰。单位访谈时间控制在 1.5～2 h。共获取访谈记录 169 份，其中农户访谈记录 120 份［每个区（县）20 份］，经营大户访谈记录 49 份（其中，江津、荣昌、合川各 10 份，綦江、开县、石柱分别为 8 份、6 份、5 份）。

3.1.3 数据模型

基于种植业变化多维分析框架，依据灰色系统的关联理论，本书建立了种植业变化影响因素灰色关联多维分析模型。灰色系统的关联理论是对系统内的多因素进行优势对比的一种理论，旨在反映系统内主要因素随时间而变化的同步程度，是对动态过程发展态势的量化比较分析。基本思路是依据系统历年有关统计数据的几何关系及其相似程度来判断其关联程度。由于灰色关联分析白化了灰色系统中因素与因素间的关系，故能为人们提供科学量化的参考依据。本书依据这一基本原理，建立了种植业变化影响因素灰色关联多维分析模型，分析指标和步骤如下。

（1）分析指标。

种植业变化指标，包括 G_1 粮食播种面积、G_2 粮食产量和 V_1 菜瓜果种植面积、V_2 菜瓜果产量；A 气候条件指标，包括 A_1 降水量、A_2 平均气温、A_3 日照时数；B 农业装备水平指标，包括 B_1 有效灌溉面积、B_2 农用机械总动力、B_3 农村用电量；C 农业要素投入指标，包括 C_1 农用化肥施用量、C_2 农膜使用量、C_3 农药使用量、C_4 种植业从业人员数量；D 市场条件指标，包括 D_1 居民消费价格指数（图 3-1）。

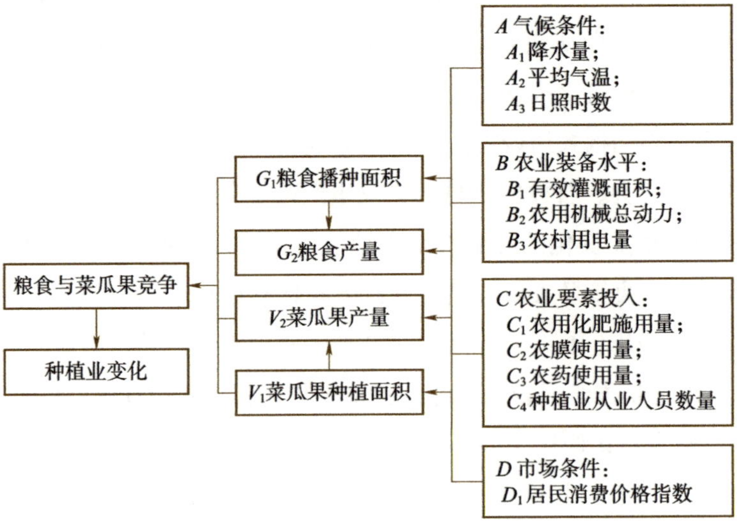

图 3-1　种植业变化多维分析框架

（2）建立参考序列和比较序列。

以 G_1、G_2、V_1、V_2 分别建立参考序列；以 A、B、C、D 所涉指标及指标 G_1、V_1 分别建立比较序列。各参考序列与比较序列的对应关系如图 3-2 所示。

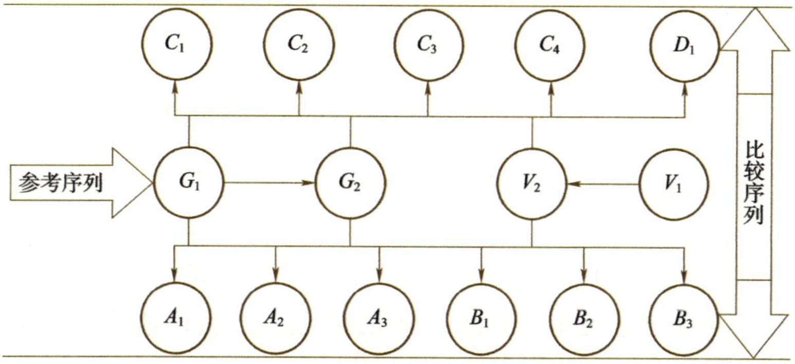

图 3-2　参考序列与比较序列对应关系

注：G_1、V_1 既是参考序列，又分别是 G_2、V_2 比较序列中的影响因素。

（3）序列值无量纲化。

用均值化方法对数据做无量纲化处理，即用每组序列的平均值去除每个数，从而得到一个占平均值百分比的数列。

（4）求差序列、最大差和最小差。

以参考序列与对应的比较序列各对应点之差值的绝对值构成差序列，同时找出序列内、序列间两级最大差和最小差。

（5）灰色关联度计算。

求取各参考序列及对应比较序列每组数据的灰色关联系数、灰色关联度 r，并依据关联度进行排序。若参考序列为 x_0，比较序列（因素序列）为 x_i，则

$$x_0=\{x_0(1), x_0(2), \cdots, x_0(n)\}$$

$$x_i=\{x_i(1), x_i(2), \cdots, x_i(n)\}$$

$$\zeta_i=\frac{\min_i \min_k |x_0(k)-x_i(k)|+\rho_{\max_i \max_k}|x_0(k)-x_i(k)|}{|x_0(k)-x_i(k)|+\rho_{\max_i \max_k}|x_0(k)-x_i(k)|}$$

式中，ζ_i——参考序列 x_0 和比较序列 x_i 在第 k 点的关联系数；

ρ——分辨系数，一般取 0.5。

则参考序列 x_0 与比较序列 x_i 的关联度 r_i 为

$$r_i=1/n\sum_{k-1}^{n}\zeta_i(k)$$

3.2 研究区概况及其种植业变化

重庆市位于东经 105°11′—110°11′、北纬 28°10′—32°13′，地处青藏高原与长江中下游平原过渡地带，面积为 8.24 万 km^2。区内地质构造复杂，地形大势由南北向长江河谷倾斜，山地丘陵的地貌特征显著。其中，山地占比为 76%、丘陵占比为 22%，河谷平坝占比为 2%；海拔为 500 m 以下面积为 3.19 万 km^2，海拔为 500～800 m 的面积为 2.09 万 km^2，海拔为 800～1 200 m 的面积为 1.68 万 km^2，海拔为 1 200 m 以上的面积为 1.28 万 km^2，分别占重庆市总面积的 38.61%、25.41%、20.42%、15.56%。重庆市属于亚热带季风性湿润气候，年平均气温在 18℃左右，冬暖夏热，无霜期长（340～350 d/a），大于 0℃活动积温为 6 010～6 900℃；雨量充沛（约 1 000 mm/a），七、八月多伏旱，时长 30～50 d。全市农业资源丰富，栽培植物 560 多种，除水稻、玉米、小麦、红薯等主要粮食作物外，还有油料、蔬菜、水果、药材等作物。改革开放以来，重庆农业得到长足发展，20 世纪 80 年代以来粮食产量基本稳定在 1 100 万 t 左右，种植结构趋向增值性变化，以粮食 / 菜瓜果播种面积比为例，两者比例由 1978 年的 33.11∶1 调整为 2018 年的 2.63∶1；以不变价格计算，这一时期，种植业产值提高 49.17 倍，农业从业人员人均农业产值提高 98.00 倍。具体来看，1978—2018 年重庆市种植业呈现以下变化：

（1）种植业结构变化，粮食与菜瓜果播种面积“一退一进”。

2018 年重庆市农作物播种面积为 334.85 万 hm^2，较 1978 年减少 14.96 万 hm^2，总体相差不大。而在农作物播种总面积中，粮食、菜瓜果的比重最高，1978 年两者总播种面积为 327.32 万 hm^2，占比达到 93.57%，之后虽处于下降趋势，但仍维持在 80% 以上，2018 年占比达到 83.14%（图 3-3）。不过，从内部结构来看，粮食与菜瓜果的播种面积呈现反向变化趋势。1978 年粮食播种面积占比高达 90.83%，而菜瓜果仅占 2.74%。之后粮食占比不断下降，至 2018 年已降至 60.26%；而菜瓜果占比不断上升，至 2018 年已升至 22.88%。显然，1978—2018 年，粮食播种面积下降 30.57%，而菜瓜果播种面积上升 20.14%，这种粮食"退"、菜瓜果"进"的竞争态势，是 1978—2018 年重庆市种植业变化的显著特征，也说明相当数量的耕地向"非粮"用途转化，转向附加值更高的菜瓜果作物。

（2）种植业产出增加，粮食与菜瓜果产出占比"一降一升"。

1978 年重庆市粮食、菜瓜果总产量 1 058.66 万 t，截至 2018 年，虽然其间两者总播种面积有所下降，但粮食、菜瓜果总产量增至 3 070.59 万 t，是 1978 年的 2.90 倍。从产出结构看，粮食产量由 1978 年的 814.71 万 t 增至 2018 年的 1 079.34 万 t，增长 32.48%；菜瓜果产量由 1978 年的 243.95 万 t 增至 2018 年的 1 991.25 万 t，提高 7.16 倍（图 3-3）。从统计趋势分析，重庆市

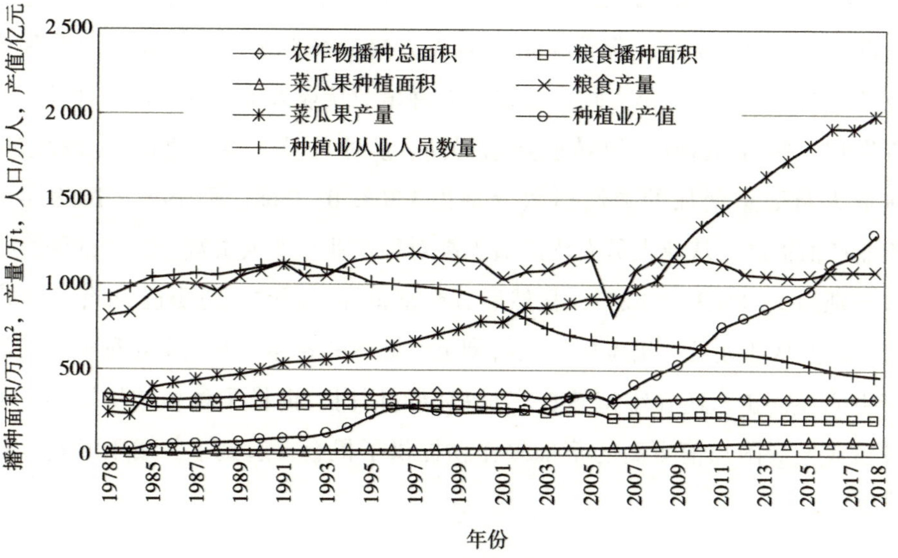

图 3-3　1978—2018 年重庆市种植业主要指标变化

注：1978—1985 年《重庆统计年鉴》仅提供了 1978 年、1980 年、1985 年 3 个代表年份的数据，特此说明。

粮食生产克服了播种面积不断下降的压力，并使产量在20世纪90年代后基本稳定在1 100万t左右，不过粮食在两者总产量中的占比仍处于不断下降态势。数据显示，1978年粮食、菜瓜果产量占比分别为76.96%、23.04%，以2009年分别占比48.46%、51.54%为转折[①]，至2018年粮食、菜瓜果分别占比已变为35.15%、64.85%。虽然菜瓜果种植面积仍低于粮食，但高度集约化的生产在2009年之后改变了以往种植业的产出格局。

（3）种植业总产值及人均产值增长，劳动力从“增压增效”转为“减压增效”。

1978年重庆市种植业产值26.29亿元，从业人员数量926.32万人，人均产值283.80元。截至2018年，种植业产值达到1 292.68亿元，从业人员数量降至464.79万人，人均产值27 812.05元（图3-3）。比较来看，以货币不变价格计算，1978—2018年种植业产值提高48.17倍，种植业从业人员人均产值提高97.00倍。种植业产值的增长，经历了种植业从业人员数量的起伏变化。1978—1991年，种植业从业人员数量由926.32万人增至1 130.47万人，增加204.15万人；1991—2018年，种植业从业人员数量逐年下降，由1 130.47万人降至464.79万人，减少665.68万人。分别计算种植业产值提高、从业人员人均产值提高对种植业从业人员数量变化的弹性，不难发现，1978—1991年种植业产值提高、从业人员人均产值提高对种植业从业人员数量增加的弹性指数分别为3 308.70、2.68，而1991—2018年种植业产值提高、从业人员人均产值提高对种植业从业人员数量减少的弹性指数分别为18 009.30、40.53，显然后者更富弹性。同时，说明近30年来重庆市种植业从业人员大幅减少是农村剩余劳动力的转移，不仅未对种植业发展产生明显冲击，还在维持粮食产量稳定的同时，助推了种植结构调整，为种植业发展附加值更高的菜瓜果作物提供了机会，起到了“减压增效”的作用。

① 受特大干旱影响，2006年粮食与菜瓜果产量占比分别为46.94%、53.06%，但不宜作为种植业产出格局变化的转折。

3.3 结果分析与解释

3.3.1 1978—2018 年重庆市种植业变化影响因素分析

通过种植业变化影响因素灰色关联多维分析模型，得到 1978—2018 年重庆市不同维度影响因素与种植业动态变化的定量关系，如表 3-1 所示。

表 3-1 种植业变化影响因素关联度

影响因素	粮食播种面积（G_1）	粮食产量（G_2）	菜瓜果种植面积（V_1）	菜瓜果产量（V_2）	备注
粮食播种面积（G_1）	—	0.887 0	—	—	中等关联度为 0.35～0.7；强关联度为 0.7～1，其中，极强关联度为 0.85～1
菜瓜果种植面积（V_1）	—	—	—	0.883 5	
降水量（A_1）	0.864 2	0.852 8	0.622 2	0.663 0	
年均气温（A_2）	0.906 0	0.920 5	0.636 8	0.688 0	
日照时数（A_3）	0.890 7	0.851 7	0.636 2	0.684 2	
有效灌溉面积（B_1）	0.883 3	0.919 7	0.652 8	0.707 0	
农用机械总动力（B_2）	0.655 0	0.669 6	0.925 8	0.833 4	
农村用电量（B_3）	0.605 9	0.609 7	0.767 0	0.703 1	
农用化肥施用量（C_1）	0.750 1	0.788 0	0.802 4	0.873 6	
农膜使用量（C_2）	0.638 8	0.648 6	0.853 7	0.786 9	
农药使用量（C_3）	0.711 8	0.745 8	0.825 7	0.828 9	
种植业从业人员数量（C_4）	0.883 8	0.951 5	0.654 8	0.707 9	
居民消费价格指数（D_1）	0.677 1	0.701 3	0.808 0	0.783 5	

1978—2018年，影响重庆市粮食产量的因素排序为$C_4>A_2>B_1>G_1>A_1>A_3>C_1>C_3>D_1>B_2>C_2>B_3$，其中种植业从业人员数量（$C_4$）、年均气温（$A_2$）、有效灌溉面积（$B_1$）、粮食播种面积（$G_1$）、降水量（$A_1$）、日照时数（$A_3$）为极强关联，农用化肥施用量（$C_1$）、农药使用量（$C_3$）、居民消费价格指数（$D_1$）为强关联，农用机械总动力（$B_2$）、农膜使用量（$C_2$）、农村用电量（$B_3$）为中等关联。

影响粮食播种面积的因素排序为$A_2>A_3>C_4>B_1>A_1>C_1>C_3>D_1>B_2>C_2>B_3$，其中年均气温（$A_2$）、日照时数（$A_3$）、种植业从业人员数量（$C_4$）、有效灌溉面积（$B_1$）、降水量（$A_1$）为极强关联，农用化肥施用量（$C_1$）、农药使用量（$C_3$）为强关联，居民消费价格指数（$D_1$）、农用机械总动力（$B_2$）、农膜使用量（$C_2$）、农村用电量（$B_3$）为中等关联。

影响菜瓜果产量的因素排序为$V_1>C_1>B_2>C_3>C_2>D_1>C_4>B_1>B_3>A_2>A_3>A_1$，其中菜瓜果种植面积（$V_1$）、农用化肥施用量（$C_1$）为极强关联，农用机械总动力（$B_2$）、农药使用量（$C_3$）、农膜使用量（$C_2$）、居民消费价格指数（$D_1$）、种植业从业人员数量（$C_4$）、有效灌溉面积（$B_1$）、农村用电量（$B_3$）为强关联，年均气温（$A_2$）、日照时数（$A_3$）、降水量（$A_1$）为中等关联。

影响菜瓜果种植面积的因素排序为$B_2>C_2>C_3>D_1>C_1>B_3>C_4>B_1>A_2>A_3>A_1$，其中农用机械总动力（$B_2$）、农膜使用量（$C_2$）为极强关联，农药使用量（$C_3$）、居民消费价格指数（$D_1$）、农用化肥施用量（$C_1$）、农村用电量（$B_3$）为强关联，种植业从业人员数量（$C_4$）、有效灌溉面积（$B_1$）、年均气温（$A_2$）、日照时数（$A_3$）、降水量（$A_1$）为中等关联。

3.3.2 重庆市种植业变化解释

“外因是变化的条件，内因是变化的根据。”在外部环境相对稳定、技术条件一定的前提下，种植结构调整和作物产量变化主要取决于生产决策。而科学的生产决策是综合分析各类影响因素作出的判断，其判断的立足点正是基于对不同作物生长习性、栽培要求和产品用途的掌握。由定量分析结果可见，不同维度影响因素对粮食和菜瓜果的影响多不一致，由此形成的差异可能正是过去 30 年重庆市种植业变化的根源。据此，本书结合半结构访谈获取的经验性认识，对重庆市种植业变化原因解释如下。

（1）播种面积。

不同作物播种面积变化不仅是种植结构调整的直观反映，还与作物产量变化密切相关。从定量关系看，粮食播种面积（G_1）与粮食产量（G_2）、菜瓜果种植面积（V_1）与菜瓜果产量（V_2）均存在极强关联，关联度分别为 0.887 0、0.883 5。由此可见，无论粮食作物还是菜瓜果作物，播种面积是产量的保障。事实上，1978—2018 年重庆市粮食作物作为农作物主导作物的地位持续下降，在农作物播种总面积中的占比由 1978 年的 90.83% 降至 2018 年的 60.26%，在粮食和菜瓜果产量中的占比也由 76.96% 降至 35.15%。而同期菜瓜果作物的地位不断上升，种植面积占比由 2.74% 升至 22.88%，产量占比也由 23.04% 升至 64.85%。在单位土地面积产出水平上，统计农户的作物产出发现，70.83% 的农户（85 户）经营的菜瓜果作物高于粮食作物 10 倍左右，经营大户的菜瓜果作物产出普遍超过粮食作物 10 倍。由此可见，相较于菜瓜果作物，播种面积对粮食作物产量更显重要。由此分析过去 10 年粮食作物播种面积和产量的关系，再考虑来自菜瓜果的竞争和其他不确定因素的影响，未来要守住重庆市 1 100 万 t 的粮食安全红线（苟小红，2012），每年播种面积保持在 220 万～240 万 hm^2 才较为可靠。

（2）气候条件。

农业是受气候变化影响最高的产业，如今气候变化背景下的作物种植问题日益受到关注（陈兆波等，2013）。依据 1978—2018 年重庆市年降水量、年平均气温、年日照时数数据，生成直方图并叠加移动平均曲线，总体趋势显示，1978—2018 年重庆市气候趋势由相对稳定期逐渐步入波动加剧期（图 3-4）。再依据年降水量数据计算降水量年际变化率，依据年日照时数计算日照时数年际变化率，同时将 1978—2018 年大致区分为 1978—1988 年、1989—1998 年、1999—2008 年、2009—2018 年共 4 个时段，依据降水量年际变化率、年平均气温、日照时数年际变化率计算 4 个 10 年的均值，计算结果显示，气候波动加剧趋势明显。其中，降水量年际变化率的 4 个 10 年均值由 0.12、0.27 增至 0.31 后又降至 0.12；年平均温度的 4 个 10 年均值由 18.10、18.30 增至 18.70，并最后维持在 18.70；日照时数年际变化率的 4 个 10 年均值由 0.09、0.11、0.15 增至 0.32。在气候波动变化加剧趋势下，粮食作物（G）和菜瓜果作物（V）与气候变化的关联性存在明显不同。从定量关系看，气候要素（A_1、A_2、A_3）与 G_1、G_2 存在极强关联度，关联度均在 0.85 以上；而与 V_1、V_2 仅存在中等关联度，关联度为 0.60～0.70，可见相较于菜瓜果作物，粮食作物变化更易受到气候因素影响。调查发现，农户的家庭生产中，粮食作物主要是水稻、玉米和红薯，水稻主要作口粮，玉米和红薯主要作饲料粮。从农户对粮食作物特性评价来看，这些粮食作物一年一季，其中玉米和红薯通常套种在一起，水稻和红薯的生长周期为 120～150 d，玉米的生长周期为 90～100 d，此时正值春旱、伏旱、洪涝多发期。而农户和经营大户认为，菜瓜果作物种类繁多，生长周期短、播种季节广，可一年熟三季，如果辅助温棚可连续复种，成熟四季；即使不施温棚和催熟剂，黄瓜仅 70 d 左右、豆角 60～90 d、茄子和西红柿 100 d 左右即可成熟，大白菜可四季播种采收。由此来看，在地形复杂、气候多样，各类气象灾害频繁发生的气候背景下，正是因生长周期和熟制差异，气候因素更易影响粮食作物（高阳华等，2008），而菜瓜果作物显示出应对气候不确定性的明显优势，这可能是过去 30 年种植结构调整和产量变化的原因之一。

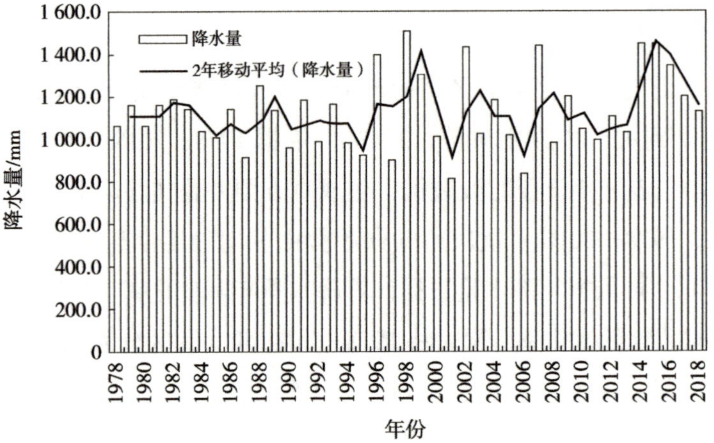

（a）降水量

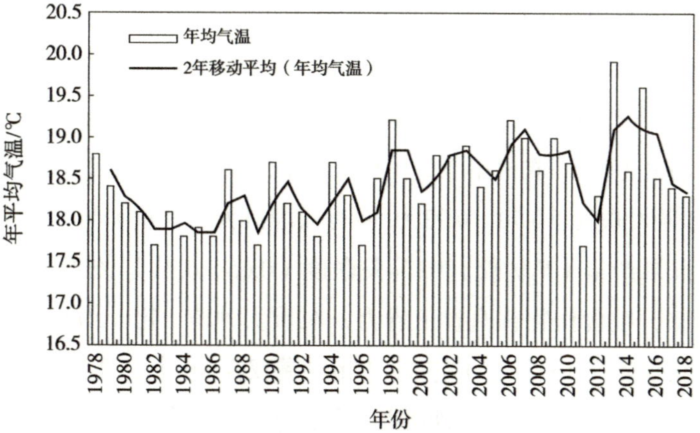

（b）年平均气温

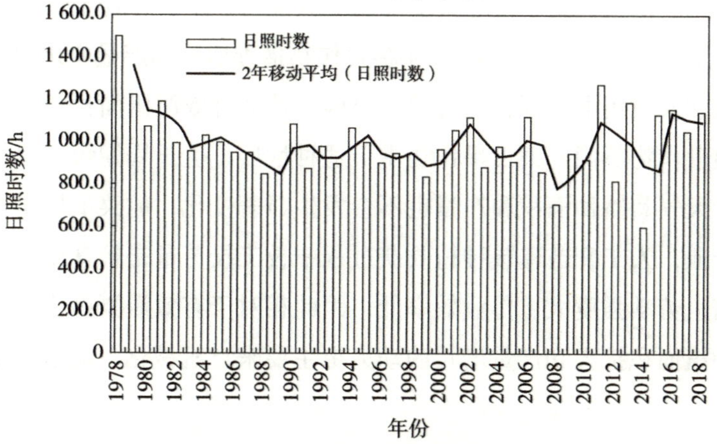

（c）日照时数

图 3-4　1978—2018 年重庆市年降水量、年平均气温、年日照时数变化

（3）农业装备。

农业装备是农业生产机械、设施、设备的总称，是推动传统农业向现代化农业转变的关键要素。1978—2011 年重庆市农业装备水平不断提升，1978—2018 年重庆市有效灌溉面积由 56.27 万 hm^2 提高到 69.69 万 hm^2，农用机械总动力由 101.00 万 kW 提高到 1 428.10 万 kW，农村用电量由 28 542 万 kW · h 提高到 795 272 万 kW · h，分别增长了 0.24 倍、13.14 倍、26.86 倍。农业装备水平的提升改善了农田基础设施，加快了农业机械化、设施化步伐。不过，从定量关系看，农业装备进步对种植业变化的影响存在结构性差异，粮食作

物中，有效灌溉面积（B_1）与粮食播种面积（G_1）、粮食产量（G_2）具有极强关联度（>0.88），而农用机械总动力（B_2）、农村用电量（B_3）与粮食播种面积（G_1）、粮食产量（G_2）只有中等关联度（0.60～0.67）；菜瓜果作物中，农用机械总动力（B_2）、农村用电量（B_3）与菜瓜果种植面积（V_1）、菜瓜果产量（V_2）具有强关联度（0.70～0.93），而有效灌溉面积（B_1）与菜瓜果种植面积（V_1）、菜瓜果产量（V_2）仅有中等关联度（0.65～0.71）。分析农户的投工投劳状况可知，粮食作物普遍省工省力，在重庆种植 1 亩（约 667 m^2）水稻从育秧到收获仅需投 15 个工日左右，1 亩红薯仅需 10 个工日左右，1 亩玉米也只需 20 个工日左右，应用小型农机具和其他生产设备不会显著影响粮食播种面积和产量。但重庆是传统意义上的雨养农业区，粮食作物生长期极易受到春旱、伏旱影响，因此在过去 40 年粮食作物播种面积和产量变化中，相对于农用机械和农村用电指标，完善灌溉设施、扩大有效灌溉面积的作用更为显著。与粮食作物不同，菜瓜果作物季节适种性广、生长周期短，即使经历春旱、伏旱天气其播种面积和产量也不会发生显著变化，但菜瓜果作物是劳动密集型产业，人工育苗移栽种植收获过程中投工投劳量是粮食作物的几倍乃至十几倍，劳动强度大、作业效率低，因此相对于有效灌溉面积指标，菜瓜果作物种植面积扩大和产量增长的动力更主要来自机械化、设施化生产方式的发展。

（4）农业要素。

改造传统农业，推动农业向产业化、现代化转变，需要引进新的现代农业生产要素（Theodore，1964），其中除了农业技术装备进步，还依赖化肥、农药、农膜大量引入和农村剩余劳动力大量转出。重庆市过去 40 年的种植业变化验证了农业要素投入的这个变化。农用化肥（折纯）、农膜、农药施（使）用量分别由 1978 年的 21.63 万 t、0.33 万 t、0.64 万 t 增至 2018 年的 93.17 万 t、4.46 万 t、1.72 万 t，分别增长了 3.31 倍、12.52 倍、1.69 倍；单位农作物播种面积农用化肥、农膜、农药总投入量则由 1978 年的 64.61 kg/hm^2 增至 2018 年的 296.70 kg/hm^2，增长了 3.59 倍。同期，种植业从业人员在 1978—1991 年增加 204.15 万人，在 1991—2018 年又减少 665.68 万人，不过其在乡村从业人员中的比重持续下降，由 1978 年的近 100% 降至 2018 年的 36.93%。但从定量关系看，在种植业变化中，农业投入要素对粮食作物和菜瓜果作物的影响存在明显差异。其中，与粮食播种面积（G_1）、粮食产量（G_2）的关系中，种植业从业人员数量（C_4）具有极强关联度（＞0.88），农用化肥施用量（C_1）、农药使用量（C_3）具有强关联度（0.71～0.79），而农膜使用量（C_2）仅有中等关联度（0.63～0.65）；与菜瓜果种植面积（V_1）、菜瓜果产量（V_2）的关系中，农用化肥施用量（C_1）、农膜使用量（C_2）、农药使用量（C_3）具有强关联度（0.78～0.88），而种植业从业人员数量（C_4）仅有中等关联度（0.65～0.71）。根据访谈中农户的回顾和种植业现状分析，以往化肥、农药紧缺，粮食单产低，保障粮食产量、满足公粮和自身粮食消费需求，唯有依靠精耕细作和扩大播种面积，而这需要大量劳动力投入；改革开放后，大量农村劳动力外出务工，传统的精耕细作模式已不能维系，而家庭基本的粮食需求仍需满足，大量施（使）用化肥、农药便成为农户有效的生产策略，因此在粮食作物变化中，劳动力的作用至关重要（极强关联度），而伴随着劳动力的持续转出，化肥农药的作用日益重要（强关联度）。此外，在粮食作物中，除玉米在海拔 800 m 以上需地膜全覆盖栽培外，水稻和红薯仅需在育秧时辅以少量地膜保温，因此地膜对粮食作物的影响一般（中等关联度）。菜瓜果作物虽然需要大量劳动力投入，但在温饱困难情况下，劳动力更多地被分配到粮食生产上；之后，为满足不断增长的菜瓜果需求，同时破解农业自身发展困境，在地方政府和工商资本主导下，重庆市建立了大量菜瓜果基地和设施农业基地（如塑料大棚），并带动大量农户参与其中。但受访的经营大户表示，在 300%～400% 的高复种指数下，依靠劳动力和农家肥投入无法维持地力对作物养分的供给、有效防治作物病虫害和保障产品优先上市，扩大菜瓜果种植面积、提高产量依赖的是化肥、农药、农膜的投入（强关联度），劳动力的作用不明显（中等关联度）。经营大户提供的生产数据显示，在普遍的一年三熟制下，按"黄瓜＋旱藤菜→丝瓜＋甘蓝→秋菜豆"栽培模式，单位面积菜瓜果作物化肥、农膜、农药施（使）用量分别为 3 300 kg/hm^2、105 kg/hm^2、45 kg/hm^2 左右，显著高于一年一熟制下粮食作物"一季水稻"或"玉米＋红薯"套作栽培模式单位面积的化肥、农膜、农药施（使）用量（表 3-2），印证了农用化肥施用量（C_1）、农膜使用量（C_2）、农药使用量

（C_3）与菜瓜果种植面积（V_1）、菜瓜果产量（V_2）关联度明显高于其与粮食播种面积（G_1）、粮食产量（G_2）关联度的分析结果，进一步说明菜瓜果作物变化的主要力量来自化肥、农膜、农药的投入，而非劳动力。

表 3-2　粮食作物和菜瓜果作物单位面积农业要素施（使）用量

单位：kg/hm^2

作物类型	栽培模式	单位面积施（使）用量		
		化肥	农膜	农药
粮食作物	一季水稻	750.00	15.00	7.50
	玉米 + 红薯	375.00	7.50	22.50
菜瓜果作物	黄瓜 + 早藤菜→丝瓜 + 甘蓝→秋菜豆	3 300.00	105.00	45.00

（5）市场条件。

在种植业变化发展中，市场作用伴随粮食流通体制改革而逐渐深入（颜波和陈玉中，2009）。1978—1982 年在高度集中的计划经济体制下，国家实行粮食及其他主要农产品统购统销，重庆市粮食及菜瓜果作物商品率几乎为 0。1983—2000 年，实行家庭联产承包责任制后，种植业开始从自给半自给经济向商品化生产过渡，随着合同订购取代统购统销以及粮食购销市场化改革力度的加大，农产品商品率出现了明显提升，2000 年重庆市粮食作物商品率达到 20.80%、菜瓜果作物商品率达到 57.15%。2001—2011 年，随着粮食主销区和产销平衡区粮食购销市场化改革，以及农村税费改革的实行，截至 2004 年粮食购销市场全面放开，市场机制进一步解放了农民的经营自主权，农产品商品率快速提高，2016 年重庆市粮食作物商品率达到 36.10%，菜瓜果作物商品率达到 72.40%。粮食和菜瓜果不同的商品率水平，体现了市场带给不同农作物的影响存在差异。基于财经视角通常借助居民消费价格指数（CPI）观察食品消费需求状况的方法，分析居民消费价格指数（D_1）与粮食、菜瓜果的定量关系，显示居民消费价格指数（D_1）与粮食播种面积（G_1）、粮食产量（G_2）具有中等关联度（0.67～0.70），而与菜瓜果种植面积（V_1）、菜瓜果产量（V_2）具有强关联度（0.78～0.80），由此不难发现，1978—2011 年伴随着农业市场化改革的不断深入，重庆市市场上菜瓜果消费需求呈强势增长（强关联度），而粮食消费需求一般（中等关联度）。结合调查，进一步发现，“种菜比种粮挣钱快、更赚钱”也是农户的共识。与粮食作物相比，菜瓜果经营灵活、适种性广，56.67% 的农户（68 户）通过采用“良种 + 提前播收”的种植模式，抢占市场先机，能够更有效地应对种植成本上升，增产增收；而经营大户更是将流转土地用于开发高品质的菜瓜果作物（如有机蔬菜、优质葡萄、猕猴桃等），发挥规模效应，开展“农超对接”。由此看来，市场在重庆市种植业变化中发挥着不可替代的导向和调节作用。

3.4　讨论

（1）粮食产销平衡区种植业变化特征。

在全国粮食连年增产背景下，近年来粮食产销平衡区的粮食却自给不足，面临着耕地减少、粮食播种面积持续下降的挑战，粮食作物在种植业中的地位和前途与菜瓜果作物形成鲜明对照（孙秀峰，2013），那么产销平衡区的种植业发生了怎样的变化？从研究区来看，重庆市种植业变化以粮食作物收缩和菜瓜果作物扩张为主要特征，经历了从“以粮为主”到“粮菜兼顾”的转变，初步实现了种植业转型增效。具体表现：第一，1978—2018 年种植结构呈现粮食作物“退”、菜瓜果作物“进”的竞争态势。在农作物播种总面积浮动不大的情况下，其各自占比分别由 90.83%、2.74% 转变为 60.26%、22.88%。第二，种植业产出格局呈现粮食作物“降”、菜瓜果作物“升”的动态变化。尽管粮食生产克服播种面积下降，使年产量在 20 世纪 90 年代后稳定在 1 100 万 t 左右，但高度集约化的菜瓜果生产模式在播种面积远低于粮食作物的情况下，改变了种植业产出格局，粮食作物与菜瓜果作物产出比由 76.96：23.04 转变为 35.15：64.85。第三，种植业产值增长方式由依赖“增压增效”转向依赖“减压增效”。农村劳动力转移逐渐改变了种植业产值增长方式，1978—1991 年种植业从业人员数量增加 204.15 万人，其间种植业产值增长主要依赖过密式劳动力投入和低附加值的粮食作物，而 1991—2018 年种植业从业人员数量减少 665.68 万人，种植业产值增长转向依赖集约化经营和高附加值的菜瓜果作物，弹性系数表明种植业总产值提高、从业人员人均产值提高对从业人员减少的依存度明显高于对从业人员增加的依存度，农村劳动力转移为种植结构调整、转型增效提供了契机。

（2）粮食产销平衡区种植业变化机理。

近年来，基于全球变化、工业化、城镇化背景，大量文献从气候变化、生物技术创新、劳动力转移、市场等角度有针对性地开展了种植业变化机理方面的研究，其中一些研究已涉及粮食产销平衡区。综合这些成果进一步证明，种植业变化离不开各类因素的综合作用，但从整体上对此作出系统阐释的报道还不多见，在研究区明确粮食产销平衡区的文献更是少见。从本研究区来看，1978—2018 年重庆市种植业呈现粮食作物收缩、菜瓜果作物扩张的显著变化，由这种变化与影响因素的定量关系可见，各类因素综合作用是种植业变化的驱动力。其中对粮食作物变化具有重要影响（强关联度）的因素包括粮食播种面积（G_1）、降水量（A_1）、年均气温（A_2）、日照时数（A_3）、有效灌溉面积（B_1）、农用化肥施用量（C_1）、农药使用量（C_3）、种植业从业人员数量（C_4），对菜瓜果作物变化具有重要影响（强关联度）的因素包括菜瓜果种植面积（V_1）、农用机械总动力（B_2）、农村用电量（B_3）、农用化肥施用量（C_1）、农膜使用量（C_2）、农药使用量（C_3）、居民消费价格指数（D_1）。结合对研究区种植业变化原因的解释，可从以下 3 个方面揭示各类因素影响下重庆市种植业的变化机理：

首先，农户经营自主权放开是各类因素驱动重庆市种植业变化的根源。过去计划经济条件下生产高度集中，种植业由政府下达的计划指令决定，农户没有自主权，种植结构僵化，这一时期重庆市农产品商品率几乎为 0；1983 年之后，经过家庭联产承包责任制改革、粮食等农产品流通体制市场化改革、农村税费改革等一系列改革，农户经营自主权得以解放，农业种什么、怎么种由农户自主进行生产决策，从而使与种植业密切相关的各类资源要素的活力得以释放。重庆市农产品商品率的大幅提高证明，农业经营制度上的这一变革是种植业变化的前提。

其次，各类因素诱致的外部环境变化是重庆市种植业变化的条件。总体而言，1978—2018 年重庆市种植业外部环境的剧烈变化构成了粮食作物收缩、菜瓜果作物扩张的条件。第一，气候变化不仅影响农作物产量，由于气候条件与农作物熟制的相互作用，还深刻地影响着农作物播种面积（付雨晴等，2014）。受气温、降水、日照等因素扰动，1978—2018 年重庆市气候环境波动变化趋势加剧，尤其是过去 10 年低温、绵阴雨等异常天气以及干旱、洪涝等极端天气事件频发，给粮食作物带来极为不利的影响（重庆市政府，2009），但也为适种性广、抗御性强的菜瓜果作物创造了条件。第二，粮食作物和菜瓜果作物具有不同的生产技术特征，而 1978—2018 年重庆市农业装备水平的提升显著改善了不同农作物生产、投工投劳的技术环境，一方面，农业基础设施完善，尤其是灌溉保证率提高，使粮食作物生长周期内的水土资源平衡状况得以优化，从而促进了粮食增产；另一方面，农业技术装备进步，机械化、设施化程度提升，使菜瓜果作物生长期内的生产作业效率明显提高，种植面积和产量快速增长。第三，1978—2018 年重庆市农村劳动力大量析出和化肥、农药、农膜大量施（使）用，给种植结构调整和农作物生产过程中的各类生产要素重新整合带来了显著影响，其中，粮食作物由依赖大量劳动力投入的精耕细作转向依赖化肥、农药投入的集约生产，播种面积不再扩张，甚至有所下降；菜瓜果作物则在已有的劳动力和农家肥投入基础上，以化肥、农药、农膜为支撑，呈现出持续扩张的态势。

最后，作物的不同特性是各类因素驱动重庆市种植业变化的依据。结合来自农户及其他经营主体的种植经验，分析作物特性与各类因素间的关系即可发现，重庆市粮食作物一年一熟，生长周期长，且易受春旱、伏旱、洪涝影响的特征，决定了气候要素、有效灌溉面积对粮食作物变化存在重要影响；而其风险大、产量不稳定的土地密集型作物特征，决定了其产量变化更需播种面积保障；同时，1978—2018 年为满足粮食需求而形成的劳动力与化肥、农药相互替代的历史关系，决定了两者同样会对粮食作物尤其是产量变化产生重要影响。此外，在家庭承包经营格局下，其省工省力的特点决定了农业机械总动力和农村用电量不会对其造成重要影响；而其经济低效和必需品的特征，决定了市场需求变化不会显著影响粮食作物变化。比较来看，菜瓜果作物的生长周期和熟制与粮食作物具有明显差异，其适种性广、单季生长周期短、一年多熟的特征优势，决定了气候因素、有效灌溉面积难以显著影响菜瓜果作物变化；而菜瓜果作物劳动强度大、作业效率低的劳动密集型特征，决定了表征机械化、设施化生产方式的农业机械总动力和农村用电量因素会给其带来显著影响；同时，高复种指数下的高生物量产出，决定了菜瓜果作物产量变化不仅依赖种植面积因素，还需要化肥、农膜、农药因素的高强度投入；除此之外，其种类多、经营灵活、挣钱快、营养丰富、附加值高的特征，决定了市场需求变化会显著影响菜瓜果作物的结构、面积和产量。

（3）粮食产销平衡区平衡粮食作物与菜瓜果作物的途径和办法。

综合上述分析，可以确定的是，1978—2018 年重庆市种植业变化呈现粮食作物收缩、菜瓜果作物扩张的主要特征，在产业模式上由以粮为主转到粮菜兼顾，实现了种植业转型增效。但是，重庆市是国家粮食产销平衡地区，粮食作物收缩、菜瓜果作物扩张的趋势持续，必然加剧区域粮食自给率进一步下降，危及区域乃至国家的粮食安全。因此，正确处理刚性的粮食需求与多样化的菜瓜果需求的关系，找到平衡两类作物种植的途径和办法至关重要。基于种植业变化机理分析，本书认为重庆市平衡粮食作物与菜瓜果作物的途径和办法为：

首先，划定粮食生产红线。研究表明，在粮食作物和菜瓜果作物竞争态势下，单纯的耕地保护红线并不能守住粮食安全红线，还必须划定粮食生产红线。对于重庆而言，在保护 217.07 万 hm^2（3 256 万亩）的耕地红线基础上，要守住 1 100 万 t 的粮食安全红线，还应在粮食生产上确保每年 220 万～240 万 hm^2 的播种面积，才能将全市粮食自给率稳定在产销平衡区 85%～90% 的水平上。

其次，转变粮食作物种植模式。从农业要素投入来看家庭承包经营的生产实践，不难发现，以往农村劳动力过剩，又缺乏现代生产要素投入和相对完善的配套基础设施，导致粮食单产和总产水平较低，为确保粮食产量唯有依靠精耕细作和扩大播种面积；但随着农村劳动力持续转移，家庭传统的精耕细作模式难以维系，取而代之逐渐形成了家庭节约劳动的资本化种植模式，如灌溉设施建设、机械使用、化肥农药的大量投入等，结果粮食单产和总产水平显著增长。重庆市在大农村、大库区、大山区并存，城乡地理空间隔绝、田块耕作细碎严重的大环境下，为避免耕地撂荒、保障粮食自给红线，应顺应粮食生产节约劳动的资本化种植方式，进一步激发和释放农户经营自主权的活力，以农村种粮大户和专业合作社为龙头打破家庭承包经营的小生产格局，推动粮食作物种植模式向现代集约化、规模化转变，才能保障粮食单产、总产和品质不断提升。

最后，加快菜瓜果生产机械化、设施化、专业化步伐。菜瓜果作物适种性广、灵活性强，具有较高的经济附加值，较粮食作物具有更强的竞争力，关系着农民劳动就业和致富增收。从粮食作物与菜瓜果作物的竞争性来看，为避免菜瓜果作物与粮食作物争地，菜瓜果作物的生产应放在粮食生产红线之外，但要保证菜瓜果的安全供给，就必须提高菜瓜果作物的复种指数。不过，菜瓜果作物是劳动密集型产业，提高复种指数必然进一步增加劳动力成本，反而不利于菜瓜果生产发展。但在农村劳动力大量转移背景下，机械化、设施化生产方式对于菜瓜果作物种植面积扩大和产量增长作用显著。加快菜瓜果生产机械化、设施化、专业化步伐，是在粮食安全约束下提高菜瓜果作物产量和品质的有效途径。为此，立足重庆市的生产实践，今后应着重培育专业研发机构和试验示范基地，发展适应丘陵山区地形特点的菜瓜果作物耕地机械化技术，菜瓜果育苗工厂化和机械播种、移栽技术，以及菜瓜果微滴灌技术和病虫害防治机械化技术等。

（4）粮食产销平衡区的耕地资源利用与整合策略。

从地理上看，全国粮食产销平衡区几乎全部位于西部地区，这就意味着区内耕地资源不仅要保障粮食基本自给，还要兼顾生态保护和经济发展。因此，不仅种植业离不开耕地，生态用地和非农建设用地也需要消耗相当一部分耕地。在重庆市，耕地资源具有地理条件差、人均耕地少、农业基础设施建设滞后的劣势，又有立地条件多样、立体气候明显的优势。面对因生态退耕、建设占用等导致的耕地大量减少（全市 1997—2005 年减少耕地 28.26 万 hm^2，其中仅三峡工程淹没就达 1.53 万 hm^2），实现耕地资源有效利用和整合显得至关重要。重庆市种植业的转型增效表明，1978—2018 年虽然粮食播种面积占比由 90.83% 降至 60.26%，但维持了粮食产量的基本稳定（1 100 万 t）；在这一前提下，菜瓜果种植面积占比由 2.74% 升至 22.88%，并使产量上涨了约 8 倍，超过了粮食产出。这种变化，一方面，反映了人们的食品消费结构转型需求，即不再将食物限于粮食（麦类、豆类、粗粮类和稻谷类等谷物），而是更重视食物多样化和营养优化（果品、蔬菜、肉蛋奶等）；另一方面，反映了农民对耕地的利用已经不仅限于种植粮食赚取温饱，而是更注重耕地的宜种性，将农业资源优势向产业优势转化以增效增收。由此来看，粮食产销平衡区耕地资源应是在保障区域粮食基本自给产量稳定的基础上，以居民食品消费结构转型需求为导向，以发挥农业资源优势和特色为重点，引导农民因地制宜地调整种植结构，优化耕作布局，完善基础设施，实现耕地资源集约高效利用。

3.5 结论与启示

（1）重庆市种植业变化特征揭示了粮食产销平衡区种植业发展的一种方向和趋势。

即在种植结构上呈现粮食作物播种面积减少、菜瓜果作物种植面积增加，在产出格局上呈现粮食作物产出占比下降、菜瓜果作物产出占比上升，在产值增长方式上由依赖“增压增效”转向依赖“减压增效”。这种粮食作物收缩、菜瓜果作物扩张的竞争态势，令种植模式从以粮为主过渡到粮菜兼顾，为粮食产销平衡区种植业转型增效提供了契机。

（2）重庆市种植业变化机理为分析粮食产销平衡区种植业变化的原因提供了一条认识渠道。

根据不同维度影响因素与种植业动态变化的定量关系，重庆市种植业粮食作物收缩、菜瓜果作物扩张的变化机理是以农户经营自主权放开为起点、各类因素诱致的环境变化为条件、作物的不同特性为依据发展演化而致的。这一过程中，农户经营自主权放开，确立了农户在生产决策中的主体地位；而各类因素诱致的外部环境变化，如气候环境波动、生产装备水平提升、生产要素间的替代变化以及食品消费结构转型等，则在一定程度上构成了种植结构调整的条件；基于外部环境条件的变化，农户或土地经营者依据粮食和菜瓜果作物各自的特性作出生产决策，也由此形成了重庆市种植业变化的态势，以及各类资源要素从原有的粮食作物逐渐流向菜瓜果作物的局面。

（3）重庆市平衡粮食作物与菜瓜果作物的途径和办法，为正确处理粮食产销平衡区粮食尤其是口粮与菜瓜果两种消费需求的关系提供了一种借鉴。

平衡重庆市粮食作物收缩、菜瓜果作物扩张的途径和办法，首先是划定粮食生产红线，即在保护 217.07 万 hm^2（3 256 万亩）耕地红线的基础上，要守住 1 100 万 t 的粮食安全红线，还须在粮食生产上确保每年 220 万～240 万 hm^2 的播种面积；其次是转变粮食作物种植模式，即顺应粮食生产节约劳动的资本化种植方式，以农村种粮大户和专业合作社为龙头打破家庭承包经营的小生产格局，推动粮食作物种植模式向现代集约化、规模化转变；最后是加快菜瓜果作物生产机械化、设施化、专业化步伐，着重培育发展适应山地丘陵地形特点的菜瓜果作物生产技术，不断降低人工成本，提高菜瓜果产量和品质。

（4）重庆市的经验为山地丘陵区调整农业政策方向提供了参考。

1978—1991 年重庆市种植业从业人员增加 204.15 万人，其间种植业产值增长主要依赖密集的劳动力投入和低附加值的粮食作物，而 1991—2018 年种植业从业人员减少 665.68 万人，种植业产值增长转向依赖集约化经营和高附加值的菜瓜果作物。因此，在工业化、城镇化及全球化背景下，山地丘陵区农业的政策方向，有必要从“一个专注”（专注于粮食生产）向“两个结合”过渡，即将合理转移农业劳动力与推广节约劳动的资本化农业相结合、稳定粮食生产与促进农业资源优势发挥和多元化发展相结合作为着力点，进而引导农民因地制宜地调整种植结构，优化耕作布局，完善基础设施，推动耕地资源的集约高效利用。

第 4 章　山地丘陵区农地适度规模经营特征及其效应分析

面向经济发展新常态，加快转变农业发展方式，是农业应对当前内外压力和挑战的必然选择。为此，在切实保障农民生计和社会稳定的前提下，把农户经营引入现代农业的发展轨道，因地制宜地发展多种形式适度规模经营是关键（陈锡文，2015）。回顾过去，以 1988 年《中华人民共和国宪法修正案》为标志，我国农村土地流转政策经历了禁止、允许、放开以至明确鼓励的过程（刘淑春，2008）。近年来，一方面，通过承包地确权登记颁证，让农户流转土地的合法权益得到了切实保障；另一方面，实行农村土地所有权、承包权、经营权“三权分置”改革，为土地经营权有序流转、发展适度规模经营奠定了制度基础。伴随着土地产权进一步规范和明晰，以及我国城镇化和农业现代化深入推进，农村劳动力大量转移，新型经营主体不断壮大，以土地流转和适度规模经营为核心的农地经营方式转变已成为基本趋势（陈晓华，2016）。数据显示，截至 2016 年 6 月，我国家庭承包耕地流转面积约 0.31 亿 hm^2，占家庭承包经营耕地总面积的 34.28%；全国 2.3 亿农户中近 30% 的农户已流转土地，在东部沿海一些地区承包耕地流转比例已超过 1/2；全国层面经营耕地面积 3.33 hm^2 以上的规模经营农户已超过 350 万户。

目前，多数研究围绕土地适度规模经营的实现，对土地流转的影响因素、行为决策、区域差异、经营效率、运行绩效等政策性和技术性问题展开探索。综合来看，土地流转的影响因素主要与农户就业类型、农地租赁行为、农地资源禀赋、非农收入比重等密切相关（鲁莎莎等，2011；张兰等，2014；王亚运等，2015）；从行为决策来看，农户有限的承包地容纳了老人、妇女等家庭弱质劳动力，并使其以极低的生活成本和相对有机的食物克服了生存困境，因而家庭兼业化的经营策略往往是束缚土地流转和经营规模扩大的主要制约（陈超等，2011）；就区域差异而言，经济发达地区或平原地带的农地流转规模大、稳定性高，规模化经营效益好（卞琦娟等，2011；张献等，2012；夏玉莲等，2016），而经济欠发达地区或山地丘陵区依然是农地流转和规模化经营的后进地区；另外，流转后规模化经营产生的社会经济环境效应也不容忽视，不仅加剧了农村社会阶层结构的重构（陈成文，2006；杨华，2011），也使地力的保护与修复在不同的经营者之间出现明显差别（郜亮亮等，2011），而为追求短期收益过量使用以化石燃料为基础的农业要素（化肥、农药、石油等）和生物激素等，则持续加重着农村生态环境的压力和风险（夏玉莲等，2013）。为此，研究者建议应加快农民工身份转型（甄月桥等，2011），培育农民的文化与职业技术素质，创新农地制度（黄延廷，2012）和农业补贴政策（郭贯成等，2016），建立和完善农村人口的社会保障（邵景安等，2007），推行差别化的农地流转和可持续农业发展策略（夏玉莲等，2014）。

由上述可见，已有的研究目标虽是土地（适度）规模化经营，但重心在土地流转上，随着土地流转规模的扩大，亟须关注农地经营方式的转变，尤其是基于地域差异深度探索因地制宜的适度规模化经营形式。为此，有必要澄清农业现代化相对发达的平原地带与相对落后的山地丘陵区土地流转和规模化经营上是否存在差异？两者是否具有近似的模式或路径？其所产生的社会经济环境效应是否一致？农地适度规模经营怎样才能与当地经济发展水平和农地资源禀赋相适应？鉴于此，本书以成渝经济区为研究区，基于地域代表性选取地处平原区的四川省广汉市和地处山地丘陵区的重庆市江津区为样区，依据对农户和经营大户所做的 1 102 份调查数据，分析比较两个类型区土地流转和适度规模经营的差异化特征，并采用能值分析法测度两个区域农地经营方式转变的效应差异，以期为寻求成渝经济区农地适度规模经营的适宜路径、制定差别化的农地利用政策提供参考。

4.1 研究区概况

成渝经济区涉及川渝两地部分地区，是国家重要的人口、城镇、产业集聚区，是引领我国西部地区加快发展、提升内陆开放水平、增强国家综合实力的重要支撑，在我国经济社会发展中具有重要的战略地位。其范围包括四川省的成都市、德阳市、绵阳市等15个市，重庆市的主城9区及周边20个区（县），区域面积为20.6万km²。不过，成渝经济区内部差异显著，成都经济圈基本上是广阔平原，有利于城市化圈层推进和现代化大农业快速发展；而重庆市以山地和丘陵为主，城市化主要依托岭谷和交通轴线推进，农业强调发展生态特色效益产业。两者的土地流转和农业规模化经营在资源禀赋、发展过程、运行机理和实现路径上存在诸多差异，同时决定了成渝经济区的农业发展方式不能“一刀切”。基于这种基本认识，我们选取地处平原区的四川省广汉市（德阳市辖）和地处山地丘陵区的重庆市江津区作为样区，围绕土地流转和农地规模化经营进行调查研究（表4-1）。

表4-1　研究样区概况

研究样点	地形地貌	气候	土壤	社会经济条件
广汉市	居川西平原腹地，地貌以平原为主，东部有少量浅丘，海拔为445～707 m，面积为538 km²	属于中亚热带湿润气候区，年平均降水量为890.8 mm，年平均气温为16.3 ℃，平均无霜期281 d	耕地土层厚度大于100 cm的占总耕地面积的7.43%，小于30 cm的仅占总耕地面积的1.5%；土壤耕性好，适耕期长，保肥供肥性能较好，适于多种农作物生长	2015年全市辖18个镇街，常住人口61万，城镇化率达50%；全年实现地区生产总值323.9亿元，较上年增长8.4%，第一、第二、第三产业结构比为9.5∶62.6∶27.9；城镇居民人均可支配收入28 156元，农村居民人均可支配收入14 212元；全年主要农作物农机化综合作业水平达到77.16%，粮食产量31.98万t，油菜籽产量3.17万t，蔬菜产量53.6万t

续表

研究样点	地形地貌	气候	土壤	社会经济条件
江津区	居川东平行岭谷褶皱区西南端，以山地丘陵地貌为主，丘陵面积占 65.10%，山地面积占 31.80%，河谷阶地面积占 3.10%，海拔为 146～1 646 m，面积为 3 219 km²	属于亚热带湿润季风气候，年平均降水量为 1 025 mm，多年平均气温为 18.3℃，全年无霜期 253～341 d	耕地资源禀赋较好，农耕历史悠久，土地肥沃，土壤以沙溪庙组砂页岩为主，其中紫色潮土和壤土肥力高，宜种性广	2015 年全区辖 29 个镇街，常住人口 129.25 万人，城镇化率为 63.7%；全年实现地区生产总值 605.6 亿元，较上年增长 12.2%，第一、第二、第三产业结构比为 12.53∶63.08∶24.39；城镇居民人均可支配收入 27 951 元，农村居民人均可支配收入 13 722 元；全年主要农作物农机化综合作业水平达到 53.3%，粮食产量 66.35 万 t，油菜籽产量 1.51 万 t，水果产量 23.40 万 t，蔬菜产量 79.73 万 t

4.2 数据与方法

4.2.1 数据来源

通过随机抽样，采用参与式农村评估法（Participatory Rural Appraisal, PRA）中直接观察、问卷调查、半结构式访谈及特殊人群座谈等方法，围绕镇村土地流转的整体情况和主要做法、农户和经营大户农地流转行为、农户和大户农地经营情况及土地流转前后资源要素流动使用情况 4 个方面的内容展开调查。

2014 年 6—8 月，对四川省广汉市连山镇、松林镇、和兴镇、兴隆镇、西外乡 5 个乡镇开展实地调查，共计发放问卷 650 份，收回 622 份有效问卷，其中 575 份一般农户问卷（包括转出农户问卷 314 份和无转出农户问卷 261 份），47 份专业大户问卷；2015 年 7—8 月，对重庆市江津区白沙镇、先锋镇、西湖镇、慈云镇、吴滩镇、油溪镇 6 个镇街开展实地调查，共计发放问卷 540 份，收回 480 份有效问卷，其中 446 份一般农户问卷（包括转出农户问卷 254 份和无转出农户问卷 192 份），34 份专业大户问卷（表 4-2）。调查中，通过召开小型座谈会收集整理各样点镇街农地流转的总体情况资料，时间控制在 1 h 内；采用问卷调查摸底农户承包土地流转情况，时间控制在 0.5 h 左右；采用深度访谈详细解读典型农业经营大户的土地经营情况，时间控制在 1 h 左右。

表 4-2　研究样区问卷调查基本情况统计

广汉市样点	农户问卷 / 份	大户问卷 / 份	主导产业	江津区样点	农户问卷 / 份	大户问卷 / 份	主导产业
连山镇	83	12	粮油	白沙镇	65	4	粮油、蔬菜
松林镇	145	13	水果	先锋镇	73	6	水果
兴隆镇	138	13	蔬菜	西湖镇	65	5	养殖
和兴镇	140	6	粮食、蔬菜	慈云镇	89	10	蔬菜、苗木
西外乡	69	3	苗木	吴滩镇	70	6	畜牧
合计	575	47	—	油溪镇	84	3	蔬菜
				合计	446	34	—

此外，研究中辅助的资料数据还包括由广汉市、江津区国土资源管理部门、农业部门提供的区域土地流转概况资料、地方性土地流转政策文件；来自两地统计部门和网络的相关统计年鉴、统计公报以及政府年度工作报告等；来自中国气象科学共享数据源的两地资源数据，包括太阳能、风能、雨水势能、雨水化学能、地球旋转能等。

4.2.2　研究方法

（1）农地流转与适度规模经营特征指标构建。

通过统计梳理两地农户和经营大户调查问卷数据和访谈记录信息，发现两地农地流转与适度规模经营特征差异主要体现为农地流转过程中的行为差异和农地集中后的利用差异，因此在参考相关研究的基础上（刘涛等，2008；魏雯等，2015；郑海朋等，2017），构建了反映两地农地流转与适度规模经营特征差异的指标体系（表 4-3）。

表 4-3 农地流转与适度规模经营特征指标

农地流转与适度规模经营特征指标		含义	单位
农户土地转出行为指标（A）	农地流转意愿（A_1）	愿意流转土地的农户比例	%
	农地转出率（A_2）	农户转出农地面积占家庭承包土地面积的比重	%
	农地流转年限（A_3）	农户流转土地签订的年限	年
	农地流转形式（A_4）	农户转出土地采取的具体方式	%
	农地流转价格（A_5）	农户流转土地合同上签订的租金	元 /667 m^2
经营大户土地经营行为指标（B）	农地转入规模指数（B_1）	不同经营规模的经营大户占经营大户总数的比重	%
	农业产业结构指数（B_2）	从事某一农业产业类型的经营大户所占经营大户总数的比重	%
	单位土地劳动力投入（B_3）	常年雇工、临时性雇工折算到单位土地上的劳动力数量	人 /667 m^2
	单位土地农资投入（B_4）	化肥、农家肥、农药、种子、用电、燃油等折算到单位土地上的农资投入	元 /667 m^2
	单位土地农业机械投入（B_5）	机械购买、维修、日常管理等费用折算到单位土地上的农业机械投入	元 /667 m^2
	单位土地基建投入（B_6）	基础设施改造、配套设施新建等费用折算到单位土地上的资金数量	元 /667 m^2
	单位土地经营收益（B_7）	单位土地面积上产出的经济收益	元 /667 m^2

（2）能值分析方法。

能值分析克服了能量分析中不同类别能量难以比较的问题，以统一的能值标准为量纲，把生态—经济系统中流动和储存的不同种类、不可比较的能量转化成同一标准的能值，对系统的能量流、物质流与货币流等进行流量分析（蓝盛芳等，2002），揭示了自然环境资源与经济活动的价值及它们之间的关系，有助于调整生态环境与经济发展的关系，对自然资源的科学评价和合理利用、经济发展方针的制定及实施可持续发展战略均具有重要意义。基本

原理是

$$E=e(m)\times t$$

式中，*E*——能值，sej；

e——能量，J；

m——物质量，g；

t——能值转换率，sej/J 或 sej/g。

能值转换率参考了与研究区自然经济条件差异较小的同类地区的相关研究（张文卓等，2013；吴超和胡小东，2010），以全球年平均总能值1.583E+25sej 为基准，人民币与美元则按 2013 年 6.19∶1 的平均汇率换算，研究中涉及的建筑和机械均根据其使用年限折算为每年的能量投入。从“是否需要购买”的角度，将投入资源分为本地资源和购买性资源；从“是否可更新”的角度将投入资源分为可更新资源和不可更新资源。特别需要指出的是，某些资源在生产或者形成过程中，是由可更新资源和不可更新资源共同组合而成的，即这类资源既非完全可更新也非完全不可更新（胡秋红等，2011）。因此，依据实际情况，参考相关研究（Otávio et al.，2006；Cavalett et al.，2006；Chen et al.，2006；Agostinho et al.，2008），引入可更新比例系数，以提高能值分析的精确性。基本操作步骤为：

①资料收集。通过调查、访问收集与研究对象相关的自然环境、投入产出等各个方面的资料，并整理分类。

②绘制能值系统图解（Odum，1995），包括：a）界定系统范围边界，把系统内的各组分及其作用过程与系统外的有关成分及其作用以矩形框为边界分开；b）列出系统的主要能量来源，这些能量一般来自系统外部，即绘制在边界的外面；c）确定系统内的主要成分，以能量符号图例绘出；d）列出系统内的主要成分的过程和关系（流动、相互作用等），包括主要的能量流、物质流以及货币流；e）绘出系统图解全图（图 4-1）。先绘制矩形框边界外边的能源部分，沿周边外排列，然后绘制系统内各个部分。矩形框边界底线外不能绘制能源符号，仅绘制一个能量耗散符号，并与系统内各组分符号底部相连，表示系统各组分能量耗散。

③编制能值分析表，包括：a）列出研究系统的主要能量来源项目（包括自然资源投入和购买资源投入）和系统产出项目；b）计算能值分析表中的各类别资源的能量流，以 J 为单位，物质流以 g 为单位，货币流以 $ 为单位；c）将各类别项目转换为共同的能值单位（能物流乘以相应的能值转换率）；d）将各项目能值数据分类汇总（可更新能值投入、不可更新能值投入、自然资源能值投入、购买资源能值投入、系统能值产出），分别计算各个能值分析指标。

④根据系统具体情况，选择相应的能值分析指标，根据能值分析表计算结果并分析评价（表 4-4）。

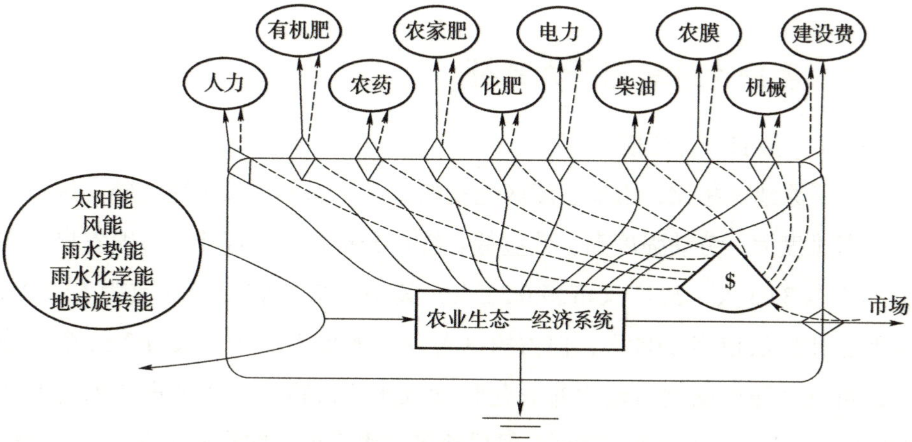

图 4-1 农业生态—经济系统能流图

表 4-4 能值分析指标

能值分析指标	表达式	描述
净能值产出率（EYR）	*Y*/*P*	系统利用本地资源的能力和对外部经济系统的贡献能力
环境负载率（ELR）	*N*/*R*	反映系统生产过程对环境的压力
可持续性指标（ESI）	EYR/ELR	反映系统的可持续性
注：*P*——购买性能值投入；*Y*——系统产出能值；*N*——不可更新能值投入；*R*——可更新能值投入。		

本书能值分析涉及的数据分为本地资源数据、购买资源数据和系统产出

数据。本地资源数据包括太阳能、风能、雨水势能、雨水化学能、地球旋转能；购买资源和系统产出数据来自 2014 年、2015 年对两样区实地调研得到的普通农户和经营大户的汇总数据，其中，以普通农户的经营投入（普通农户的购买资源数据）和产出表征农地流转与适度规模经营前农业生态系统的投入和产出，以经营大户的经营投入（经营大户的购买资源数据）和产出表征农地流转与适度规模经营后的投入和产出。

4.3 结果与分析

4.3.1 农户土地转出行为特征

（1）一般农户特征描述。

与平原地区相比，山地丘陵区地貌崎岖，交通不便，土地细碎，集中连片经营难度大，劳动强度高、效益低。统计分析显示，江津区一般农户户均劳动力为 3.03 人，比广汉市多 0.22 人，其中从事非农活动人数为 1.53 人，虽然也比广汉市多 0.04 人，但占家庭劳动力的比重低于广汉市 2.52 个百分点，可见江津区家庭劳动力非农化程度低于广汉市；江津区户均承包地为 0.31 hm^2，比广汉市多 0.07 hm^2，但旱地多、水田少，坡耕地比重大，且地块更加细碎，户均地块数达 10.92 块，比广汉市多 4.39 块；农业收入在家庭收入中的占比为 35.39%，比广汉市高 18.97 个百分点，可见土地和农业对江津区农户家庭生计的重要性强于广汉市。

（2）农地转出农户流转行为特征。

①农地流转意愿。农户流转决策受到多方面因素影响，考察已转出农地农户的流转意愿（A_1）有助于了解农户后续决策行为的变化。统计显示，江津区“愿意流转”农户为 227 户，占 254 户转出农户的 89.37%；“不愿意流转”农户为 27 户，占比为 10.63%。广汉市“愿意流转”农户为 267 户，占 314 户转出农户的 85.03%；“不愿意流转”农户为 47 户，占比为 14.97%。经分析发现，土地和农业虽对江津区农户家庭生计具有重要意义，但由于地形

约束和经营细碎，导致农业低效化严重，不仅束缚了务农劳动力析出，也限制了家庭增收，因此农户反而有更强的流转意愿；相比之下，地势平坦、地块相对集中连片的广汉市，农业生产已实现高度机械化，由于节省劳动力，转出农地的农户在非农务工的同时，想再兼业于农业生产，以降低生活成本、增加家庭收入。

②农地转出规模。将农地转出率（A_2）为 100% 的农户作为完全转出户，50%～100% 的农户为高度转出户，小于 50% 的为一般转出户。调查农地转出农户中，江津区一般转出户占 32.29%，比广汉市高 6.17 个百分点，而高度转出户占 37.40%，低于广汉市 7.19 个百分点，显示出江津区农户家庭对土地和农业的依赖，以及地块细碎给农地流转集中带来的制约。同时，江津区完全转出户占 30.32%，略高于广汉市，反映一定条件下山地丘陵区农户和平原区农户不同的行为决策（图 4-2）。江津区作为山地丘陵区，交通区位便利度和经济社会发展程度明显低于平原区的广汉市，农户以异地打工为主，家庭主要的劳动力也随之转移，因此这样的农户倾向于完全流转；而广汉市多数农户选择本地务工，主要的家庭活动依然在农村，因此这样的农户倾向于利用家庭边角地块和边缘劳动力降低生活消费成本。

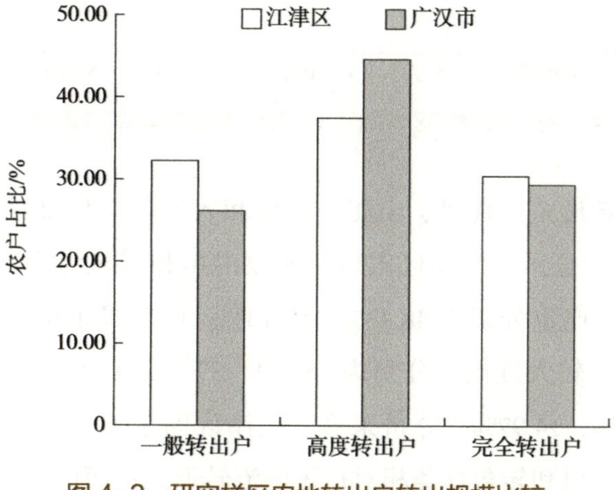

图 4-2 研究样区农地转出户转出规模比较

③农地流转年限。农地流转年限（A_3）的长短，在某种程度上反映了农户对土地财产性收益的预期。统计显示，江津区未约定农地流转年限的农户

为 60 户，所占比重为 23.62%；约定流转年限的农户为 194 户，所占比重为 76.38%，其中约定年限在 10～15 年的农户数量最多，有 117 户，所占比重为 46.06%。而广汉市未约定流转年限的农户为 72 户，所占比重为 22.93%；约定流转年限的农户为 242 户，所占比重为 77.07%，其中约定年限在 0～5 年的农户最多，有 162 户，所占比重为 51.59%（图 4-3）。比较来看，江津区农地转出偏好长时限，而广汉市偏好短时限，反映出山地丘陵区受资源禀赋条件和低效经营方式约束，农户对土地和农业的价值评估较低，倾向于长期流转；而平原区地势平坦、土地肥沃、相关农业基础设施较为完善，农户对土地和农业的价值评估较高，倾向于订立短期租约以便及时调整决策获取更高的收益。

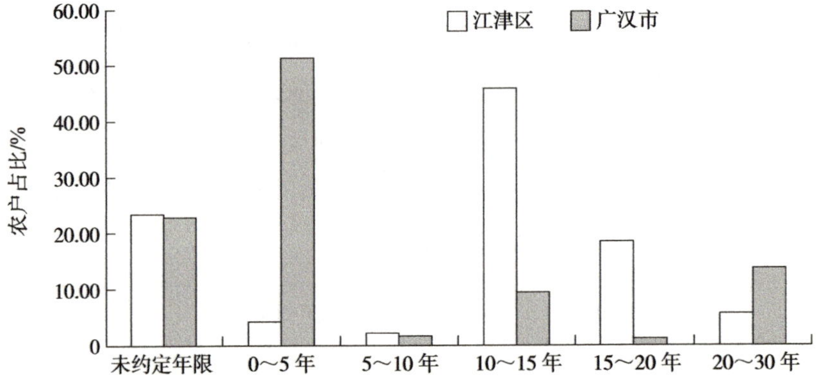

图 4-3　研究样区农地转出户对农地流转年限选择比较

④农地流转形式。代耕、出租、转包和入股是两地都存在的农地流转形式（A_4）。统计显示，江津区农地流转以出租和转包为主，分别为 123 户和 106 户，所占比重分别为 48.43%、47.13%；而广汉市虽以出租和转包为主，但入股已有较大发展，分别为 156 户、87 户、47 户，所占比重分别为 46.98%、27.71%、14.97%。分析来看，江津区囿于地形和农地流转市场约束，主要流行出租和转包这类相对传统的流转形式；而广汉市在政策引导下培育壮大了新的流转形式，如连山镇锦花村的“合股流转”，以“租金 + 二次分红”的方式激励农户入股流转土地。

⑤农地流转价格。农地流转价格（A_5）与农地资源禀赋和农地市场发育

紧密相关。统计显示，江津区流转农地结构中，水田转出户与旱地转出户数量比为 1.43∶1，水田流转价格集中于每 667 m^2 为 500～800 元，旱地流转价格集中于每 667 m^2 为 300～500 元；广汉市水田转出户与旱地转出户数量比为 11.48∶1，水田流转价格集中于每 667 m^2 为 800～1 000 元，旱地流转价格集中于每 667 m^2 为 300～500 元（图 4-4）。目前，农地流转价格主要以粮食作物的亩均收益为计价基准，由于地形地貌限制，江津区大量坡耕地仅适宜旱作，故农户承包地中旱地地块多、比重高、产出低，而广汉市地势平坦，水利良好，水田多且能够集中连片，具有较高的产出水平，故江津区农地流转价格水平明显低于广汉市。

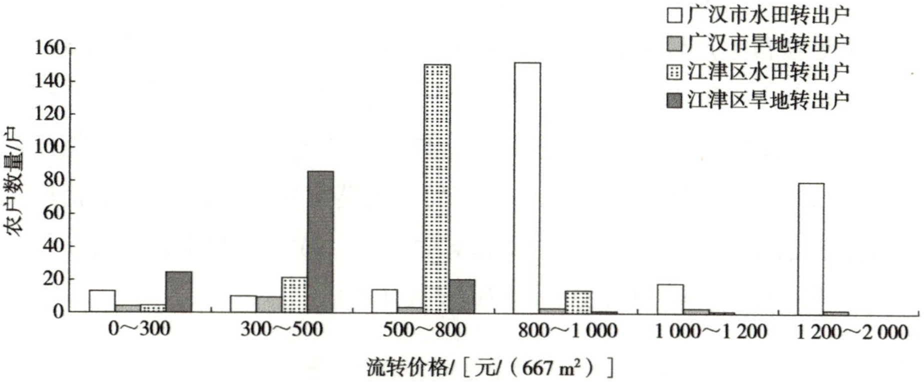

图 4-4　研究样区农地转出户在不同农地流转价格区间的分布

4.3.2　农地适度规模经营特征

（1）农地经营大户特征描述。

两地受访的农地经营大户均以男性为主，江津区 34 位经营大户中，男性占 82.35%；广汉市 47 位经营大户中，男性占 91.49%。从年龄段来看，江津区年龄集中在 30～50 岁，其中 30～40 岁的有 11 位，所占比重为 32.35%；40～50 岁的有 12 位，所占比重为 35.29%。广汉市年龄段集中在 40～60 岁，其中 40～50 岁的有 23 位，所占比重为 48.94%；50～60 岁的有 12 位，所占比重为 25.53%。相较而言，江津区经营大户的构成稍显年轻。从文化程度来看，江津区经营大户的受教育程度集中在高中或中专、大专及以上两个阶段，其中具有高中或中专学历的有 12 位，具有大专及以上学历的有 10 位，所占比重分别为 35.29% 和 29.41%；广汉市经营大户受教育程度集中在初中、高中或中专两个阶段，其中具有初中学历的有 18 位，具有高中或中专学历的有 15 位，所占比重分别为 38.30%、31.91%，可见江津区经营大户的总体文化层次稍高。但是，江津区来自本村的经营大户所占比重（64.71%）明显低于广汉市（85.11%），同时江津区由村干部领衔的经营大户所占比重（14.71%）也低于广汉市（23.40%），由此来看，得益于良好的农业生产条件，广汉市自发性新型经营主体的发展好于江津区。

（2）农地经营大户流转与经营行为特征。

①农地转入规模。经营大户通过农地流转开展适度规模经营。统计显示，两地经营大户转入农地规模指数（B_1）集中于 3.33 hm^2 以内和 6.67～33.33 hm^2 两个区间，但转入农地类型及其规模存在明显差异。受资源禀赋条件约束，江津区坡耕旱地多、水田少，47.62% 的经营大户旱地转入规模在 6.67 hm^2 以上，58.62% 的经营大户水田转入规模则在 6.67 hm^2 以内；而广汉市情况相反，55.00% 的经营大户水田转入规模在 6.67 hm^2 以上，92.86% 的经营大户旱地转入规模则在 3.33 hm^2 以内（表 4-5）。

表 4-5　研究样区经营大户农地转入规模比较

土地总转入规模			水田转入规模			旱地转入规模		
规模等级 / hm^2	广汉市 / %	江津区 / %	规模等级 / hm^2	广汉市 / %	江津区 / %	规模等级 / hm^2	广汉市 / %	江津区 / %
0～3.33	38.30	38.24	0～3.33	27.50	41.38	0～0.67	42.86	19.05
3.33～6.67	14.89	17.65	3.33～6.67	17.50	17.24	0.67～3.33	50.00	19.05
6.67～33.33	27.66	20.59	6.67～33.33	32.50	27.59	3.33～6.67	7.14	14.29
33.33～66.67	12.77	11.76	33.33～66.67	17.50	3.45	6.67 以上	0.00	47.62
66.67 以上	6.38	11.76	66.67 以上	5.00	10.34	—	—	—

②农业产业结构。为增加收入和规避风险，从产业结构（B_2）来看，江津区以蔬菜和养殖为主的经营大户数量最多，所占比重达到 68.30%；广汉市以粮油和蔬菜为主的经营大户数量最多，所占比重达到 68.33%，其余均以粮油、水果、苗木为主。从经营模式来看，依据种植模式、养殖模式和种养结合模式 3 种类型划分，江津区种植模式经营大户数量占 41.18%，养殖模式占 35.29%，种养结合模式占 23.53%；而广汉市种植模式经营大户数量占绝对优势，比重达到 89.36%（图 4-5）。分析来看，作为山地丘陵区，江津区种植业经济产出低，经营大户总结形成了“种粮不能‘保本’、种蔬菜和搞养殖能挣钱”的思路，加之江津区作为“现代农业示范区”大力发展特色效益农业，故经营大户多发展蔬菜和养殖；广汉市是四川现代粮食产业（广汉）示范基地，交通便利，地势平坦，土地肥沃，种植业发达，当地政府致力于种植业结合乡村旅游发展现代农业，抑制养殖业发展，因此在各类政策激励和引导下，经营大户多发展粮油和蔬菜。

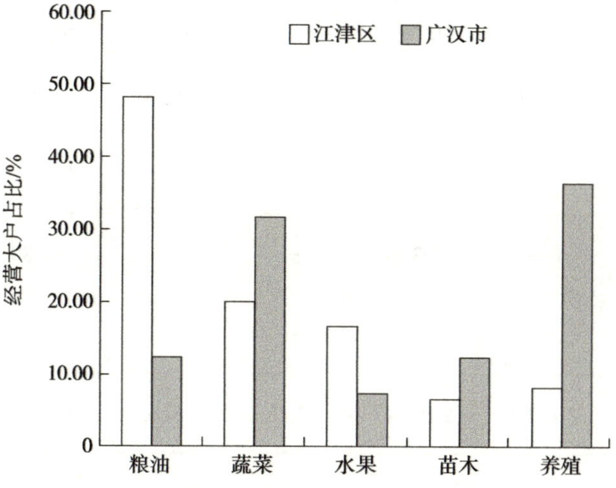

图 4-5 研究样区经营大户农业产业结构比较

③农地流转前后生产要素投入 / 产出的变化。分别以单位土地劳动力投入、单位土地农资投入、单位土地农业机械投入、单位土地基建投入和单位土地经营收益为指标，考察流转前后一般农户经营与集中规模经营在投入上的变化。对比表 4-6 数据来看，相对于平原区的广汉市，山地丘陵区的江津

区单位土地上需更多的劳动力、农资和基建投入，虽然农业机械投入受到制约，但是农地流转、规模经营以及机械化在单位面积上（667 m^2）节约的劳动力达到0.35人，明显高于广汉市每667 m^2节约0.27人的水平，这势必对山地丘陵区农村经济社会发展带来深刻的变革；在产出上，统计显示，江津区农地流转前单位土地面积（667 m^2）经营收益（B_7）为1 616.59元，农地流转后增至1 729.38元，增幅6.98%；而广汉市农地流转前单位土地面积（667 m^2）经营收益（B_7）为2 127.77元，农地流转后增至2 197.47元，增幅为3.28%。显然，尽管地处山地丘陵区的江津区农地经营的收益显著低于平原区的广汉市，但通过农地流转与适度规模经营，农地经营收益率明显提升，增收空间高于广汉，这为山地丘陵区发展适宜的农地流转与适度规模经营模式提供了依据。

表4-6　研究样区农地流转前后生产要素投入 / 产出变化对比

指标	广汉市			江津区		
	流转前 / [人 / (667 m^2)]	流转后 / [人 / (667 m^2)]	变化率 /%	流转前 / [人 / (667 m^2)]	流转后 / [人 / (667 m^2)]	变化率 /%
单位土地劳动力投入（B_3）	0.36	0.09	−75.00	0.52	0.17	−67.31
单位土地农资投入（B_4）	854.94	1 066.44	24.74	1 173.34	1 395.89	18.97
单位土地农业机械投入（B_5）	—	293.47	—	—	58.80	—
单位土地基建投入（B_6）	—	85.79	—	—	296.26	—
单位土地经营收益（B_7）	2 127.77	2 197.47	3.28	1 616.59	1 729.38	6.98

4.3.3　农地经营模式变化

（1）农地经营成本与产出变化。

能值投入结构反映了特定系统的开放与发展程度。由表4-7可知，江津区农地流转前后，农业生态系统总能值投入分别为1.70×10^{17} sej和1.11×10^{17} sej，下降34.71%，其中本地资源投入分别占农地流转前后的4.92%和7.51%，购买资源投入分别占 95.08% 和 92.49%；可更新能值投入分别为 1.44×10^{17} sej 和 5.65×10^{16} sej，所占总能值的比重下降 34.18%；不可更新能值投入分别为 2.55×10^{16} sej 和 5.47×10^{16} sej，所占总能值的比重上升 34.18%。而广汉市农地流转前后，农业生态系统总能值投入分别为 2.31×10^{17} sej 和 5.21×10^{16} sej，降幅达到 77.45%，其中本地资源投入分别占农地流转前后的 2.53% 和 11.25%，购买资源投入分别占 97.47% 和 88.75%；可更新能值投入分别为 1.95×10^{17} sej 和 2.77×10^{16} sej，所占总能值的比重下降 31.17%；不可更新能值投入分别为 3.63×10^{16} sej 和 2.44×10^{16} sej，所占总能值的比重上升 31.17%。比较来看，农地流转前后，山地丘陵区的江津区不及平原区的广汉市在总投入上的降幅显著，并需要更多的不可更新能值投入，但成效明显，意味着通过农地流转与集中适度规模经营有助于降低山地丘陵区的农业生产成本，优化本地资源投入与购买资源投入的结构比。

表 4-7　研究样区农地适度规模经营前后投入—产出汇总

指标	江津区				广汉市			
	前 /sej	比例 /%	后 /sej	比例 /%	前 /sej	比例 /%	后 /sej	比例 /%
可更新能值投入	1.44×10^{17}	85.00	5.65×10^{16}	50.82	1.95×10^{17}	84.30	2.77×10^{16}	53.13
不可更新能值投入	2.55×10^{16}	15.00	5.47×10^{16}	49.18	3.63×10^{16}	15.70	2.44×10^{16}	46.87
本地资源投入	8.36×10^{15}	4.92	8.36×10^{15}	7.51	5.86×10^{15}	2.53	5.86×10^{15}	11.25
购买资源投入	1.61×10^{17}	95.08	1.03×10^{17}	92.49	2.26×10^{17}	97.47	4.62×10^{16}	88.75
总能值投入	1.70×10^{17}	100	1.11×10^{17}	100	2.31×10^{17}	100	5.21×10^{16}	100
产出能值	2.59×10^{16}	—	4.64×10^{16}	—	2.74×10^{16}	—	2.94×10^{16}	—

不过，虽然农地流转前后总能值投入中本地资源投入比重上升，而购买资源投入比重有所下降，但并不能改变农业生态系统运行对购买资源投入的高度依赖性。问题在于，农地流转前后购买资源投入构成上有显著变化。能值分析显示，江津区农地流转前购买资源投入项目主要包括人力投入、饲料

投入和化肥投入，分别占能值总投入的 88.10%、2.23% 和 1.46%；农地流转后，购买资源投入项目则主要包括人力投入、饲料投入、建设费投入和购种育苗投入，分别占能值总投入的 42.13%、17.60%、17.26% 和 9.34%。而广汉市农地流转前购买资源投入项目主要包括人力投入、化肥投入和机械投入，分别占能值总投入的 90.05%、2.81% 和 2.24%；农地流转后，购买资源投入项目主要包括人力投入、机械投入和化肥投入，分别占能值总投入的 42.75%、16.51% 和 8.02%。显然，农地流转后，江津区和广汉市人力投入均显著下降，但受耕作条件和产业模式影响，江津区畜禽养殖规模扩大而增加了饲料投入和种苗投入，同时适应适度规模经营要求大力实施土地平整和农业基础设施建设而增加了建设投入；比较来看，随着广汉市粮油等大田作物规模经营需求的增长，机械投入和化肥投入成为继人力投入之后的两个重要提升要素。

净能值产出率主要反映系统产出能值与经济反馈（购买资源投入）能值之比，是衡量系统通过外部经济反馈获取和使用本地资源能力的指标。由表 4-8 可知，农地流转前后江津区净能值产出率由 0.16 增至 0.45，提高 181.25%；广汉市净能值产出率由 0.12 增至 0.56，提高 366.67%。调查显示，规模化的畜禽养殖和种植业发展导致的人力投入减少是江津区购买资源投入水平下降的主要原因，同时经营大户扩大畜禽养殖规模提高了能值转换率，带来了能值产出的大幅增加；而农地适度规模经营导致的人力、农药、电力和化肥投入水平的大幅下降，尤其农业大型机械对人力的显著替代是广汉市购买资源投入水平下降的主要原因，同时经营大户科学的田间管理在一定程度上提高了能值转换率，带来了能值产出的增长。由此可见，作为山地丘陵区，江津区净能值产出率的提高主要得益于产出的增长，而作为平原区的广汉市净能值产出率的提高主要得益于投入成本的下降。

表 4-8　研究样区农地适度规模经营前后能值指标变化

指标	江津区			广汉市		
	前	后	变化率 /%	前	后	变化率 /%
净能值产出率	0.16	0.45	181.25	0.12	0.56	366.67
环境负载率	0.18	0.97	438.89	0.19	0.88	363.16
可持续发展指标	0.89	0.46	−48.31	0.63	0.65	3.17

（2）农地经营方式转变的环境效应。

环境负载率用以衡量系统不可更新资源的使用对其周围环境产生压力的大小。环境负载率越高，则表明不可更新资源的投入比例越高，对环境造成的生态压力也越大。事实上，对于可更新系数小于系统可更新系数的单项投入来说，减少其投入量可使系统的环境负载率降低；对于可更新系数大于系统可更新系数的单项投入来说，增加其投入量同样可使系统的环境负载率降低。由表 4-8 可知，农地流转前江津区农业生态系统的可更新系数为 0.85，农地流转后江津区农业生态系统的环境负载率由 0.18 增至 0.97，增幅为 438.89%；而广汉市农地流转前农业生态系统的可更新系数为 0.84，农地流转后农业生态系统的环境负载率由 0.19 增至 0.88，增幅为 363.16%。分析来看，山地丘陵区规模化的畜禽养殖和种植业扩张，导致了可更新系数大于系统可更新系数的人力投入量在减少，而可更新系数小于系统可更新系数的农药、基建费投入等投入量在增加，江津区农业生态环境的压力不断增大；平原区随着适度规模经营的扩大和机械化的推广，导致了可更新系数大于系统可更新系数的人力投入量在减少，而可更新系数小于系统可更新系数的机械、基建费投入等投入量在增加，广汉市农业生态环境的压力也在增大。两者比较，江津区农业生态环境面临的风险更大。

可持续性发展是指在生产效率和环境压力之间取得平衡。它是净能值产出率与环境负载率的比值，用于综合衡量生态系统的可持续发展能力。由表 4-8 可知，农地流转前后江津区农业生态系统的可持续发展能力在降低，可持续性发展指标由 0.89 降至 0.46，降幅为 48.31%；而广汉市农业生态系统的可持续发展能力在提高，可持续性发展指标由 0.63 增至 0.65，增幅为 3.17%。分析来看，江津区为山地丘陵地带，耕地细碎，坡耕地比重大，一方面农业生产效率的提升受限，另一方面由于规模化的畜禽养殖和种植业产生的农业废弃污染物易集聚，从而增大生态环境压力，对提升农业生态系统可持续发展能力不利。调查发现，农地流转前后江津区化肥施用量从每公顷 652 kg 升至 1 414 kg，农药施用量从每公顷 23 kg 升至 112 kg，造成的农业生态环境隐患在增加。相反，广汉市地势平坦，土壤肥沃，不仅有利于污染物的排放分解，也有利于农机作业，农地流转后，以大中型农机为主的机械投入增加了 65.79%，有效地提高了农业生产效率，增强了系统的可持续发展能力。由此可见，对于山地丘陵区而言，农地适度规模经营过程中，农业可持续发展面临的挑战更为艰巨和复杂。

4.4 结论与启示

（1）山地丘陵区农地流转与平原区呈现区域“悖反”特征。

从农地转出户的流转行为来看，在流转意愿上，对土地和农业依赖性更重的江津区，农户为逃脱经营细碎、劳动力老龄化、农业低效化的束缚，反而有更强的流转意愿；地势平坦、地块相对集中连片、农业高度机械化的广汉市，农户为降低生活成本、增加家庭收入，欲再兼业于农业，故流转意愿反而较低。具体表现为，在转出规模上，江津区农户倾向于完全流转，广汉市农户则倾向于高度流转；在转出年限上，江津区农户倾向于长期流转，广汉市农户则倾向于订立短期租约以便及时调整决策，以获取更高的收益；在流转价格上，以亩均粮食产量为农地流转的计价基准，江津区的流转价格水平明显低于广汉市，但已触及“天花板”；而广汉市农户流转价格高，但农户仍认为价格偏低。

（2）山地丘陵区与平原区农地适度规模经营的运行机制不同，模式或经验难以复制。

从农地经营大户的经营行为来看，作为山地丘陵区，江津区坡耕旱地多、水田少，种植业经济产出低，经营大户致力于发展菜果和养殖；而作为平原区，广汉市水田多、旱地少，交通便利，地势平坦，土地肥沃，种植业发达，故经营大户多致力于发展粮油和蔬菜。在投入产出上，江津区单位土地上需更多的劳动力、农资和基建投入，虽然农业机械投入受到制约，但农地流转、规模经营以及机械化节约在单位面积上（667 m^2）节约的劳动力达到 0.35 人，明显高于广汉市节约的劳动力 0.27 人；同时，农地流转前后江津区单位土地经营收益增幅为 6.98%，增收空间高于广汉市，为山地丘陵区发展适宜适度的规模经营提供了依据。

（3）山地丘陵区与平原区农地适度规模经营的增收机理不同。

能值投入产出变化分析显示，虽然江津区规模化的畜禽养殖和规模种植业发展导致的人力投入减少，降低了购买资源投入水平，但更为关键的是，经营大户以扩大畜禽养殖规模和发展高效菜果种植调整了农业产业结构，提高了能值转换率，带来了能值产出的大幅增加；而广汉市虽然存在能值产出增长，但更为关键的是，农地经营规模的扩大导致人力、农药、电力和化肥投入水平的大幅下降，尤其农业大机械对人力的替代，带来了广汉市购买资源投入水平（生产成本）的显著下降。

（4）山地丘陵区与平原区农地适度规模经营的适宜路径各异。

从农业生态—经济系统环境效应的反馈来看，江津区和广汉市环境负载率均有不同程度的增加，却带来了相反的农业可持续性发展结果。江津区可持续性发展指标由 0.89 降至 0.46，降幅为 48.31%，农业生态系统的可持续发展能力在降低；而广汉市可持续性发展指标由 0.63 增至 0.65，为增幅 3.17%，农业生态系统的可持续发展能力在提高。由于广汉市地势平坦，土地肥沃，农业废弃污染物易稀释，农地流转后采取了规模化、集约化、机械化的大生产模式，以大中型农机为主的机械投入增加了 65.79%，有效地提高了农业生产效率，增强了系统的可持续发展能力，这种通过规模化提升农业科技和装备水平以降低投入、提高农业生产率的方式可谓一种良性的农业集约化。而江津区地形崎岖，耕地细碎，坡耕地比重大，农业废弃污染物易集聚，农地流转前后化肥施用量从每公顷 652 kg 升至 1 414 kg，农药使用量从每公顷 23 kg 升至 112 kg，增幅明显高于广汉市，虽增加了产出，但一味地追加不可更新要素的投入方式可谓一种劣质的农业集约化，造成的农业生态环境隐患不容忽视。因此，在成渝经济区，成都平原区应着眼于降低单位成本投入的“减法”，发展规模化、产业化、机械化的大生产模式；重庆山地丘陵区应着眼于提升单位产出水平的“加法”，以农业科技、装备和设施更新为驱动发展生态农业、循环农业。

第5章　山地丘陵区土地资源整合利用模式与实践

人多地少、人地矛盾突出，是我国近代以来的基本国情（王昉，2007）。改革开放以来，受快速的工业化、城镇化进程驱动，城市和基础设施建设对土地资源的需求旺盛，导致大量优质耕地被占用，耕地过度非农化问题突出（谭荣和曲福田，2006；刘彦随，2015）。同时，由于各行业排放的污染物处理不当，导致水土环境恶化，严重威胁食品安全和人类健康（Tilt，2013）。在耕地持续减少、生态环境持续恶化的双重压迫下，我国高度紧张而敏感的人地关系前景更为堪忧（刘彦随，2011）。然而，在城乡对立的二元结构下，一方面，农村居民点用地并未顺应工业化、城镇化潮流，随着大量农村人口非农化转移而有效减少，反而呈现“人减地增”“外扩内空”的用地态势（刘彦随和刘玉，2010）；另一方面，耕地并未有效摆脱小农式的分散土地经营模式，响应农业现代化发展要求，推行适度规模经营，反而呈现弃耕、撂荒和粗放经营加剧的利用态势（刘彦随等，2012）。在城乡统筹发展战略下，严重扭曲的城乡关系，不仅未能给日益恶化的人地关系提供疏解的途径，反而令人地关系矛盾问题的破解更为复杂和艰巨（刘彦随等，2006）。为此，围绕传统农村改造，以及新型城乡关系构建，以实现城乡一体化发展和人地协调，地理学者和土地科技工作者提出了以土地整治为重要抓手和空间支撑平台调解、调控人地关系的基本方略（李倩，2014），并依据经济地理学、乡村地理学、景观生态学以及资源优化配置理论、人地关系地域系统理论等，形成了土地整治生态景观建设理论（郧文聚和宇振荣，2011a）、乡村空间重构理论（Long，2014）、空心村“三整合”理论（刘彦随等，2012）、乡村土地流转与整治联动的资源整合理论（张仕超等，2014）等创新性理论成果，不仅填补了转型期我国农村土地整治学术研究理论建设上的诸多空白，也为深化土地整治科学决策和规划实践研究提供了重要的理论参考。然而，在现代意义上我国大规模地开展土地整治自 2000 年至今仅有二十几年，现阶段土地整治仍处于起步和探索阶段，在发展过程中盲目性、过度工具化和行为短期化等问题造成的社会经济和生态环境负面效应依然严重（吴次芳等，2011）。因此，有必要进一步从基础理论研究层面给予系统的认识和解答，推进中国土地整治事业可持续发展。在已有理论成果的基础上，立足于人地协调的价值关怀，对土地整治的相关问题进行探讨，将有助于推动土地整治向更高阶段发展。

5.1 人地协调的土地整治导向

5.1.1 人地关系“三元”结构

人地关系的内涵。在涉及人地系统综合研究的学科中，地理学以地域为基础作为人地关系研究的切入点，并强调人地关系是在一定的生产和社会关系下建立的，人地关系中的“人”兼具生物属性和社会属性，其本质内涵是人类社会，反映人与人之间的关系；而“地”是自然要素和人文要素相互交织、叠加、有机结合而成的地理环境综合体；人地关系协调与否，不取决于地而是取决于人（吴传钧，2008）。对于一个动态的、开放的、复杂的人地关系系统而言，最为理想的状态是人地关系协调（郑度，2002），其中关键在于人和地两个系统各组成要素的结构和功能上保持相对平衡，人类活动处在地理环境阈值之内。由此不难发现，人地关系在范畴上包含“人”和“地”两个主体，两个主体又通过一定的结构和功能相互作用、相互影响构成人地关系的主要内容。因此，人地关系可进一步理解为一种“三元”结构关系，即人与人的关系、人与地的关系和地与地的关系（图 5-1）。“三元”结构关系的交互作用与影响，展示了人地关系系统“矛盾—调控—优化—协调”的演变过程。

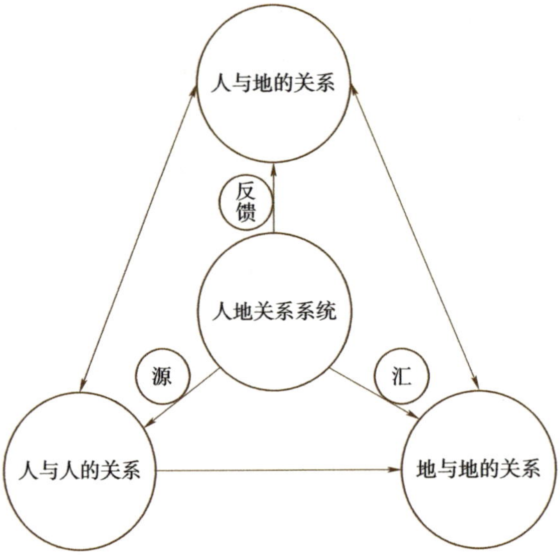

图 5-1　人地关系系统“三元”结构

人与人的关系是人地关系系统演变的源。人地关系中，人居于主动地位，是地的主人（吴传钧，1991）。在社会学上，完整意义上的人具有自然和社会双重属性（衣俊卿，1991）。人通过社会相互结合，又通过生产有意识地改变物质生存条件，从而改变地理环境。因此，从根源上说，人与人的关系是人地关系的源，并与一定的生产关系和社会制度紧密联系（周蓉辉，2011）。2014 年年末我国大陆人口总数为 13.68 亿人，分别约占亚洲人口总量和世界人口总量的 33% 和 20%。改革开放前，在城乡二元体制安排下，严格的户籍管理控制着农村人口向城镇迁移，大量农村剩余劳动力处在农业集体化中无法自由流动（佟新，2000），导致农村“隐性失业”严重（黄宗智，2010），加之乡村工业和副业基本停滞，导致收入结构单一、收入水平偏低和生活贫困等问题在农村呈均质化存在。受此影响，这一时期农民更加倚重土地，90% 的劳动力束缚在土地上，人多地少的矛盾更加凸显（沈关宝，2007）。改革开放后，随着经济体制改革，城乡二元化的户籍制度开始松动，农民也从农业集体化中解放出来，家庭承包经营和劳动力就业非农化深刻改变了农村社会。尤其自 20 世纪 90 年代以来，乡村工业和副业快速发展，导致农村劳动力格局发生剧烈变化，农户兼业化和种植业副业化使得农村土地价值衰落，离农倾向日趋强烈（周拥军，2006），农民因轻视土地的产出而不愿全力投入劳动力和其他生产要素，但又重视土地提供的保障而不愿舍弃。受此影响，农村劳动力呈现妇女化、幼龄化和老龄化，农地边际化日益明显（李秀彬等，2011），加之农地非农化、非粮化问题叠加，农村凸显的人地矛盾更加复杂（龙花楼，2012）。

地与地的关系是人地关系系统演变的汇。地理环境是一定社会所处的位置以及与此相联系的各种自然条件的总和（吴传钧，2008），在构成上包括自然环境和人为环境。从景观上看，自然环境受到的人类活动影响较小或无影响，自然面貌未发生明显变化，如极地、高山、大漠、沼泽、热带雨林等自然景观；而人为环境经过人类直接影响和长期作用，自然面貌发生了明显变化，如耕地、乡村、工矿、城镇等人文景观。因此，从社会经济层面来说，人地关系中的“地”主要是指人为环境或人为景观。土地及其资源具有各种服务功能，由于人类对土地需求的冲突性导致不同的人为环境或人为景观类型间存在竞争性（李秀彬，2008），在地与地的关系上表现为竞争关系。受全球变化、快速的工业化和城镇化及居民食品消费结构转型驱动（秦中春，2013），中国地与地的竞争关系通常表现为非农建设与农业争地，经济作物与粮食作物争地，经济建设与生态建设争地（黄宗智，2007）。这些矛盾在空间上不断汇集，进一步形成了不同的土地利用方式、景观格局及演变过程和机制（表 5-1），成为人地关系过程的直观反映和真实写照（李秀彬，2002）。不过，人为环境始终受地理环境规律的支配，生态环境退化或自然灾害都会对人为环境或人为景观造成严重影响和破坏（吴传钧，2008）。

表 5-1　地与地关系的土地景观表征

土地利用需求	土地利用方式	景观格局	演变过程 / 机制
工业化、城镇化	建设用地	城市景观、村镇景观、交通景观、水利景观等	耕地非农化、土地城镇化
农业现代化	农用地	耕地、园地、林地、牧草地、设施农用地等	耕地非粮化、土地规模化
生态保护与建设	生态用地	林地、园地、草地、水域、湿地、未利用地等	退耕还林、退耕还草、退耕还湖

人与地的关系是人地关系系统演变的反馈。“人”和“地”处在人地关系系统的两端，前者主要反映了在改变物质生存条件过程中人与人的社会关系，指明人类活动或行为是人地关系演变的“源”；后者主要反映了人类活动驱动下土地在不同用途选择和需求中多宜性和限制性的竞争结果（李秀彬，2002），指明土地利用及其景观格局的变化是人地关系演变的“汇”。从“源”到“汇”是一个复杂的过程，形成了人与地相互联系、相互作用的动态结构，其中既包括人对地的认识、利用、改造与保护，也包括地对人的反馈。这种互动的关系模式在土地利用理论中可进一步表达为“土地利用—环境效应—制度响应”反馈环（龙花楼，2003）、“人—环境土地系统”（Lambin & Geist，2003）或“基于反馈的土地利用变化”（Peter V. et al.，2003）等框架。现阶段，我国处于工业化中期和城镇化快速发展时期，人多地少的矛盾更加激化和复杂，耕地流失、浪费和质量下降，以及人口、村落、产业在农村地域上的空心化，正是我国人地关系系统演变的负向反馈。扭转人地关系恶化的趋势，对人地关系系统进行适时、适宜、适度的调控已势在必行。因此，在人与地的关系中，顺应工业化、城镇化快速进程中城乡人口转移转化规律，纠正不合理的土地利用方式，构建以耕地为主导的农用地调控途径、以农村居民点为主导的建设用地调控途径和以林、园、水域、未利用地为主导的生态用地调控途径，推进土地利用转型与乡村转型协调发展，正是实现人地关系系统沿正向反馈调控的科学选择。

5.1.2 乡村地域空间结构与功能

地域空间形态与演变。人类在很早以前就注意到，其自身的活动与地理环境之间保持着一种必然关系，而地域正是这种关系存在、变化和发展的基础载体（阿·德芒戎，2007）。鉴于此，人文地理学将地域作为研究的基础，而经济地理学、区域经济学等相关学科更是将专业化地域作为重点研究的对象，并按照产业类型将其分为农业地域、工业地域等类型，或是按照聚落规模大小和性质将其分为城市地域和乡村地域加以研究（赫寿义和安虎森，1999）。但不管何种地域类型，地域空间都是人类社会经济活动的载体，各类社会经济活动都会在地域空间上反映出来；而各类社会经济活动的集中与扩散构成并推动着区域的非均衡发展，由此导致不同的地域空间形态和“分化—组合—聚集”的动态演变过程（陆大道，1991），甚至在不同发展阶段呈现往复循环。依据区域经济学和经济地理学的相关理论和假说，在空间形式上，典型的地域空间形态包括标识农业地域结构的“杜能环”、标识工业地域结构的“韦伯结构”以及标识城市地域结构的“同心带说”、“扇形说”和“多核心说”等；在时间进程上，典型的地域空间运动过程呈现核心—外围的二元结构模式或核心—城市边缘区—外围的三元结构模式（赫寿义和安虎森，1999），并最终经历低水平平衡、聚集—二元结构形成、扩散—三元结构形成、空间一体化 4 个阶段（安虎森，1997）。不过，由于自然、历史、社会经济、文化条件等的不同，空间形式的差异和时间进程上的不同步相互叠加，往往导致现实中的地域空间形态与演变过程面临高度的复杂性和严重的不平衡性，从而造成区域发展的障碍和陷阱。因此，推动区域发展，需要不断优化地域空间结构与功能，并在地域结构演变中注重发展进程的统筹和平衡（颜银根和安虎森，2013）。

乡村地域空间结构与功能。从结构和功能来看，城市地域以非农产业和非农人口集聚为显著特征，不仅包括住宅区、工业区、商业区及兼具行政管辖功能，还包括医院、学校、绿地、公园、街道等公共设施，因此城市地域往往具有相对完整的结构和健全的功能。与之相比，乡村地域以农业生产和农业人口为主，空间结构和功能依赖于自然生态系统的服务和血缘地缘关系的维系，呈现生产生活空间的相互叠加和重构（李京生，2015），同时开敞的空间使其具有多样化的生态景观特征。而在快速的工业化和城镇化进程及其伴生的城乡人口流动和社会经济资源要素重组与交互作用影响下，乡村的空间组织结构、产业发展模式、就业方式、资源利用方式、消费结构以及工农、城乡关系均发生显著变化，并由此导致乡村地域的社会经济形态和空间格局被重新塑造（Woods，2011），乡村地域的结构和功能随之转变，从而发生乡村转型或乡村重构。在理想的乡村转型或重构中，乡村地域空间的生产、生活、生态格局和功能得以优化和提升，并进一步表现为经济、社会和空间上的重构。其中，经济重构表现为农业生产模式、农业产业结构以及农业生产要素流转的“三重”优化；社会重构表现为与经济重构同步进行的乡村管理体制重构以及文化、教育、卫生、就业、社会参与度等的公共服务建设；空间重构表现为生产、居住生活、生态景观休闲等区域间的相对独立和相互协调（张泉等，2006）。

人地协调的乡村地域空间重构与功能整合。由于现实中地域空间形态与演变过程的高度复杂性和严重不平衡性，乡村地域重构或转型发展往往难以顺利实现。加之，受乡村内生发展需求和外源驱动力的综合作用，乡村地域结构和功能的动态性、不整合性和相对性越发显著（张小林，1998），导致乡村发展存在极大的不确定性。从我国的情况来看，乡村转型发展不仅要背负“三农”问题的历史包袱，还要面对由于耕地流失、浪费、质量退化导致的地域生产空间粗放化，由于人口、村落、产业空心导致的地域居住生活空间空心化，以及由于农村生态环境恶化导致的地域生态空间恶化。而这一现状导致的直接后果是乡村地域空间结构与功能不仅无法优化提升，反而出现结构紊乱和功能退化趋势（龙花楼等，2014）。为寻求乡村地域空间结构与功能变化的合理解释，也为城乡统筹和乡村发展提供科学决策支持，通过土地利用形态刻画乡村地域空间形态和演变过程、通过土地利用转型反映乡村转型作为地理科学和区域研究的新动向开始受到关注（龙花楼，2012）。因此，立足于人地协调、转型协同，顺应工业化、城镇化进程中农业经济地位下降、农业产业结构调整、农村社会化服务组织壮大、城乡人口流动和各类资源要素重组的趋势，以乡村生产、生活、生态空间为基本框架，土地利用调控为基本手段，构建新的人地关系调控方略，进而形成人地协调的乡村地域空间重构与功能整合路径有望为城乡统筹和区域一体化发展提供有力支撑。

5.1.3 土地整治的目标导向

土地整治是以保障土地资源可持续利用为目的，按照统筹规划、整合资源、整体推进的原则，以耕地面积增加、建设用地减少、农村生产生活条件和生态环境明显改善为目标，以田水路林村综合整治为内容的土地治理活动。其本质特征和最终使命是调整人与地的关系，并依据人口增长、经济发展、社会进步的客观需求以及资源环境的现实状况和科技进步的可能，对人地关系作出统筹安排（郧文聚和宇振荣，2011c）。不过，从发达国家土地整治发展的历程来看，土地整治的目标不能跨越社会经济发展的历史阶段，而应与社会经济发展的阶段需求相适应。目前，发达国家的土地整治已提升至区域功能规划的层面（吴次芳等，2011），与之相比我国现阶段的土地整治仍以增加耕地为主要目标和基本动力，整治区域局限于农村地区，处在重数量管理的初级阶段（郧文聚和宇振荣，2011c）。尽管如此，我国土地整治仍然取得了卓著成效，其中，1997—2009 年全国通过土地整治补充耕地 334.67 万 hm^2，超过同期建设占用耕地 46.67 万 hm^2（陈百明等，2011），不仅完善了农业基础设施，改善了农业生产条件，更缓解了保障经济发展与保护耕地红线的“双保”压力（刘彦随，2011）。由此来看，初级阶段的土地整治较好地完成了以新增耕地为主的阶段目标。

但是，伴随国民经济和社会发展新常态的到来（闫坤和刘陈杰，2014），我国社会经济转型和城乡发展转型的特征日益显著。在城乡统筹发展、新农村建设和生态文明建设战略下，土地整治也迎来了新的发展阶段，以往单纯追求耕地面积增加，而忽视生态景观因素的做法面临着重蹈围湖造田、填海造地、陡坡开荒、毁林（草）开荒等人地关系悲剧的风险，已不能适应转型期土地整治的发展诉求。因此，新阶段土地整治的目标应坚持人地关系系统正向反馈的调控方向，以人地协调为引导，遵循工业化、城镇化快速进程中人口的迁移变化规律，以保障粮食安全、食品安全，推动农业现代化发展；支撑新农村建设，优化城乡发展空间；构建生态安全格局，提升生态景观服务功能为 3 条主线，实现时间进程上土地利用转型与乡村转型协同发展，以及空间格局上乡村生产、生活、生态空间重构（图 5-2）。

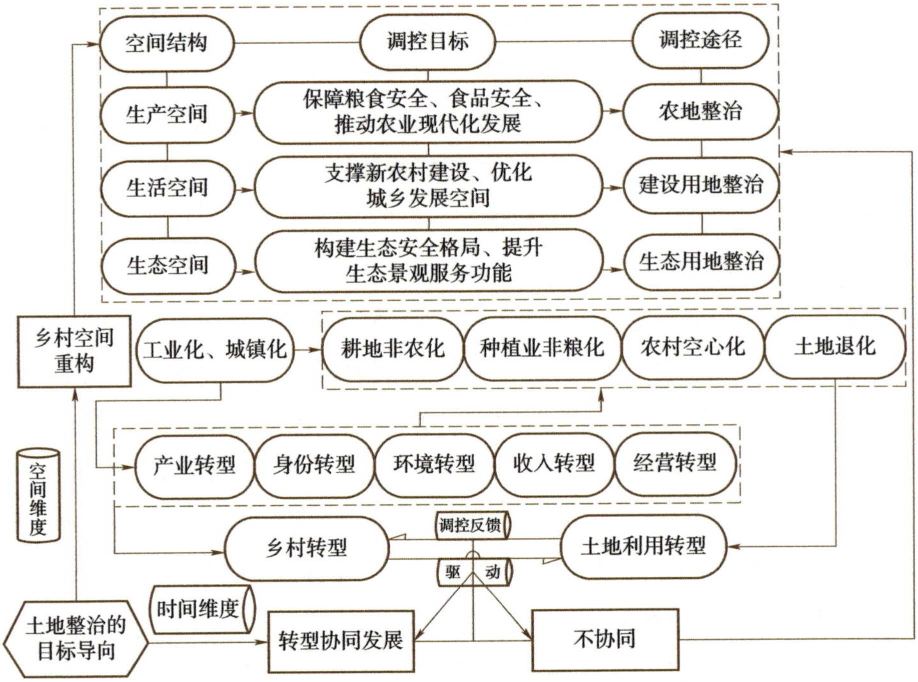

图 5-2　人地协调的土地整治目标导向

5.2　人地协调的土地整治模式

人地协调的土地整治模式是对土地整治调控人与地关系进行研究，核心是以人与地的辩证关系为原理，从社会经济发展的阶段需求出发，实施对土地整治的控制和引导，确保土地整治健康、有序、高效运转，以推动土地整治功能提升与拓展，并向更高阶段发展。不过，对这一模式的系统诠释还需要构建一个整体的理论框架，并详细阐述各组成部分的含义。借鉴相关研究（王淑君等，2008），人地协调的土地整治模式框架至少包括目标范式、整治重点、行为理性、运作模式 4 个组成部分，即从人地协调的土地整治目标定位出发，在过程上遵循整治重点和行为理性，最终通过运作模式实现。

5.2.1　目标范式

一般而言，土地整治的目标范式是由土地整治的对象及内容确定的。依据整治的对象和内容，土地整治包括土地整理、土地复垦、土地开发 3 种基本类型，但随着整治内容和形式的变化，又可进一步细分为农用地整治、农村建设用地整治、宜农未利用地开发、土地复垦和城镇工矿建设用地整治 5 种基本类型（勋文聚，2011a）。从具体整治内容来看，被损毁或污染土地的治理，中低产田改造，适宜未利用土地开发，废弃土地复垦，基本农田建设，旧村改造、新村建设或农村建设用地复垦，小流域治理等都在其范畴内。不同的整治对象具有不同的整治内容，也导致了整治目标上的差异，这种差异进一步构成了由整治对象和整治内容决定的土地整治目标范式（表 5–2）。在城乡一体化发展要求下，土地整治多种类型叠加的综合整治形式决定了土地整治目标更趋多元化，并呈现综合性、多功能性、多效益的特点。不过，受经济社会发展阶段和非主流价值理性影响，在相关土地整治的综合性论述和实践中，土地整治的目标范式会发生不同程度的变异，导致现实目标或多或少地偏离理想目标。而这种偏离的目标往往给土地整治效果带来负面影响。例如，区域层面上因过度追求耕地面积增加和生产效率提高而忽视对生活条件和生态格局的改善；田块整治中因强调平坦规整而对田块过度合并和填挖，造成乡土风貌、景观生态效应和生物多样性受损；农村居民点整治中因追求建设用地指标而一味复垦，缺乏对林盘、农田、河渠、堰塘等构成的乡村复合生态景观的保护与利用（罗明和张惠远，2002）。

表 5–2　传统型土地整治与人地协调型土地整治的目标范式对照

基于整治对象和内容的传统型土地整治目标范式		基于乡村地域空间结构的人地协调型土地整治目标范式		
土地整治基本类型	土地整治目标	乡村地域空间结构	空间结构的功能	土地整治目标重置
农用地整治	增加有效耕地面积，提高耕地质量，改善农业生产环境和生态环境	生产空间	为实现农业产业化与现代化提供资源载体，创新土地及附属资源要素的配置模式，构建土地适度规模化、农业机械化、种植产业化、服务信息化的集约高效的生产空间	田块相对规整，土地适度集中连片，农业基础设施配套完善，进而引导区域农业资源优势向产业优势转化，农业生产方式向产业化、机械化作业方式转变
农村建设用地整治	完善农村基础设施和公共服务设施，改善农村生产生活条件，提高农村建设用地节约集约利用水平			

续表

基于整治对象和内容的传统型土地整治目标范式		基于乡村地域空间结构的人地协调型土地整治目标范式		
土地整治基本类型	土地整治目标	乡村地域空间结构	空间结构的功能	土地整治目标重置
宜农未利用地开发	增加耕地面积，改善生态环境	生活空间	为改善农村社区人居环境提供支撑平台，优化农村聚落布局，引导人口适度集中居住，完善配套基础设施和公共服务，治理各类环境污染，构建设施配套、环境优美、功能齐全、宜居适度的生活空间	结合生产空间的土地整治活动，按地块适宜用途复垦废弃低效农村建设用地；结合旧村改造和新村建设，整合优化农村人口和聚落布局；完善农村基础设施，引导公共服务和环境保护设施在农村社区配套
土地复垦	增加农用地或生态用地，改善生产生活条件和生态环境			
城镇工矿建设用地整治	拓展城镇发展空间，提升土地价值，改善人居环境，提高节约集约用地水平	生态空间	为建设美丽乡村提供绿色空间和生态屏障，遵循自然生态规律和景观生态学原理，开展宏观生态网络和绿色基础设施建设，兼顾微观生境质量改善和景观多样性维护，构建生态安全、景观和谐、宜居宜业的生态空间	结合生产空间和生活空间的土地整治活动，依据生态景观需求，保护和提升乡土人文景观，建设绿色基础设施（如农田防护设施、生态拦截设施、生态廊道设施等），提升地力（如测土配方、移土覆土等措施），引导生产生活顺应生态自然规律

基于乡村地域空间结构的土地整治目标重置。各类土地整治活动主要是在乡村地域空间内进行的。尽管从现阶段中国土地整治目标演变的趋势来看，土地整治的基本方向正在由单一化向综合化、多元化发展，即由单纯地追求新增耕地面积逐步向治理田块破碎、改善农业基础设施、提升农田产能、助推农业产业化、修复生态环境、注重景观建设，以及支撑新农村建设和城乡统筹发展等多目标转变。但是由上述分析可见，以土地整治对象和整治内容确定的土地整治目标，与乡村地域的空间结构并不能完全吻合，由此导致土

地整治的目标导向难以充分匹配其所在的地域空间（吴玉洁等，2010）。因此，立足人地协调的土地整治目标，以保障粮食安全、食品安全，推动农业现代化发展；支撑新农村建设，优化城乡发展空间；构建生态安全格局，提升生态景观服务功能 3 条主线为脉络，从生产、生活、生态三重空间视角对土地整治目标进行分解、梳理和重置，建立基于乡村地域空间结构的土地整治目标范式（表 5-2），有望为乡村地域空间中土地整治调控人地关系的途径提供更有力的空间导向。

5.2.2　整治重点

在经济社会发展的不同阶段，土地整治的内涵和目标会发生显著变化，整治的重点也会有所不同。以德国为例，从 16 世纪至今，土地整治的重点发生了 4 次转移（勋文聚，2011a）：第一次，16 世纪中叶至 19 世纪末，在从封建农奴制、地方割据到工业革命的漫长历史时期，整治重点是重新调整地块，归并零散小块农田、消除边缘地块，增加必要的田间道路，以方便生产管理和节约经营成本；第二次，20 世纪初至第二次世界大战前，受第二次工业革命的影响，社会生产力飞速发展，农业机械开始替代人力和牲畜作业，为此整治重点转向归并更大面积的田块和农业基础设施建设上，以便农田结构和布局符合机械作业要求；第三次，第二次世界大战后至 20 世纪 70 年代，为克服乡村发展滞后、农业竞争力弱，整治重点向围绕乡村发展的综合整治转变，如通过地块调整改善土地利用结构，完善道路和水利设施，增加乡村居民点内部道路等基础设施和公共设施建设等；第四次，20 世纪 70 年代至今，在自然及环境保护得到社会普遍认同的背景下，整治重点转向对乡村自然、风景和生态的保护和塑造，整治活动更加注重风景保护、防治土地侵蚀以及避免潮湿用地、群落环境受到干扰等生态要求。

我国土地整治虽起步晚、历程短，但整治重点日益清晰。就历史渊源而言，我国土地整治可上溯至 3 000 多年前殷周时期的井田制；但现代意义的土地整治则在中华人民共和国成立后，尤其是改革开放以来。尽管时间较短，难以与有百年传统的欧洲土地整治相比，但我国土地整治发展迅速，近几十年来大致经历了 3 个阶段，分别是 20 世纪 80 年代中后期至 20 世纪

90 年代中后期的发育阶段、20 世纪 90 年代中后期至 21 世纪初期的发展壮大阶段、21 世纪初期至今的综合发展阶段。与此同时，我国土地整治的重点也日益明确。从过程上看，我国土地整治的重点初时是以农用地整治及宜耕地开发为先导，后逐渐转向以农村居民点用地整治为战略重点（冯应斌和杨庆媛，2014）。其中，农用地整治以高标准基本农田建设为重点，农村居民点用地整治以城乡建设用地增减挂钩为重点。不过，对于多目标的土地综合整治而言，对整治重点的界定更为具体，依据不同的任务需求设计至少可划分为 4 个方面（严金明等，2012）：一是为严格保护和有效利用耕地，重点开展大规模高标准基本农田建设；二是为改善农村生产生活条件，重点推进农村建设用地整治；三是为提高建设用地保障能力，重点开展城镇和工矿建设用地整治；四是为提高生态环境质量，重点实施损毁废弃土地复垦。

基于乡村地域空间结构的整治重点。现阶段，我国工业化已进入中后期阶段，城镇化正处在加速发展时期，而农业现代化才步入成长阶段（韩长赋，2012）。“三化”发展不同步，导致工农、城乡难以协调发展。土地作为社会经济发展最根本的资源要素之一，是工业化、城镇化深入发展中同步推进农业现代化的空间载体。调整优化区域、城乡土地空间，是实现“三化”同步推进的重要途径（尹成杰，2011）。土地整治作为优化土地利用结构与布局的基础手段，也是实施地域空间调控的重要平台。明确土地整治的重点，并将整治重点与相应的地域空间有效对接，无疑将更好地发挥土地整治在地域空间调控中的支撑作用，有效克服土地整治中规划落位困难、多规协调不一、目标效果偏离等问题（汤怀志和郧文聚，2015）。乡村地域空间是农业现代化的地域空间载体，也是实施土地整治的主体区域，如何有效发挥土地整治在乡村地域空间中的支撑作用，关系到农业现代化建设的成败（郧文聚，2010；吴海洋，2012）。为此，结合现阶段中国土地整治的整治重点及发展趋势，依据空间效率提升、空间边界管控和空间景观重塑原则，确立基于乡村地域空间结构的整治重点（表 5-3），已成为支撑乡村地域时间维上转型协同发展和空间维上格局重构的关键环节。

表 5-3 传统型土地整治与人地协调型土地整治的整治重点对照

<table>
<tr><th rowspan="2">基于不同任务需求的传统型土地整治重点</th><th colspan="2">基于乡村地域空间结构的人地协调型土地整治重点</th></tr>
<tr><th>乡村地域空间结构</th><th>整治重点</th></tr>
<tr><td rowspan="3">落实耕地保护任务和有效利用要求，重点实施农田基础设施建设、耕地集中连片整治、原有耕地和新增耕地质量建设等；
落实农村生产生活条件改善需求，重点实施散乱低效农村建设用地整治、“空心村”整治、乡镇企业用地整治、城乡建设用地增减挂钩、特色村落保护等；
落实提高建设用地保障能力要求，重点实施开发区建设用地整治、旧城镇旧工业区改造、“城中村”改造等；
落实提高生态环境建设要求，重点实施绿色基础设施建设、损毁废弃土地复垦、矿山生态环境整治等</td><td>生产空间</td><td>围绕田块平整、渠网配套、道路通畅、布局优化的要求，重点推进农用地及其附属设施资源整合，在农地利用空间中统筹实施耕地集中连片整治与农田基础设施建设</td></tr>
<tr><td>生活空间</td><td>围绕盘活农村建设用地资源，一方面，按生产生态适宜用途复垦废弃低效农村建设用地，推进“空心村”整治“增地”与乡镇企业用地整治“节地”并举；另一方面，统筹城乡建设发展用地，依规模、布局和时序规范推进城乡用地增减挂钩，支撑农民新村、农村基础设施、公共服务设施建设</td></tr>
<tr><td>生态空间</td><td>围绕提升农村生态服务功能，依托农用地整治和农村建设用地整治，整合优化农田景观和乡村聚落景观；疏通乡村地域空间的生态障碍，依托农田、林地、水域、林盘聚落等绿色空间以及道路、沟渠、防护林等廊道，构建乡村地域空间生态屏障，管控和优化空间边界</td></tr>
</table>

5.2.3 行为理性

在人的行为理性中，最重要的是价值理性和工具理性（王锟，2005），其中价值理性指向人与世界关系“应如何”和“应当是”的问题，而工具理性指向人与世界关系“是如何”的问题。二者互为依据、相互支持，统一于人类的社会实践。同时，二者的有机统一，是人地关系协调发展的动力。但随着科技的进步，人的工具理性日益滋长并占据主导，逐渐导致人的行为失衡，以致社会危机不断。就土地整治而言也不例外。土地整治本身的目标具有多元性、综合性、多功能性、多效益性等特征。在现代技术条件支撑下，实施土地整治工程已变得相当容易，但人们过度自信于自身征服自然、改造自然的能力，为谋求更大的发展而过度追求新增耕地面积、硬化农业基础设施，甚至大拆大建（杨建云，2014），由此造成土地整治一方面在实施过程中目标偏离、整治行为供给与实际整治需求对立、整治效果欠佳甚至负面影响；另一方面，在空间格局上模糊了地域空间结构的界线，一些具有强烈生态意义的湿地、坑塘、溪沟以及具有生活情趣的林盘、房前屋后自留地等用地不复存在。

基于人地协调的土地整治价值理性重构。面对日益加剧的环境问题及其生态后果，加强生态景观建设势在必然（王军，2011）。在工具理性主导下，土地整治为解决土地利用问题提供了“实然”途径，但我国土地整治长期存在的重视数量、轻视质量、忽视生态的问题，已难以满足人地关系调控对土地整治的整体要求（陈百明等，2011），对土地开发整理造成的生态景观和土地利用问题已引起重视和警惕（韩霁昌，2012）。“应如何应对”已成为土地整治健康持续发展迫切需要解决的问题。随着农业现代化、生态文明和农村社区建设新要求的提出，土地整治的“应然状态”日渐清晰，价值理性为土地整治行为理性的发展完善提供了反思、批判和重建的途径。基于人地协调视角和乡村地域空间结构，土地整治的价值理性应立足于“三生”空间的整合与调控优化，在生产空间最大化地发挥农业资源优势，在生活空间适宜适度地改善农村居住环境、提升生活品质，在生态空间不断强化生态管控、提升生态功能、优化景观格局。同时坚持价值理性的优先性，并以工具理性为现实支撑、价值理性为精神关怀，将二者有机统一于土地整治实践。

5.2.4 运作模式

在已有的研究中，对土地整治模式的讨论十分广泛，但由于认识角度或划分标准不一，很难对土地整治模式作出比较规范统一的认定，导致土地整治模式虽丰富多样却难以发挥其应有的适用性、示范性和推广性。依据行为模式理论（script theory）（戴炜华，2001），土地整治运作模式可理解为依据大量土地整治实践行为及其效果概括出的土地整治的基本行为框架或行为标准，是土地整治活动规约化的、定型的表现，在行为上可视为土地整治典型的或标准的行为模式。因此，土地整治的运作模式可通过行为模式反映，同时对土地整治模式的各种类型划分也可借助行为模式做进一步归纳。其中，至少有 3 条归纳模式类型的途径：①基于行为内容不同而进行的划分，如依据整治的基本对象和内容（勋文聚，2011b）、依据特定的经济社会发展阶段需求（刘彦随等，2012）、依据特定区域（大都市郊区）的土地利用要求（谷晓坤等，2014）等；②基于行为空间不同而进行的划分，如农村腹地的土地整治、城乡接合部的土地整治、农牧交错带的土地整治、山缘带的土地整治等（勋文聚，2011b）；③基于行为主体不同而进行的划分，如政府主导型、群众自主型（张蚌蚌和王数，2013）等。其中前两者是土地整治模式研究的重点。

基于乡村地域空间结构的土地整治运作模式。在形式与内容的辩证关系中，内容决定形式。土地整治行为模式是对土地整治外在形式规律性的揭示，但随着土地整治功能的不断拓展和内容的日趋丰富，土地整治形式迟早都要发生变化以适合内容。因此，推动土地整治发展，必须不断寻求与土地整治内容变化相契合的行为模式。在我国社会经济和城乡发展转型期，纯粹的土地开发、生产性农用地整治以及农村建设用地复垦显然已不能适应时代赋予土地整治的新要求；立足于人地协调，为实现乡村发展转型与土地利用转型互相协同，工业化、城镇化、农业现代化同步推进，土地整治不仅愈加强调田水路林村综合整治，也注意到与地域空间协调的重要性，逐渐重视对地域空间结构的整合与功能的优化（勋文聚，2011a）。简言之，土地整治已成为一项进行人地关系调控的综合性系统工程。并在土地整治行为上呈现出以下特征：行为主体更加多元，不仅包括政府、农户，还可能包括农业新型经营主体、农产品加工企业、社会化服务组织等；行为内容更加综合，由分散的、纯粹的土地整理、复垦、开发转向集中连片的田水路林村综合整治；行为空间更加广阔，由未利用土地、耕地、农村居民点等传统土地开发整理空间向生产、生活、生态全域空间拓展。为此，乡村地域空间的土地整治运作模式应是一种全域化整治模式，在地域单元上选取整村或整镇实施的同时，结合乡村地域的空间结构及其对应的土地整治行为实践，总结与之契合的生产行为模式、生活行为模式和生态行为模式，并因地制宜地将其有机组合起来（赵小风等，2013），以形成乡村地域空间人地协调的土地整治良性调控路径（表 5-4）。

表 5-4　人地协调型土地整治运作模式特征

基于乡村地域空间结构的人地协调型土地整治运作模式特征		说明
全域化		涉及行为主体多元、整治内容综合、实现地域空间全覆盖的土地整治
整治单元		一般以整村或整镇为整治单元
行为模式	生产行为模式	是以农用地整治为主的行为模式，主要涉及田块平整、农业基础设施配套以及农田防护林建设等
	生活行为模式	是以农村建设用地整治为主的行为模式，主要涉及旧宅复垦、新居建设、配套基础设施完善及社区居住环境治理等
	生态行为模式	是以生态环境建设为主的行为模式，主要涉及乡村景观的多样性保护与修复、绿色基础设施建设、生产生活废弃物处理等

5.3　人地协调的土地整治技术

生产空间、生活空间、生态空间是乡村地域的空间结构，是土地整治调控人地关系的空间载体，三者之间既相对独立又相互协同。人地协调的土地整治实践本质就是对生产、生活、生态三大空间的整合与调控优化，为此不仅需要科学的理论指导，还需要科学的技术作支撑。在此，依据人地协调的土地整治模式框架，在生产、生活、生态三大空间中，人地协调的土地整治技术途径分别涉及农用地整合技术、农村建设用地盘活技术和生态景观提升技术 3 个方面。

5.3.1 农用地整合技术

从空间功能来看，生产空间主要是为农业产业化与现代化提供资源载体，创新土地及附属资源要素的配置模式，构建土地适度规模化、农业机械化、种植产业化、服务信息化的集约高效的生产空间。其主要对象是耕地、园地、坑塘水面、田坎及道路、水利等农用地利用类型。对此，生产空间的土地整治应采取农用地整合技术以保障粮食安全、食品安全，推动农业现代化发展。其技术原则主要包括：①有助于发挥当地农业产业资源优势；②有助于资源要素整合和优化配置；③有助于改善农业生产条件。为此，其主要的技术步骤和工程措施是：①依据农业地理环境、种植传统、农作物种植适宜性等因素，确立农业特色优势产业；②依据土地、劳动力、资金、技术、机械等生产要素的投入和使用情况，以土地调整、土地流转、田块归并等为杠杆，实现农业资源要素整合与优化配置；③以特色优势产业对田块和配套基础设施的要求为导向，针对影响农业生产的障碍性因素开展规划设计和施工，实施田块整形工程、农田水利工程、田间道路工程及必要的农田防护工程等。最终，将低效粗放的生产方式转变为高效集约的生产方式，将资源优势转变为产业优势、增收优势。

5.3.2 农村建设用地盘活技术

生活空间主要是为改善农村社区人居环境提供支撑平台，优化农村聚落布局，引导人口适度集中居住，完善配套基础设施和公共服务，治理各类环境污染，构建设施配套、环境优美、功能齐全、宜居适度的生活空间。其主要对象是农村居民点及相应的基础设施和公共服务用地，此外还包括林盘、院坝及房前屋后的自留地等附属用地。对此，生活空间的土地整治应采取农村建设用地盘活技术以支撑新农村建设，优化城乡发展空间。其技术原则主要包括：①有助于低效废弃农村建设用地复垦再利用；②有助于农村建设用地节地改造和城乡用地统筹；③有助于农村居住环境优化和乡村风貌维护及重塑。为此，其主要的技术步骤和工程措施是：①依据农户家庭人口、复垦意愿及农村居民点利用现状、立地条件等因素，明确农村建设用地复垦的地块面积、位置及适宜用途，采取拆除工程、平整工程、农田水利工程、田间道路工程、地力培肥等工程技术措施实施复垦；②依据农户建房需求、迁建需求及地质灾害等不可抗力避让需求，按照相关村镇规划标准进行节地型新居建设，新占土地与腾退复垦土地应占补平衡，节余建设用地指标可用于增减挂钩、统筹城乡发展用地，增加农户财产性收入，平衡农村建设资金缺口；③尊重乡土特色鲜明的自然村落，整治村庄环境，实施风貌改造与提升工程（钟贤华和谢振峰，2014），同时围绕农村新型居住社区构建，实施路、水、电、气及公共服务和环境保护等基础设施配套工程，营造绿色田园生活空间。

5.3.3 生态景观提升技术

生态空间主要是为建设美丽乡村提供绿色空间和生态屏障，遵循自然生态规律和景观生态学原理，开展宏观生态网络和绿色基础设施建设，兼顾微观生境质量改善和景观多样性维护，构建生态安全、景观和谐、宜居宜业的生态空间。其主要对象既涉及生产空间的农田景观，也涉及生活空间的农村居民点景观，此外还包括林地、草地、水域等生态用地，以及道路、沟渠等廊道用地。对此，生态空间的土地整治应采取生态景观提升技术，以构建生态安全格局，提升生态景观服务功能。其技术原则主要包括：①有助于构建局地生态安全格局；②有助于维护乡土生态系统多样性；③有助于提升景观美学与文化价值。为此，其主要的技术步骤和工程措施是：①遵循“斑块—廊道—基质”的景观空间格局，构建生态网络，将林地、草地、河流等自然或半自然斑块划作核心保护区，将道路、沟渠、防护林等线形要素作为生态廊道，将田块、小树林、池塘等过渡性斑块划作生态跳岛，通过农田、居民点等优势基质整治，提升景观基质质量和廊道连通性；②依据生态网络规划，营造绿色空间，依托农田整治营造生产绿地，依托农田、道路、沟渠整治工程营造防护绿地，依托新居建设营造居住区绿地，同时保护乡土特色鲜明的林盘、古木等绿色空间；③依据生态网络规划，在“斑块—廊道—基质”景观格局过程的关键节点上建设绿色基础设施，围绕街头绿地、道路绿地、公共附属绿地、庭院、河流、水塘等景观单元，构建集生态、景观、游憩、风貌与文化于一体的绿色基础设施。

5.4 人地协调的土地整治案例

5.4.1 案例选取

研究案例选自重庆市西部的荣昌区。荣昌区是国家基本农田保护示范区、国家现代农业示范区和重庆市高标准基本农田示范县，其丘陵区的土地整治在重庆市具有良好的代表性。依据典型性、代表性等原则，选取荣昌区仁义镇三星村土地综合整治项目作为典型案例（以下简称“项目区”）对人地协调的土地整治模式作进一步说明。项目区属于丘陵地貌，海拔为 353～405 m。气候属于典型亚热带湿润季风气候，四季分明，热量条件优越，雨量充沛，年平均气温为 17.8℃，无霜期 327 d，年均降水量为 1 090 mm。土地利用呈“山顶旱地，山腰林带，宽谷水田”的格局分布。旱地主要是侏罗系中统沙溪庙组泥岩、砂质泥岩发育而成的灰棕紫泥土，土层厚度在 40 cm 左右；水田为灰棕紫色水稻土，土层厚在 100 cm 左右。2009 年项目区总人口 5 524 人，农民人均纯收入 5 482 元，农业以粮食和农经作物以及畜禽养殖为支撑，其中水稻、玉米、小麦、红薯是主要粮食作物，桑葚、蔬菜是特色农经作物，桑园鸡、生猪是特色畜禽产业。该项目于 2009 年开始实施，2010 年实施完成，总整治规模为 629.32 hm^2，包括农用地 627.58 hm^2，农村居民点 1.74 hm^2。

5.4.2 实证分析

（1）乡村地域空间结构与功能分析。

2009 年项目区土地总面积为 778.91 hm^2。依据乡村地域空间结构属性分别划分项目区生产、生活、生态空间，将水田、旱地、园地、农田水利、田坎、设施农用地、农村道路作为生产用地空间，总面积为 618.73 hm^2；将农村居民点用地、公路用地作为生活用地空间，总面积为 54.91 hm^2；将林地、坑塘水面、河流水面、自然保留地作为重点生态用地空间，总面积为 105.27 hm^2，同时鉴于不同土地利用类型的生态景观价值，进一步将生产用地空间、生活用地空间和重点生态用地空间统一归为乡村地域总体生态空间，总面积为 778.91 hm^2（图 5-3）。总体而言，地域生产空间存在较为严重的破碎化和农业基础设施不配套问题，是土地适度规模经营和农业产业化发展的主要障碍。项目区农户土地经营规模普遍小于 0.33 hm^2，平均每户耕种地块数为 4.8 块，处于超小规模状态。同时，项目区农业基础设施年久失修且配套不足，生产道路路况差，不能与主干道有效连通，不同程度地存在农机具通行受阻问题，排灌沟渠输水效率低，储水设施严重不足，农作物普遍缺乏灌溉保障。地域生活空间废弃闲置农村居民点用地较多，居住环境与周边生态景观环境融合差。农村居民点包括宅基地、院坝、林盘等用地类型，项目区废弃闲置农村居民点有 24 个片块，总面积为 1.74 hm^2，由于无人、少人居住和照料，“空心化”呈加剧趋势。地域生态空间缺乏有机复合的生态景观，在重点生态用地空间缺少网络节点的沟通联系，导致生态服务功能不能充分发挥，乡村美学特征不能充分展现。由于农村道路、排灌沟渠及储水设施、小型绿地等的不足，导致项目区景观连通性差，地域空间效率提升、空间边界管控和空间景观塑造十分困难。

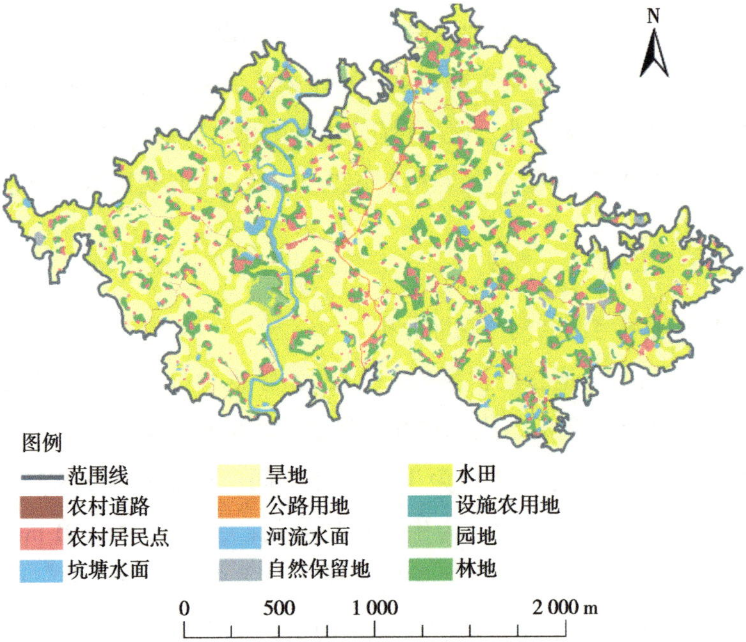

（a）实证案例土地利用现状

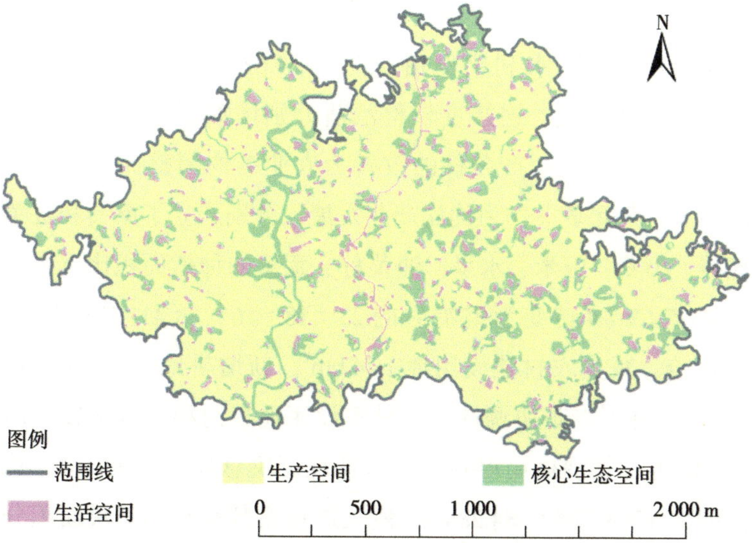

（b）实证案例地域空间结构

图 5-3　研究区土地利用现状和地域空间结构

（2）瞄准人地协调的土地整治目标。

围绕构建集约高效的生产空间，设施配套、环境优美、功能齐全、宜居适度的生活空间，生态安全、景观和谐、宜居宜业的生态空间，针对项目区存在的生产、生活、生态问题，因地制宜地提出相应的项目区地域空间结构整合与功能优化目标。在生产空间，围绕项目区农业特色优势产业发挥和农业生产方式转变，实现田块相对规整，规模适度集中，农业基础设施配套完善；在生活空间，围绕项目区人居环境改善、聚落布局优化，实现闲置废弃农村建设用地复垦，按地块适宜用途构建乡村复合生态景观；在生态空间，围绕项目区生态网络构建绿色基础设施建设，实现生产、生活、生态三重景观的自然融洽和有效连通，营造形成美丽乡村的绿色空间。基于上述目标的实践表明，项目实施后项目区农业生产条件大为改观，实行适度规模经营的耕地面积由整治前的 81.26 hm^2 增至整治后的 167.48 hm^2，平均每户耕种地块数降至 3.2 块，0.50～0.67 hm^2、0.67 hm^2 以上的种植大户分别较整治前增加了 5 户和 4 户；农村道路总长度较整治前增加 10 770 m，达到 82 127 m，土质农村道路比例由原来的 84.23% 降至 22.76%，路网密度、线点率、环通度、连接度较整治前分别增加了 13.83 km/hm^2、0.256 4、0.015 3 和 0.039 9；新建了 10 口囤水田、

4 口蓄水池以及沉沙凼若干，农田水利沟渠总长度较整治前增加 7 023 m，达到 12 354 m，土质农田水利比例由原来的 34.65% 降至 12.68%，农田水利密度、线点率、环通度、连接度较整治前分别增加了 9.02 km/hm^2、0.017 3、0.006 2 和 0.231 1；农业生产条件的改善为农业结构调整提供了契机，项目区将桑葚、大白菜和萝卜作为优先产业发展，分别成立了桑葚和蔬菜种植农业园，水稻、小麦、玉米、水果、油菜籽、蔬菜的种植面积比重由整治前的 31∶27∶18∶5∶9∶4 转变为整治后的 23∶18∶16∶7∶11∶13；复垦闲置废弃农村居民点，减少农村建设用地 1.74 hm^2，新增耕地 1.65 hm^2、其他农用地 0.09 hm^2，提升了景观协调性，农村建设用地集约利用水平较整治前提高 0.150 9；总体生态景观格局得到优化，景观斑块总数减少 330 块，总体密度由整治前的 126.368 7 降至 84.288 3，最大斑块指数和平均斑块面积分别增加 0.173 4 和 0.395 1，景观斑块形状指数由 24.132 7 降至 21.648 3。

（3）明确人地协调的土地整治重点。

围绕不同地域空间的整治目标确定与地域空间结构衔接的整治重点。其中，在生产空间，围绕田块规整、渠网配套、道路通畅、布局优化，重点推进项目区耕地集中连片整治与农田基础设施配套建设。在生活空间，围绕农村建设用地资源盘活，重点实施闲置废弃农村居民点整治，并通过“地票”交易统筹城乡发展用地，反哺农民新村及相应的基础设施和公共服务建设。在生态空间，围绕乡村生态景观格局优化和生态服务功能提升，重点整合优化项目区农田景观和乡村聚落景观，重点疏通项目区地域空间的各类生态障碍，提升对地域空间结构与边界的管控能力。基于上述整治重点的实践表明，严重制约项目区规模化、机械化、产业化的农业生产“瓶颈”得到明显改观，实行适度规模经营的耕地面积比例由整治前的 18.00% 增至整治后的 30.53%，户均耕地地块数降低 1.6 块，耕地灌溉保证率由 29.68% 增至 51.22%，综合机械化率由 42.50% 增至 61.80%；污染乡村聚落景观的点源得到优化，24 个片块的闲置废弃农村居民点均年久失修，处于破败荒芜状态，多数零散分布于林地和农田中，少数镶嵌于较大的居住聚落中，通过因地制宜地复垦再利用，明显提升了乡村整体景观协调性、田块连片性及聚落的风貌形象；脆弱的生态网络结构得到修复强化，通过整治维修项目区已有的溪沟、堰塘、排灌沟渠，新建囤水田、蓄水池、沉沙凼、桥涵等节点及田间道路、排灌沟渠等通道，将农田、居住聚落、林草地有机连通起来，从而形成以生产核心区、生活核心区、生态核心区为基本格局，以生态廊道、生态跳岛、踏脚石、生态缓冲区为纽带的生态网络格局（图 5-4）。

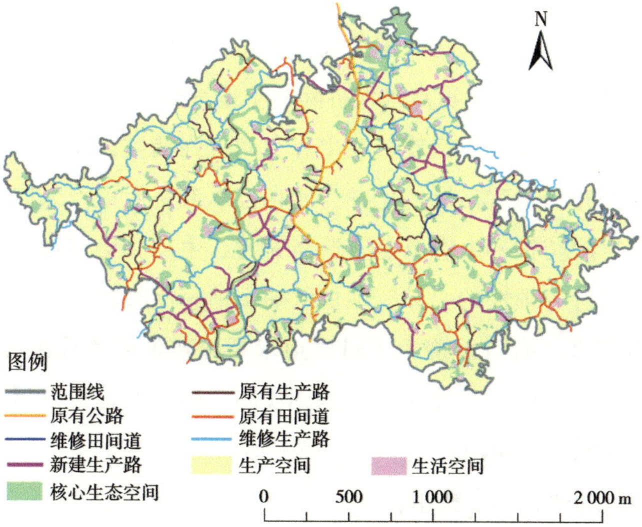

（a）田间道路

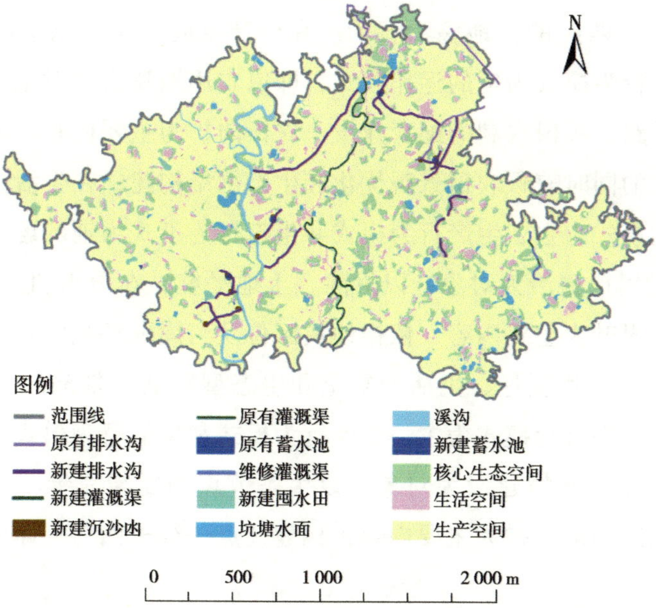

（b）农田水利

图 5-4　研究区生态节点及廊道构建

（4）遵循人地协调的行为理性。

依据价值理性与工具理性的辩证关系，围绕项目区乡村地域空间的整合与调控优化，在生产空间弱化新增耕地目标，强调最大化地发挥农业资源优势，为此在技术准备上重点采取土地平整、农村道路、农田水利、农田防护等工程技术措施；在生活空间上避免大拆大建，强调适宜适度地优化农村聚落环境，为此在技术准备上重点采取拆除、土地平整、农田水利、田间道路、风貌改造与提升等工程技术措施；在生态空间上强调重视生态，强化生态管控、生态功能提升和景观格局优化，为此在技术准备上重点采取生态网络构建、核心生态空间防护、生态节点改造与完善、生态廊道连通等的生态景观技术措施。通过行为理性的引导，项目区的土地整治实践呈现出地域空间上的规范性和有序性，有效地避免了过度追求新增耕地而无序毁林毁草开荒，盲目追求混凝土设施而一味硬化农业基础设施，因非农建设发展冲动而推行简单粗放的强拆强建等问题。

（5）坚持行为模式的有机组合。

依据全域化土地整治运作模式要求，结合项目区地域空间结构与功能定位构建与之匹配的土地整治行为。在生产空间，建立以生产行为模式为主、生态行为模式为辅的运作模式，即以农用地整治为对象，以田块平整，田间道路、农田水利的配套建设，农田防护为主要内容，重点改善农业生产条件的同时兼顾农田景观优化和生态网络构建；在生活空间，建立以生活行为模式为主、生产行为模式和生态行为模式为辅的运作模式，即以农村建设用地整治为对象，以拆除、土地平整、农田水利、田间道路、风貌改造与提升为主要内容，依据地块区位及与周围环境的兼容性，因地制宜地开展生产型复垦、生活型复垦和生态型复垦（图 5-5）；在生态空间，建立以生态行为模式为主、生产行为模式和生活行为模式为辅的运作模式，即以生态环境建设为对象，以生态节点修复与完善、生态廊道连通、核心生态用地保护为主要内容，构建“点—线—面”一体化生态景观格局。

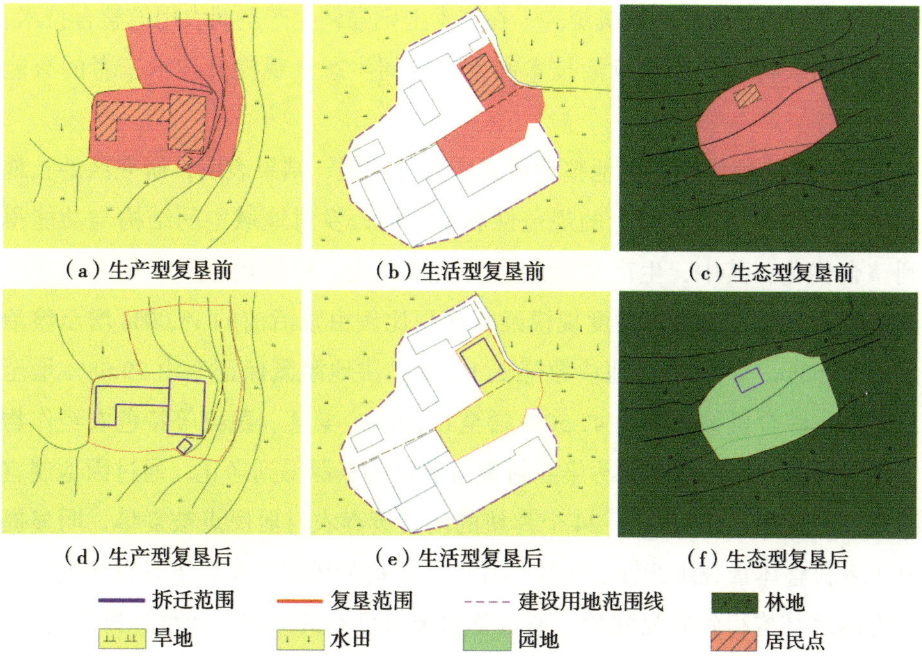

图 5-5 研究区农村居民点复垦典型模式

5.5 结论

（1）响应经济社会转型和土地利用转型，依托人地协调的土地整治，确立土地资源优化整合的利用模式。应对我国人地关系、城乡关系矛盾和转型发展需求，本书综合论述了人地协调的土地整治理念、模式与技术途径，结果表明，减缓、扭转人地关系恶化、城乡关系扭曲趋势，需建立人地关系系统正向反馈的土地利用调控路径，对于乡村人地系统而言，还必须立足于生产、生活、生态三大空间的结构优化与功能整合。土地整治是对人地关系的统筹安排，但确立正向反馈的调控路径，还必须适应社会经济发展阶段需求，走人地协调的土地整治道路。转型期，人地协调的土地整治模式是以保障粮食安全和食品安全、推动农业现代化发展，支撑新农村建设、优化城乡发展空间，构建生态安全格局、提升生态景观服务功能为导向，在整治目标、整治重点、运作模式上与乡村地域空间结构与功能相匹配，在行为理性上坚持价值理性与工具理性的有机统一，在技术上则强调生产空间农用地整合技术、生活空间农村建设用地盘活技术和生态空间生态景观提升技术三者的智能融合。

（2）将人地协调的土地整治模式应用于实践，结果表明，研究区的土地整治实践呈现地域空间上的规范性和有序性，乡村地域空间结构与功能得到整合优化。其中，生产空间严重制约规模化、机械化、产业化的农业生产“瓶颈”明显改观，适度规模经营面积比例由整治前的18.00%增至整治后的30.53%，户均耕地地块数降低1.6块，耕地灌溉保证率由29.68%增至51.22%，综合机械化率由42.50%增至61.80%，桑葚、蔬菜等特色农经作物优先发展起来；生活空间污染乡村聚落景观的点源得到净化，通过因地制宜地复垦再利用，1.74 hm^2、24个片块的闲置废弃农村居民点被复垦，明显提升了乡村整体景观协调性、田块连片性及聚落的风貌形象；生态空间脆弱的生态网络结构得到修复强化，通过整治维修已有的溪沟、堰塘、排灌沟渠，新建囤水田、蓄水池、沉沙凼、桥涵等节点及田间道路、排灌沟渠等通道，将农田、居住聚落、林草地有机连通起来，形成了以生产核心区、生活核心区、生态核心区为基本格局，以生态廊道、生态跳岛、踏脚石、生态缓冲区为纽带，“点—线—面”一体化的生态景观格局。

第6章 山地丘陵区土地资源流动与整合集成技术

在我国漫长的封建社会里，农民一直是由占有少量土地和生产资料的自耕农和依附于地主的佃农两种身份构成，但不论哪种都是以自给自足的小农经济存在（叶茂等，1993）。即使我国实施改革开放之后，以农户家庭经营为主导的家庭联产承包责任制改革，实质上也是一种小农经济设计（李谷成和李崇光，2012）。在对小农经济的评价中，大量研究验证了农户家庭经营对提高单产和保障最低生活的有效性（Boserup，1983；黄胤英和温铁军，2008；贺雪峰，2013b）。但是，随着非农产业发展与农村劳动力转移，这种半自给性小规模土地经营模式的缺陷日益显露，集中表现为农户兼业化、农业副业化、农地边际化和劳动力老龄化四大特征，不仅妨碍了土地适度规模经营和机械化，也束缚了农业科技成果的推广应用，导致农业生产效率低下、农业产业化程度低下、农业经济效益差等问题。因此，无论从宏观社会经济背景，还是农业本身的经营格局，都在寻求土地资源的流动性变革（罗必良，2013）。在这个过程中，工业化、城镇化驱动的农村劳动力与人口的转移、农村人地矛盾的松动为土地资源要素的流转提供了基础（梁金修，2011；段家芬，2013）。同时，在政策导向上，1984年的中央一号文件就开始鼓励农地流转，并持续至今，“发展多种形式的适度规模经营”已成为农业现代化的必由之路（刘羊旸和王宇，2015）。但是，一方面在农业劳动力格局发生重大变化的背景下，传统的尤其是过密型的农业生产工具和经营方式已经难以维系（余勇亮，2013），更难以满足现代经济和社会发展需求、适应适度规模化经营要求；另一方面，在人多地少的基本国情下，现有的高度意识形态化的欧美农业发展理论与技术并不符合我国实际（黄宗智，2014），即使国情、农情与我国相近的日本和韩国的经验也难以在我国复杂的自然地理和人地关系背景中大量复制。由此来看，如何基于小农经济背景实现农业的适度规模经营，依然缺乏理论、技术和实践的支撑。

已有的研究和实践证实，以土地流转和机械化为支撑的规模经营，更适用于基础设施良好的平原地区，因其土地流转面积更大，农业机械化和经营规模化程度更高。相反，在山地丘陵区，由于地形切割、坡度较大，地块破碎、分散、面积小，机械化作业和规模化经营困难，因此其土地流转面积相对较小，农业机械化水平明显偏低，规模化经营面积显著低于平原区（王图展，2013；张秀玲，2014）。我国是一个多山地丘陵的国家，山地、丘陵和高原面积约占全国土地总面积的 69%，而耕地分布在这三大地貌区的面积比重高达 69.27%。可以说，没有山地丘陵区的农业现代化，就没有我国的农业现代化。农业机械化是农业现代化的基础，农业产业化、专业化、规模化是农业现代化的重要内容（罗小峰和刘清明，2010）。而山地丘陵区的农业机械化、产业化、规模化却仍然是我国农业转型发展进程中理论和技术上的难题（敖方源，2016）。因此，推动我国农业转型发展，探索我国农业现代化发展的适宜模式（黄宗智，2009），有必要及时总结山地丘陵区农业适度规模经营的理论、技术与实践经验。鉴于此，本章以资源流动与整合为理论视角，遵循"理念—技术—示范"的逻辑思路，结合土地流转、农业产业化及土地整治的理论与实践，立足于山地丘陵区农业现代化，对农业适度规模经营的理论与技术及实践进行探讨，将有助于推动我国农业创新发展。

6.1 基于资源流动与整合的农业转型理念

资源流动与整合既是功能有别的两个部分，又是密不可分的一个整体。一个保持较高流动性的经济体制，可以随时调整国民经济结构，优化资源配置，按效率原则重组经济要素，令失衡的供求关系得到顺利解决（Vanhala S.，2012）。由此可见，资源并非盲目流动，而是具有方向性，具体表现为趋利性、就近性、聚集性和结构合理性等。这个过程的动力强度，取决于流动目的地在区位条件、资源禀赋、基础设施、资源配置能力、政策法规、社会环境等方面的相对优劣程度（彭文斌，2008；马述忠等，2015）。而随着各类因素影响力度的强弱变化，资源流动的方向也会相应发生改变。因此，遵循资源流动规律，改善区域各种因素以吸引资源流入，有助于形成区域发展的靶心效应。整合则是通过对不同来源、不同层次、不同结构、不同内容的资源进行识别与选择、汲取与配置、激活和有机融合，使资源具有较强的柔性、条理性、系统性和价值性，以创造出新的资源和价值（汪鸣，2015）。由此可见，前者是后者的基础和前提，后者是前者的归宿和再生。同时，通过资源流动与整合不仅推动原有资源增值，还创造出新的资源价值，拉动国民经济和社会财富增长。

从比较经济史来看，资源流动与整合过程是对城乡关系、工农关系的重塑再造（刘维奇和韩媛媛，2013）。在原生工业化国家工业化、城市化过程中，资源流动与整合的基本方向是从农村到城市，并实现工业发展和城市转型；而在农村劳动力向城市转移的同时，城市为农村发展提供技术支持，农村人均生产力提高，农村剩余进一步积累并再次进入商业部门，不断重复从而使得工业化得以完成，城乡之间差距缩小。为尽快完成国家的工业化，早期我国确定了重工业优先发展战略，通过一系列制度安排转移农村剩余发展工业，并控制城乡人口流动，以保证城镇粮食供应和就业。这种情况下，虽然国家形成了独立的门类比较齐全的工业体系和国民经济体系，但农业依然非常薄弱、剩余有限，还要养活大量农村剩余劳动力，以致重工业所提供的机械设备很难在农业生产中有效推广和替代劳动力，而传统生产工具仍占据主导地位，由此形成城乡二元社会，城乡隔绝、工农对立的矛盾日益突出。改革开放后，农村家庭联产承包责任制解放了农村生产力。但随着流通领域改革，在利润诱导下农村资本和城市资本大量涌入商业部门，商业资本的积累又转化为工业化、城市化的动力，带动大量农民进城务工。这样，一方面农村资本流失，另一方面农业优质劳动力资源流失，城乡资源（尤其是技术和资本）配置的偏差进一步拉大，不仅难以实现城乡、工农之间的互动发展，更使城乡、工农分离的二元结构进一步固化，突出表现为城乡之间资源流动性不畅、整合受阻（张永岳，2011）。

因此，经历 40 多年的改革开放，我国城乡、工农二元结构矛盾导致的资源流动性不畅、整合受阻，制约经济社会健康发展的结构性障碍（卫思祺，

2012）。在二元结构下，小农经济长期低效徘徊，资本、技术、营销渠道乃至市场经验等现代农业生产要素极度缺乏，其中地块破碎、经营分散、机械化率低、基础设施配套差、劳动力不足等问题，对农业发展、粮食安全的不利影响加剧显现；农村建设用地闲置、废弃、利用低效，城乡建设用地统筹困难。而资本深化、技术进步、产业化经营，以市场需求引导农业结构调整等改造举措，是传统农业向现代农业转型发展的有效手段（陈锡文，2015）。问题是，如何实现现代生产要素和经营方式的顺畅输入，以提高资源配置效率，推动农业转型发展。事实上，现代农业生产要素没有传统农业生产要素的基础难以发挥优势，而传统农业要素需要现代农业生产要素的注入才能有效提高配置效率（林卿等，2006）。因此，找到现代农业生产要素与传统农业生产要素结合的资源与空间，关键是通过要素流动将资金、技术、管理经验、营销能力等现代生产要素与土地、劳动力等传统生产要素连接起来，再通过资源整合实现各类资源要素的有机融合和价值再造，以拓展农业发展空间，推动农业结构转型与升级，降低农业生产成本，提高农产品市场竞争力和资源比较优势，从而形成资源流动与整合的互补性模式和有效途径（图 6-1）。这就要求农业不能再因循农户土地各自承包分散经营的形式，而应采取适度的规模化经营形式。同时，由于现代生产要素的输入依附于土地资源，寻求土地资源流动与整合的有效途径和关键技术，也就成为发展农业适度规模经营的核心问题。

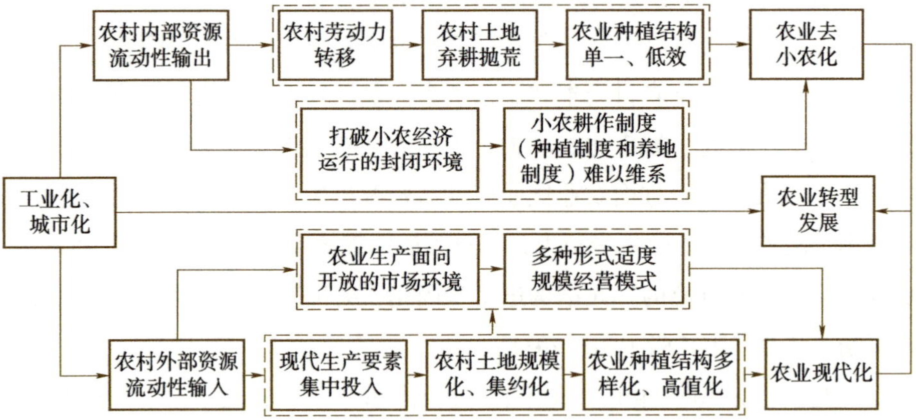

图 6-1　基于资源流动与整合的农业转型路径

6.2　山地丘陵区土地资源流动与整合集成关键技术

6.2.1　土地资源流动与整合技术体系

土地整治涉及自然、社会、经济、工程等各个方面，横跨多个学科领域，不仅包括土地利用的空间配置和土地利用内部要素的重新组合，还包括土地权属和土地收益的调整（杨庆媛，2006）。因此，就内涵而言，土地整治不仅具有工程技术上的治理，如地块归并、田块调形、中低产田土改良、附属土地的基础设施建造，还具有经济学、法学意义上的权属调整，以及生态学意义上的景观建设。与之对照，现行的土地整治实践在工程技术上开展了大量工作，但在权属调整和生态景观建设上却存在明显不足。集中表现为，相当数量的土地整治项目以农户承包地块为单元进行规划设计和工程布局，导致整治后土地细碎化问题进一步加剧，项目区土地利用结构优化、土地利用效率提高和产业化经营等问题依然难以解决，同时由于权属调整工作开展严重不足，整治前后的景观改善效果也十分有限，以致影响土地整治最终成效的发挥。因此，权属调整是土地整治工作不可逾越的重要环节（张同信，2009）。科学的土地整治权属调整，不仅能够为规划设计提供有力支撑，也是土地整治切实改善农业生产条件、配套农业基础设施、重塑农村生态景观、发挥农村土地资产使用价值的前提和基础。

为此，进一步完善现行的土地整治工程技术体系，对权属调整、工程技术治理及生态景观建设具有重要意义。土地整治从规划到实施是以项目、工程为载体完成的，但现行的土地整治偏重工程技术治理，其工程技术体系主要由土地平整工程、灌溉与排水工程（水源工程、灌溉工程、排水工程、渠系建筑物工程、泵站及输配电线路工程）、田间道路工程（田间道、生产路）、农田防护与生态环境保持工程（农田防护工程、生态环境工程）和其他工程构成，缺乏与权属调整相匹配的工程技术方案。而在巨大的人口压力和集体所有、均田承包、家庭经营的大格局下，我国土地整治的权属调整不可能照搬其他国家或地区地块重划、大范围归并的经验或做法。而立足于基本国情和农村改革发展实践，实施土地流转与土地整治联动成为发展适度规模经营、转变农业发展方式的一种现实而有效的选择。两者联动，整合了土地流转的产权调整功能和土地整治的工程改造功能，克服了土地流转过后田块归并整形和基础设施配套困难的短板，也克服了以往以农户地块为单元布置土地整治工程的缺陷，适应了农业转型发展的资源流动与整合需求，为发展现代农业奠定了产权基础和工程基础。

基于土地流转与土地整治联动，重构土地整治的工程技术体系，确立土地资源流动与整合集成技术，可将其分为两个方面：一是土地流转与产业发展协同关键技术，技术目标是解决土地权属调整问题，变“分散承包、分散经营”为“分散承包、规模经营”，并依据不同的流转模式将其划分为分散优化技术和整体优化技术；二是土地及附属资源整合关键技术，技术目标是解决土地及附属资源的适度规模利用问题，提高资源配置效率、实现优化配置，并依据整合的重点将其划分为耕作田块修筑及其配套技术、农村建设用地复垦技术。

6.2.2 土地流转与产业发展协同关键技术

（1）分散优化技术。

分散优化技术是立足于村域产业发展要素重构，针对农业产业发展过程中农地优化成本过高且不同利益主体间冲突较大的问题而采取的一种技术措施，是一种各类农业经营主体并列、原有农村居民点就地利用、由产业发展目标统一整合的土地权属调整技术模式。该技术模式具有运行成本低、触及利益小、兼容性强的优势，并能降低流转双方的风险面，提高抗御自然灾害和市场风险的能力。其实质是将农业产业按照不同经营主体的实际能力和比较优势进行分块，然后将土地分散集中到不同经营主体进行经营，再通过共同的经营目标进行统一整合，从而实现资源要素分散优化、各类风险集中分化，最终达到“整体一盘棋”和效益最大化。分散优化技术要点见表 6-1。

表 6-1　分散优化技术要点

技术要点	具体内容
第 1 步：确定转入对象	考察识别村域大小、先后和内外不同农业经营主体，确定土地转入需求对象
第 2 步：流转集中土地	将土地流转并相对集中于种植大户、村（社）合作社或公司（企业）手中，形成土地流转集中后几个业主主导的村域土地相对集中利用格局
第 3 步：配套设施用地	农业产业发展所需的农业服务设施用地由各业主自行与村社、农户达成协议，就地利用原有农村居民点用地
第 4 步：统一发展目标	建立农业产业发展的共同目标，统一整合各类农业经营业主和农业产业发展要素，避免产业拼盘或业主相互竞争
技术流程：各类经营主体识别→土地流转集中→农业设施用地配置→农业产业发展目标统筹	

（2）整体优化技术。

整体优化技术是立足于村域产业发展要素功能提升，针对产业发展过程中农地优化成本过高且农业产业功能延伸受设施用地约束强的问题而采取的一种技术措施，是一种村（组）主导、农地层递流转和非农建设用地“一心一多点”利用、大型工商资本统一整合的土地权属调整技术模式。该技术模式具有流转交易成本低、要素资源整合能力强、土地价值提升速度快的优势。其实质是在交通区位良好、农业资源禀赋优越、产业发展基础较好的村域引入大型工商资本，并利用其资本优势、技术优势、管理优势、市场优势，整体优化村域土地利用格局，将小体量、多样性、无特色的低效农业产业提升为大体量、规模化、特色型的高效农业产业，最终实现农业产业发展要素功能优化与提升，从而树立发展现代农业的典型。整体优化技术要点见表 6-2。

表 6-2　整体优化技术要点

技术要点	基本内容
第 1 步：订立土地协议	大型工商资本与村集体经济组织订立土地流转协议，并经村民代表大会通过
第 2 步：层递流转集中	农户承包地向村民小组、村民小组向村集体层递流转集中

续表

技术要点	基本内容
第 3 步：改善生产条件	由村组主导向当地政府争取土地整治、农业综合开发、小农水、农村道路等各类支农项目，对流转集中的土地实施土地整治和农业基础设施建设
第 4 步：发展特色农业	大型工商资本依托集中连片整治后的农地，并利用国家设施农用地指标（“一心”）和原有农村居民点用地（“多点”），整体优化土地利用格局，打造独具竞争力的特色效益型农业
技术流程：土地流转协调打包签订→土地层递流转集中→农业生产条件集中改造→特色农业产业培育包装	

6.2.3 耕作田块修筑及其配套技术

耕作田块修筑技术立足于实现耕地适度规模经营，针对地块破碎、规模偏小、形状不规整以及基础设施不配套而难以满足农业机械化、规模化的问题，采取的一种以耕作田块修筑为核心，辅以农田水利设施整合和农田道路网络配套的综合性工程技术措施。就丘陵山区而言，耕作田块修筑涉及缓坡地、条田和梯田 3 类地块，农田水利设施整合主要涉及蓄水池和山坪塘 2 类设施，农田道路网络配套涉及田间道和生产路 2 类田间道路。该技术具有技术体系较为完备、针对性强、应用效果较为显著的优势。其实质是在小地块流动、集中、整合为大地块的过程中，基于微观地形尺度修筑适于丘陵山区机械化作业和规模化生产的耕作田块，并引导农田水利设施和农村道路体系精准配套，从而实现农业适度规模经营和转型发展。耕作田块修筑及其配套技术要点见表 6-3。

表 6-3　耕作田块修筑及其配套技术要点

技术要点	基本内容
第 1 步：建设区域识别	依据地形地貌、地面坡度、田块大小等关键指标，识别不同类型地块的建设区域
第 2 步：田块归并整形	依据地形地貌、田块集中连片程度确定地块规格，其中，缓坡地地块形状设计为矩形、梯形或近似矩形，条田地块形状设计为矩形或方形，梯田地块形状设计为矩形或梯形，并根据每个地块实际情况，确定地块边界修筑形式（坎埂、沟渠、生产路、路加排水沟）

续表

技术要点	基本内容
第 3 步：农田水利设施整合	综合考虑流域降雨、坡度、土地利用类型及产业规划，确定地块内蓄水池选址和工程设计规格，同时依据地形、土地利用数据以及多年月均气象数据，提取山坪塘水文特征和在作物生长期的灌溉保证率，并据此确定山坪塘整治措施
第 4 步：农田道路网络配套	综合考虑经济发展现状及适度规模经营、农业产业规划对农村道路的需求，结合当地农机具规格及常用建材，确定地块区域田间道和生产路网络布局与工程设计规格
集成技术：建设区域适宜性分析技术 + 土地平整工程技术 + 农田水利工程技术 + 农田道路工程技术	

6.2.4　农村建设用地复垦技术

农村建设用地复垦技术立足于农村存量建设用地盘活，针对宅基地复垦点面积小、分布散、复垦点周边地形及交通条件差异大等问题而采取的工程技术措施，是一种兼顾土地复垦、地力提升、基础设施配套、乡村景观建设以及农业结构调整的综合性集成技术。该技术具有针对性强、技术环节拼接紧密、经济社会生态效果兼备的优势。其实质是将农村建设用地的复垦与再生相结合，通过复垦节地优化农村建设用地存量，增加城市建设用地流量和农村基础设施、公共服务设施供给。同时，尊重地块空间异质性，结合村域产业培育调整土地用途和农业产业结构，推动农村经济发展和生态恢复。基本技术步骤见表 6–4。

表 6–4　农村建设用地复垦技术要点

技术要点	基本内容
第 1 步：复垦类型识别	待复垦宅基地房屋结构类型及其周边环境识别，以便采取不同结构类型房屋拆除、废渣处理和田块土方平衡的工程技术措施
第 2 步：拆除物类型分选	明确宅基地复垦拆除物类型，废混凝土、废石料、废砖料、废瓦料、废预制板、废墙土、废砂浆、废三合土、废木料、废金属及其他废料，以便通过工程建设利用、复垦区废弃坑洞填充、摊铺风化处置、挖深填埋处置、分选回收处置以及出售集资处置等手段，实现建筑垃圾“减量化、资源化、无害化”处置和拆除物就地利用

续表

技术要点	基本内容
第 3 步：农业生产条件改造	分析土地利用限制因素、周围土地用途、农业产业类型、基础设施配套及生态环境状况，确定土地利用方向及其土地平整工程、灌溉与排水工程、田间道路工程设施的空间布局
第 4 步：复垦价值测算	对比农村建设用地复垦前后的价值变化与流动，估算农村建设用地价值释放潜力
集成技术：房屋结构类型识别技术 + 拆除物分选技术 + 土地平整工程技术 + 农田水利工程技术 + 农田道路工程技术 + 农村建设用地复垦价值转换测评技术	

6.3 综合示范点实证

6.3.1 综合示范点概况

针对山地丘陵区土地及其附属各种有形、无形资源流动与整合障碍，农村产业发展所需的土地适度规模利用条件缺乏，农业基础设施整合与配套滞后，以及城乡建设用地统筹利用困难等约束乡村土地资源整合的“瓶颈”，以资源流动与整合的关键问题为导向，以农业转型理论为支撑，以“技术集成”和“典型示范”为途径，依托“十二五”国家科技支撑计划课题“乡村土地流转与资源整合关键技术与示范”（2013BAJ11B02）江津区综合示范基地，选取重庆市江津区小园村为综合示范点，开展山地丘陵区土地资源流动与整合的理论与技术实证研究。

综合示范点位于江津区慈云镇（图 6-2），面积为 1 010.38 hm^2，为低山丘陵地貌，受地质构造影响形成长垣状、串珠状、斜面状山丘和坪状山丘，并间有宽谷，平均海拔 300 m 左右，相对高差 20 m 以内。气候属于亚热带湿润季风气候，年降水量 930～1 500 mm，年平均气温 18.4℃。土壤属侏罗系沙溪庙组发育的灰棕紫泥，较为肥沃，宜种性广、产量高；坡顶多为沙土，坡中部为半沙半泥，坡中下部多为灰棕紫泥土；土层厚度为 20～50 cm。全村辖 5 个村民小组，共 2 025 户、5 890 人。2012 年农村土地利用现状显示，全村水田面积为 522.25 hm^2，旱地面积为 208.28 hm^2，园地面积为 52.74 hm^2，林地面积为 57.99 hm^2，设施农用地面积为 0.54 hm^2，村庄面积为 137.89 hm^2，交通运输用地面积为 1.43 hm^2，坑塘水面面积为 18.75 hm^2，水库面积为 5.32 hm^2，河流水面面积为 3.62 hm^2，水工建筑用地面积为 0.83 hm^2，采矿用地面积为 0.57 hm^2，裸地面积为 0.17 hm^2，分别占全村土地总面积的 51.69%、20.61%、5.22%、5.74%、0.05%、13.65%、0.14%、1.86%、0.53%、0.36%、0.08%、0.06%、0.02%。

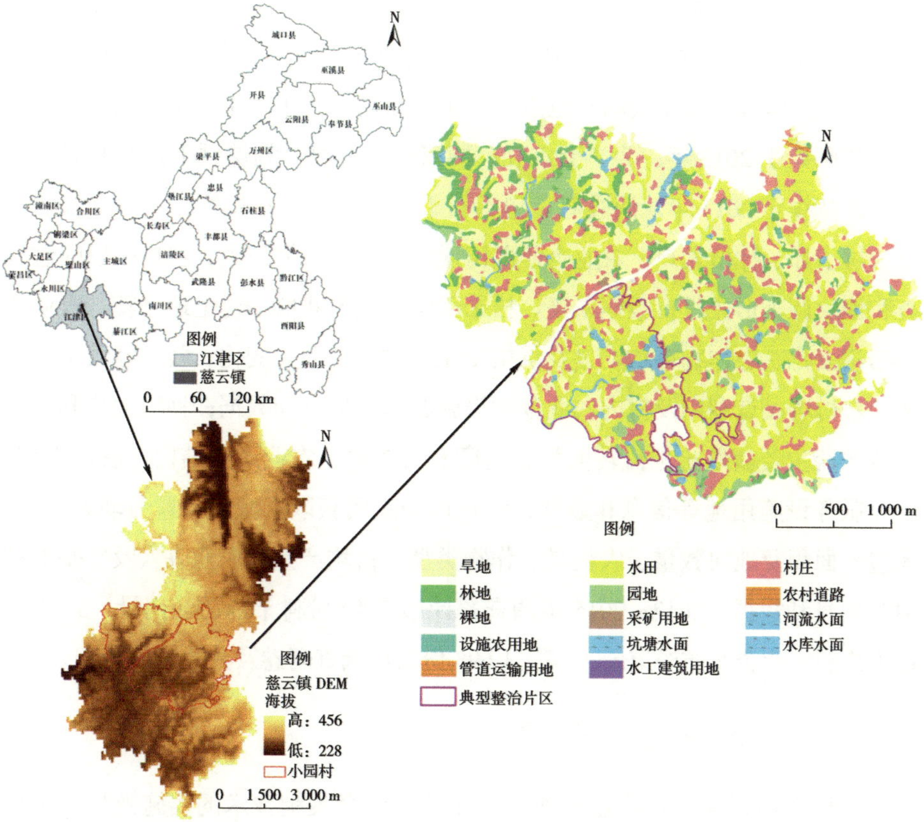

图 6-2　综合示范点区位、高程和土地利用现状

6.3.2　数据采集

示范点研究数据由资料数据和调查数据构成。资料数据来自 2013—2015 年对示范点间断性的采集工作，分别从江津区慈云镇政府和小园村村委会获

取示范点概况信息、土地利用变更调查数据；从《重庆市江津现代农业园区总体规划（2008—2020年）》《两江艺农生态园（有机生产）总体规划（2013—2020年）》《江津慈云龙井坝休闲田园总体规划（2013—2018年）》等相关规划中提取示范点产业发展数据；从《江津区慈云镇一水村等3个村土地整治项目规划》《江津区慈云镇小园村等3个村土地整治项目规划》《重庆市江津区2009—2011年国家农业综合开发水土保持结余资金整合项目实施方案》、“乡村土地流转与资源整合关键技术与示范”（小园村）示范工程设计方案、《江津区慈云镇一水村等2个村农村建设用地复垦项目实施方案》《江津区慈云镇小园村农村建设用地复垦项目实施方案》、小园新村建设规划等项目规划和竣工验收成果中提取示范点各类工程布局及施工效果数据。调查数据采集工作则始于2012年，为“十二五”国家科技支撑计划课题申报所开展的调查，并持续至2015年，调查对象包括村干部、农户、各类种植大户及农业企业。村干部、种植大户、农业企业以访谈形式进行数据采集，农户则以问卷调查和地块调查形式进行数据采集。村干部访谈主要获取本村土地流转、农业产业结构变化、农作物亩均产量及价格变化、农村劳动力变化、新型经营主体发展、农村居民点利用及村内农业基础设施配套等信息和数据；种植大户和农业企业访谈主要获取土地流转面积、适度经营规模、农业产业结构、农机类型、农业服务设施用地等信息和数据；农户调查主要获取家庭人口、劳动力结构、承包地面积及地块数量、农机具、作物类型、亩均产量、农业收入及宅基地利用等信息和数据。2012—2015年调查累计形成12份村干部访谈记录、32份种植大户和农业企业访谈记录，以及1 698份农户调查问卷及其地块信息卡。

6.3.3 技术经济效果评估指标

为科学评判综合示范点土地资源流动与整合关键技术的实施效果，参照土地流转绩效评价（沈琳，2013；程飞等，2015）、农业产业化评价（崔永红，2005；黄红球，2013）、农业生产条件改善（张正峰等，2013）、农村建设用地复垦效果评价（梁伟恒，2012）方面的相关文献，分别从土地流动集中与产业发展、耕地适度规模经营与设施整合、农村建设用地复垦与统筹利用3个方面拟定19项表征指标，依据案例村产业发展、项目实施及地块调查信息，量化计算各类工程技术的应用效果（表 6-5）。

表 6-5 土地资源流动与整合关键技术应用效果评估指标

评价准则	评价因子	计算公式
土地流动集中与产业发展（A）	土地流转率 A_{01}/%	土地流转率 = 已流转耕地面积 / 耕地总面积 ×100%
	农地适度规模经营比重 A_{02}/%	农地适度规模经营比重 = 农地适度规模经营面积 / 耕地总面积 ×100%
	农业产业化土地实现率 A_{03}/%	农业产业化土地实现率 = 多样化的农业产业发展用地 / 农用地总面积 ×100%
	农业产业多样化指数 A_{04}	$$H(x)=-\sum_{i=1}^{n}P_i\log P_i$$ 式中，$H(x)$ 为农业产业化多样化指数，P_i 为 x 为第 i 种农业产业类型时占耕地土地总面积的比例。$H(x)$ 值越大，农业产业类型越多
耕地适度规模经营与设施整合（B）	平均田块密度 B_{01}/（块 /hm^2）	平均田块密度 = 耕作田块数 / 耕作田块修筑片区总面积 ×100%
	耕作田块形状指数 B_{02}/%	$$H=\frac{L}{4\sqrt{S}}$$ 式中，H 为田块形状指数，其测算以正方形为标准进行；L 为田块周长（m）；S 为改造区田块总面积（m^2）
	有效土层厚度 B_{03}/cm	—
	耕作层厚度 B_{04}/cm	—
	灌溉保证提升率 B_{05}/%	灌溉保证提升率 = 新增有效灌溉面积 / 土地整治典型片区总面积 ×100%
	沟渠密度（km/hm^2）提升率 B_{06}/%	沟渠密度提升率 = 新增灌排沟渠长度 / 土地整治典型片区总面积 ×100%
	田间道密度（km/hm^2）提升率 B_{07}/%	田间道密度提升率 = 整修和新建田间道长度 / 土地整治典型片区总面积 ×100%
	生产路密度（km/hm^2）提升率 B_{08}/%	生产路密度提升率 = 整修和新建生产路长度 / 土地整治典型片区总面积 ×100%
	农业机械动力提升率 B_{09}/%	农业机械动力提升率 = 农机动力平均增加值 / 整治前农机动力均值 ×100%
农村建设用地复垦与统筹利用（C）	农村宅基地复垦率 C_{01}/%	农村宅基地复垦率 = 已复垦宅基地面积 / 宅基地总面积 ×100%
	农村新村建房集中率 C_{02}/%	农村新村建房集中率 = 集中建房农户数 / 农户总数 ×100%

续表

评价准则	评价因子	计算公式
农村建设用地复垦与统筹利用（C）	宅基地拆除废渣就地处理率 C_{03}/%	宅基地拆除废渣就地处理率＝废渣（土石渣）就地处理量 / 宅基地复垦片块拆除废渣（土石渣）总量 ×100%
	宅基地拆除材料就地重复利用率 C_{04}/%	宅基地拆除材料就地重复利用率＝拆除材料的各类材料（条石、砖、石板、预制板）就地重复利用量 / 宅基地拆除材料（条石、砖、石板、预制板）总量 ×100%
	农村建设用地复垦统筹城镇建设用地率 C_{05}/%	农村建设用地复垦统筹城镇建设用地率＝用于增减挂钩或地票交易的农村建设用地复垦规模 / 农村建设用地复垦总规模 ×100%
	农户宅基地复垦增值显化水平 C_{06}/ 元	农户宅基地复垦增值显化水平＝农户宅基地复垦价值补偿总额 / 宅基地复垦户数

6.3.4　结果与分析

（1）农业转型趋势分析。

结合综合示范点土地流转前后农业发展特征，可将其划分为前后两个阶段，前者是 2012 年之前“分散承包、分散经营”的小农经济低效发展阶段，后者是 2012 年之后“分散承包、规模经营”的适度规模经济高效发展阶段。

受自然地貌和经营权属约束，综合示范点耕地细碎化严重。由于地形切割破碎，土地利用具有明显差异性，旱地主要位于坡上或坡顶，田块分布杂乱、规模细小；水田则主要位于沟谷，相对集中连片。在家庭联产承包责任制下，耕地利用细碎化更为突出。2012 年土地流转前对示范点 1 698 户农户承包地调查统计显示，农户承包土地面积为 568.67 hm^2，其中水田面积为 454.69 hm^2，旱地面积为 113.98 hm^2，合计 10 099 个地块；平均每个农户承包土地面积为 0.334 9 hm^2，每个农户承包地块数 5.95 个，平均每个地块面积为 0.056 3 hm^2；合计流转土地面积 21.77 hm^2，仅占农户承包地总面积的 3.83%。

受种植结构和耕作制度影响，综合示范点农业经济效益低效化严重。在分散承包经营模式下，农户主要依赖玉米、红薯、水稻等传统农作物，采取单季中稻、玉米—红薯为主的耕作制度，复种指数为 150%。依据实地调查，精耕细作农户在不考虑人工成本情况下，水稻收益为 630 元 /（667 m^2）、玉米收益为 384 元 /（667 m^2）、红薯收益为 960 元 /（667 m^2）（表 6-6）。由此可推算，在农户充分利用全部承包地（户均 0.33 hm^2，依据地块调查户均水田与旱地比约为 4∶1）情况下，户均年种植业收入不到 4 000 元。而当年案例村外出务工劳动力年平收入为 11 163 元（据 2012 年农村经济统计报表），是农户年种植业收入的 2～3 倍。另外，案例村还有种植蔬菜、花椒、苗木、水果（柑橘）的传统，但由于品质差、规模小、产业化程度低，销路困难，产值很小或基本无产值。由于务农收益低，案例村大量劳动力外出务工。调查显示，2011 年全村拥有劳动力 3 508 人，其中外出务工人数 1 957 人，占总人数的 33.22%，占劳动力总数的 55.79%；从事非农家庭经营 325 人，占劳动力总数的 9.26%；从事农业生产 1 266 人，仅占劳动力总数的 36.09%，农民人均纯收入仅 3 916 元。

表 6-6 综合示范点一般农户土地承包经营收入

耕地类型	种植作物	产量 /［kg/（667 m^2）］	单价 /（元 /kg）	产值 / 元	平均成本 /%	收益 / 元
水田	水稻	500	2.10	1 050	40	630
旱地	玉米	400	1.60	640	40	384
	红薯	2 000	0.80	1 600	40	960

为走出农业低效发展困境，综合示范点利用江津区现代农业园区核心区的有利条件，于 2011 年实施土地流转和农业产业结构调整以及特色效益农业培育，先后成立了打石花椒专业合作社（花椒）、彬胜柑橘专业合作社（柑橘）、园石蔬菜专业合作社（蔬菜）、华云渔业专业合作社、津慈农业开发有限责任公司（养殖、苗木）等农业合作经营主体，引进建立了两江艺农基地（规划用地面积 128.67 hm^2）和龙井坝现代农业园（小园片区规划面积 190.80 hm^2）两家大型农业企业，培育了刁某（蔬菜）、刘某（蔬菜）、梁某（养殖）、辜某（养殖）、黄某（苗木）、陈某（水稻）等方面的经营大户。为解决土地流转后耕作田块不能适应集约化、规模化生产的问题，田间道路不能满足物资、人员出入数量和频率激增的状况，以及农业蓄水、灌溉、排水设施缺失、损毁难题，综合示范点整合市级高标准基本农田整治项目、区级农村建设用地复垦项目和区级水土保持、农村公路项目、农民专业合作社市级示范项目等各类资源，将耕作田块整治及配套设施建设与产业发展融合

起来，引导现代生产要素和经营方式顺畅输入。在土地流转、综合整治和产业发展带动下，案例村农业增效显著。截至2015年，全村流转土地面积为266.67 hm^2，占全村耕地面积的36.50%，实现适度规模经营面积为233.33 hm^2，其中粮油面积为26.67 hm^2、大棚蔬菜示范区面积为40.00 hm^2、一般蔬菜面积为20.00 hm^2、花卉苗木面积为40.00 hm^2、特色水果产业面积为53.33 hm^2、花椒面积为40.00 hm^2、养殖面积为13.33 hm^2，带动形成多样化的农业产业发展用地533.33 hm^2，占全村耕地总面积的73.00%。2015年全村实现产值1 200余万元，农民人均纯收入9 200元。

（2）土地流转与产业发展协同关键技术应用及效果。

①分散优化技术应用。案例村承包地流转前，土地经营主要存在两种情况：a）土地由农户自行耕种，种植传统农作物；b）农户将土地流转给小业主种植各类经济作物或发展养殖业，如蔬菜、花卉、苗圃、泥鳅等。在江津区现代农业园区核心区的引导下，案例村充分依托本村有一定经营规模的小业主或种田能手，采取“政府部门协调指导，村委会组织实施，业主具体运作”的运行模式，根据不同农业经营业主的实际能力和比较优势，以及不同农业产业对微地貌、小气候环境和耕作条件的要求，引导农业产业布局，鼓励土地流转，实施村域农业产业重构。通过流转，将属于498户农户、1 539人所有的166.67 hm^2 承包地集中起来，同时12.80 hm^2 的农村宅基地和附属建设用地就地利用为农业服务设施用地，分别由1家公司（企业）、4家专业合作社和15家种植大户负责经营和管理，从而形成了“大小、先后、内外”业主“并列统一”的联合体。由此可见，该技术对初始条件下启动和加快土地资源流动具有较强的整合作用，并将地形、地貌起伏对农业产业重构的约束转化为农业产业发展的优势，实现了农地低成本流转和相对集中，以及原有非农建设用地对农业产业重构的支撑。同时，借助共同的经营目标统一调整农业产业结构，整合农业发展资源要素，实现了各类资源要素的优化组合和有效运行。

②整体优化技术。虽然通过分散优化技术，案例村的土地流转和适度规模经营得到快速发展，但其本质还是小农资本的组合，合作社和种植大户投资能力有限，其经营规模面积一般只能维系在5～20 hm^2，产业延伸较短，因此其对村域经济的辐射带动力有限。鉴于此，案例村在分散优化的基础上，引入工

商资本对村域土地和产业进行整体优化。从案例村两江艺农基地的示范来看，该技术的应用，以土地整治为先导，在产业政策导向下整合各涉农部门资金集中进行田块规划和农业基础设施改造或续建，在政策扶持和村委会支持下，即将a）情形、b）情形的土地重新集中，由村集体统一打包给工商资本——两江艺农实业发展有限公司，实现农地的“层递”流转和生地的再造。依据两江艺农基地发展规划，其一期包括面积为100 hm^2 的有机生态农业区和面积为1 205 m^2 的临时管理用房，均已基本建设完成，主要位于案例村宽谷区域。其中，有机生态农业区包括苗木区40.00 hm^2、有机蔬菜区26.67 hm^2、有机果树区13.33 hm^2、有机养殖区13.33 hm^2、道路及附属设施建设区6.67 hm^2，一个集有机农产品生产、加工、销售于一体，又集休闲、观光、体验于一体的标准化现代农业综合发展基地已基本形成。由此可见，该技术立足于具备良好区位条件、自然禀赋和产业基础的区域，对村域土地资源要素流动和功能提升具有较强的整合作用，它将产业功能的提升诉诸一次性协商的农地流转和“一心一多点”式的非农建设用地解决途径而整体优化了土地利用格局，实现了低成本流转农用地、分散化消耗非农建设用地发展效益农业的效果，避免了产业功能提升阶段高成本集中农业产业发展用地和功能延伸受设施用地约束较强两大问题的出现，形成了独具竞争力的特色效益型农业。

通过应用土地流转与产业发展协同关键技术，综合示范点流转土地266.67 hm^2，土地流转率（A_{01}）达到36.50%，其中实现适度规模经营面积为233.33 hm^2，适度规模经营比重（A_{02}）达到54.02%。并带动形成多样化的农业产业发展用地533.33 hm^2，农业产业化土地实现率（A_{03}）达到73.00%，农业产业多样化指数（A_{04}）达到18.56（表6-7）。

表6-7 综合示范点土地流转与产业发展协同关键技术应用效果

评价准则	评价因子	效果值	
		应用前	应用后
土地流动集中与产业发展（A）	土地流转率 A_{01}/%	＜10	36.50
	农地适度规模经营比重 A_{02}/%	＜5	54.02
	农业产业化土地实现率 A_{03}/%	＜10	73.00
	农业产业多样化指数 A_{04}	＜5	18.56

（3）耕作田块修筑及其配套技术应用及效果。

①耕作田块修筑技术。一是山地丘陵区缓坡地，即通过工程改造，以沟、路、坎分割的、田面坡度整体在6°以下（局部不大于10°）的、面积较大的、能满足农业机械化生产或土地规模化经营的耕作地块。山地丘陵区土地平整工程一般是将坡耕地和水田改造为梯地。但综合示范点现有的水平梯地田面宽度小于7 m，相对于农业机械化、规模化生产要求仍然偏小，且地块形状不规整。因此，适应当地产业布局和适度规模经营要求，顺坡就势修筑坡度较小、田面更宽、形状较为规整的缓坡地显得尤为重要。二是山地丘陵区条田，即在地形相对平缓区域，由田埂、灌排沟渠或田间生产路分割形成的田面水平、几何形状规整的耕作田块，包括水田条田及旱地条田。对于山地丘陵区而言，在相对平缓的区域因地制宜地布设条田对促进农地有序化、集约化、规模化、机械化利用具有重要意义。综合示范点虽是低山丘陵地貌，但仍有一定面积的宽谷、平坝存在，是当地发展现代农业、实施农业机械化的核心区域。因此，基于山地丘陵区的地形约束，可修筑面积相对较小、易于中小型农机作业的耕作田块。三是山地丘陵区梯田，即在坡地上沿等高线分段修建田坎所形成的阶梯式水田或旱地，成矩形或梯形，是山地丘陵区治理坡耕地水土流失、蓄水、保土、增产的有效措施。虽然缓坡地有助于实施机械化作业和规模化经营，但对于坡度较大的坡耕地并不适宜，而梯田在山地丘陵区坡耕地治理中具有更广的适用性。综合示范点旱地均为坡耕地，且破碎程度较高，平均坡度为15°～25°。为满足该区域产业布局和适度规模经营要求，采取梯田修筑技术通过降坡和筑坎以形成坡度在6°左右、相对集中连片的大田块。应用耕作田块修筑及其配套技术，在综合示范点土地整治项目典型片区（面积168.69 hm^2）内，经过田块归并，平均田块密度由10.90降至6.69，平均单个田块规模由1.38亩增至2.24亩；经过田块调形，耕作田块形状指数则由15.85降至11.18，整治后典型片区已基本能够满足中、小型机械作业单元的要求；片块内有效土层厚度（B_{03}）和耕作层厚度（B_{04}）分别达到或超过50 cm和25 cm（表6-8）。综合示范点田块修筑典型片块见图6-3。

表 6-8　综合示范点耕作田块修筑及其配套技术应用效果

评价准则	评价因子	效果值	
		应用前	应用后
耕地适度规模经营与设施整合（B）	平均田块密度 B_{01}/（块 /hm^2）	10.90	6.69
	耕作田块形状指数 B_{02}/%	15.85	11.18
	有效土层厚度 B_{03}/cm	35～40	＞50
	耕作层厚度 B_{04}/cm	15～20	＞25
	灌溉保证提升率 B_{05}/%	—	13.15
	沟渠密度（km/hm^2）提升率 B_{06}/%	—	1.67
	田间道密度（km/hm^2）提升率 B_{07}/%	—	4.14
	生产路密度（km/hm^2）提升率 B_{08}/%	—	8.70
	农业机械动力提升率 B_{09}/%	—	130.77

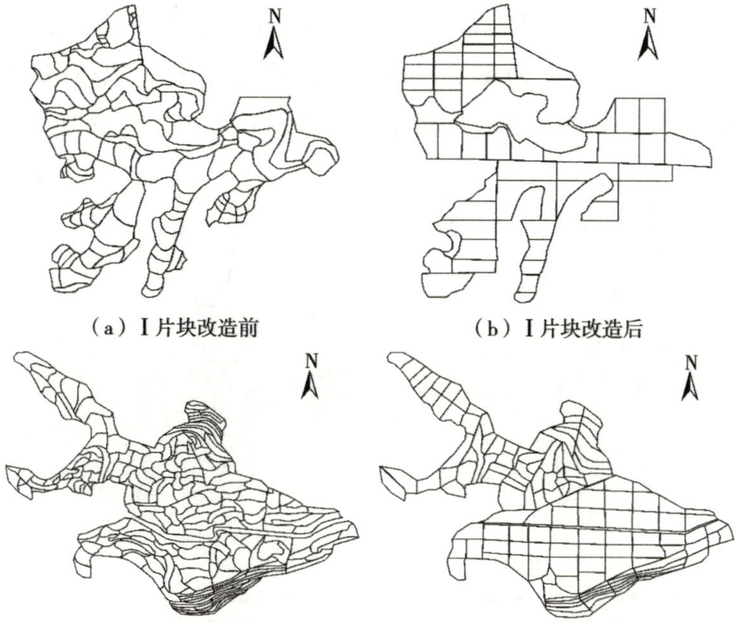

（a）Ⅰ片块改造前　（b）Ⅰ片块改造后

（c）Ⅱ片块改造前　（d）Ⅱ片块改造后

图 6-3　综合示范点田块修筑典型片块

②农田水利整合技术。农田水利基础设施包括灌溉、排水及抗旱设施，在土地整治工程中具体涉及的建设内容包括山坪塘、囤水田、蓄水池、灌溉渠、排水沟、路带沟、沉沙凼及农函等微型水利及附属设施。总体而言，农田水利

建设应因地制宜、因害设防、综合开发利用，通过合理布设蓄水、灌溉、排水设施实现水土资源有效整合。调查发现，综合示范点产业布局和适度规模经营的最大障碍条件之一是灌溉水源保障问题，全村 45 口蓄水量 1 000 m^3 以上的山坪塘有 40 口需要整治。这些山坪塘经过数十年运行，加上维护和管理不到位，坝体局部垮塌，渗漏严重，配套防水、排洪设施缺失、损毁，淤积严重，基本无法蓄水，导致案例村由丰水村变为缺水村。为此，结合综合示范点果蔬种植区和果粮种植区地形条件、土地利用布局和用水需求情况，基于现有的水利设施，重点布局水源设施、辅助完善灌排设施。从具体应用来看，一是新建蓄水池（200 m^3），增加村域水资源量，优先解决果蔬种植区和果粮种植区的水资源需求；二是维修山坪塘，通过扩容工程和塘坎工程提高水资源利用率，保障产业区灌溉水源。此外，辅助灌排设施则依据灌溉水源工程和易积水区加以完善。通过整修山坪塘、新建蓄水池以及增加灌排沟渠以提升水源供给能力，土地整治典型片区新增有效灌溉面积 22.18 hm^2，灌溉保证提升率（B_{05}）达到 13.15%；新增灌排沟渠面积 2 822.92 m，沟渠密度提升率（B_{06}）达到 1.67%（图 6-4）。

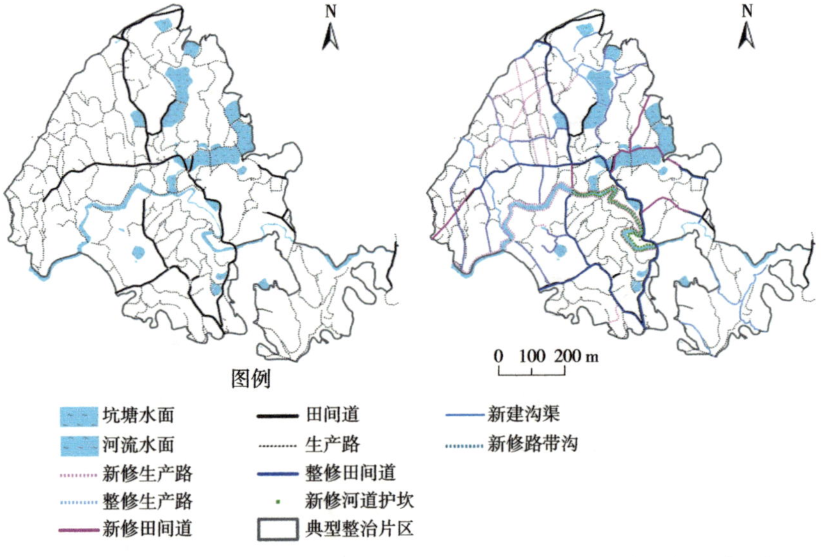

图 6-4　综合示范点典型整治片区水利设施、田间道路整治前（左）后（右）布局

③农田道路网络配套技术。田间道路是为满足农业物资运输、农业耕作和其他农业生产活动需要所采取的各种措施的总称，包括田间道和生产路。田间

道和生产路应与田、林、路、沟、渠结合布局，既考虑人畜作业要求，又要为机械化作业创造条件。调查发现，综合示范点田间道路网络比较发达，但随着农业产业化发展的日趋成熟，运输载荷量增多，碎石路面不能满足高强度、高频率通行要求，需维修硬化主干田间道，并连通部分断头路，同时在部分缺少田间干道的区域新修田间道，保证“田间道—生产路”布局合理、体系完整。因此，为满足适度规模化田间生产和劳动管理以及机械化作业要求，需对田间道路网络进行配套完善。从具体应用来看，一是以田间道为轴线支撑村域大宗物流、车流、人流通行，设计宽度为 3.0 m 和 3.5 m；二是以生产路（生产大路、生产便道）为支脉支撑田间道、居民点、耕作田块及相互之间的衔接，生产大路设计宽度为 1.5 m 和 2.0 m，主要用于连通田间道，便于农用机械及三轮车通行；生产便道设计宽度为 1.2 m、1.0 m 和 0.8 m，主要用于连通居民点及耕作田块，便于人工田间作业和农资进田、农产品出田。通过田间道路配套完善，土地整治典型片区新建田间道 3 040.69 m，整修田间道 3 942.16 m，新建生产路 8 362.55 m，整修生产路 6 320.06 m，典型片区田间道密度提升率（B_{07}）达到 4.14%，生产路密度提升率（B_{08}）达到 8.70%（图 6-4）。而经过田块修筑和田间道路配套完善，农业机械也由微型（5～8 马力）向小中型（8～18 马力）转变，取均值计算，土地整治典型片区农业机械动力提升率（B_{09}）达到 130.77%。

（4）农村建设用地复垦技术应用。

农村建设用地复垦是以废弃的乡镇企业用地、农村公共设施用地、农村村民住宅用地等农村建设用地为对象，通过房屋拆除、翻耕土地等方式复垦为耕地或可转为耕地的园地及其他农用地的行为。调查发现，在综合示范点因移民搬迁、投亲或城镇购房，一部分农户的宅基地及附属设施用地均处于废弃、闲置或低效利用状态，且危旧房比重较大。因此，为提升村域土地节约集约利用水平，改善农民居住生活条件，统筹城乡发展用地，根据土地适宜用途将这类宅基地及其附属用地复垦为耕地及其他农用地。通过应用农村建设用地复垦技术，综合示范点农村居民点减少 46.58 hm^2，斑块数量减少 268 个，平均斑块面积增加 0.39 hm^2，案例村农村建设用地复垦率（C_{01}）达到 33.78%（图 6-5）；同时建设综合示范点农民新村和农业服务设施用地面积 13.86 hm^2，集中 801 户农户，农民新村建房集中率（C_{02}）达到 39.56%。分析宅基地复垦拆除的各类材料（条石、砖、石板、预制板）以及产生的废渣（土石渣）发现，宅基地拆除产生的土渣主要用作复垦地块覆土的垫层，石渣主要用作生产路路基垫层，综合计算，综合示范点宅基地拆除废渣就地处理率（C_{03}）达到81.45%；各类拆除材料主要用于修筑田坎和新建沟渠或生产路，以均值计算，宅基地拆除材料就地重复利用率（C_{04}）达到75.01%。另外，平衡综合示范点农民新村占地后，剩余32.72 hm^2 复垦宅基地指标可用于统筹城乡用地，农村建设用地复垦统筹城镇建设用地率（C_{05}）达到70.24%；另依据重庆市地票交易基准地价补偿标准（144×10^4 元/hm^2），综合示范点农村建设用地复垦农户均可获得一定额度的价值补偿，依据复垦农户实有宅基地面积和户数，计算可得农户宅基地复垦增值显化水平（C_{06}）达到平均每户89 195元（表6-9）。

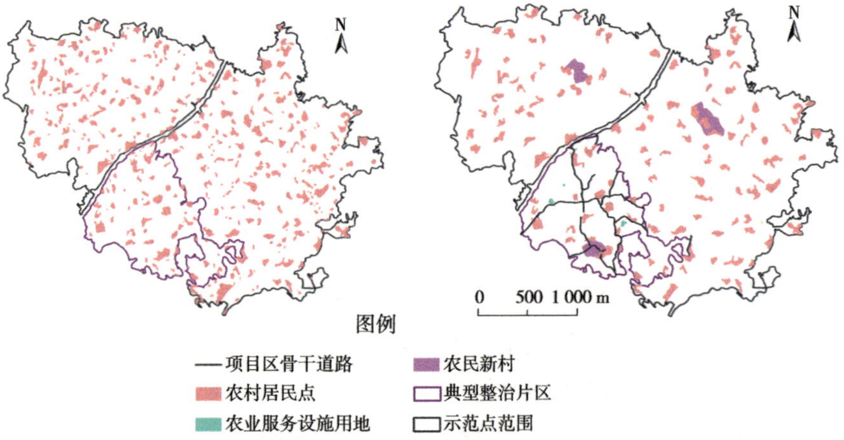

图6-5 综合示范点农村居民点复垦前（左）后（右）布局

表6-9 综合示范点农村建设用地复垦技术应用效果

评价准则	评价因子	效果值
农村建设用地复垦与统筹利用（C）	农村建设用地复垦率 C_{01}/%	33.78
	农民新村建房集中率 C_{02}/%	39.56
	宅基地拆除废渣就地处理率 C_{03}/%	81.45
	宅基地拆除材料就地重复利用率 C_{04}/%	75.01
	农村建设用地复垦统筹城镇建设用地率 C_{05}/%	70.24
	农户宅基地复垦增值显化水平 C_{06}/（元/户）	89 195

6.4　讨论

（1）基于资源流动与整合的农业转型路径为传统农业改造和农业现代化提供了具体参照。长期以来，传统农业、小农经济被视为发展中国家停滞落后的根源。但舒尔茨的理论改变了这种观点，他认为，通过寻找一些新的生产要素，传统农业同样能够“点石成金”。为此，舒尔茨提出，改造传统农业关键是引进新的现代生产要素，并通过所有权与经营权合一、能适应市场的家庭农场推动农业发展。舒尔茨的理论对发展中国家发展经济，尤其对改造传统农业具有重大的现实意义。但是，舒尔茨没有给出向农业输入现代生产要素和经营模式的具体路径，而由于各种有形、无形资源的流动和整合受阻，现代生产要素和经营模式向传统农业输入的路径并不畅通。回顾我国 40 多年的改革开放历程，其工业化、城镇化与农业现代化不仅尚未形成有效互动，反而呈现人地矛盾加剧、城乡关系扭曲、“三农”问题日趋沉重的局面。农村耕地地块破碎、经营分散、机械化率低、基础设施配套差、劳动力不足等问题，对农业发展、粮食安全的不利影响加剧显现；农村建设用地闲置、废弃、利用低效，城乡建设用地统筹困难等问题，也成为城乡、区域统筹发展的主要障碍。为此，厘清现代农业生产要素与传统农业生产要素的关系，找到两者结合的资源和空间至关重要。基于资源流动与整合视角，本章研究发现，疏通现代生产要素和经营模式向农业输入的路径，唯有通过要素流动将资金、技术、管理经验、营销能力等现代生产要素与土地、劳动力等传统生产要素连接起来，再通过资源整合实现各类资源要素的有机融合和价值再造，以降低农业生产成本，提高农产品市场竞争力和资源比较优势，推动农业结构转型与升级，才能形成资源流动与整合的互补性模式和有效途径。这在客观上要求中国农业不能再因循农户土地各自承包分散经营的形式，而应采取适度的规模化经营形式。而立足于基本国情和农村改革发展实践，实施土地流转与土地整治联动是发展适度规模经营、转变农业发展方式的一种现实而有效的选择。示范点的实践表明，在土地流转、综合整治和产业发展带动下，农业增效显著。截至 2015 年，全村流转土地面积 266.67 hm^2，实现适度规模经营面积 233.33 hm^2，带动形成多样化的农业产业发展用地面积 533.33 hm^2，实现产值 1 200 余万元，农民人均纯收入 9 200 元。

（2）耕作田块修筑及其配套技术为山地丘陵区推进农地适度规模经营和机械化提供了技术支撑。在家庭联产承包体制下，农户分散的土地限制了大中型农机的使用，导致农业重复性低效生产。而山地丘陵区由于地形切割和田块坡度，实施适度规模化经营和机械化作业更加困难。但是，土地适度规模经营是发展现代农业的必由之路。土地规模化是农业机械化的必要条件，二者是相互促进的关系。机械化作业要求相对规整的耕作田块，因此在世界范围内，土地规模化和机械化的代表区域集中于地势低平、平坦开阔的平原地区；在我国，北方地区特别是平原地区，粮食主产区机械化水平提高较快，而南方地区特别是水田地区、丘陵山区，由于地形地貌及经营规模等机械化发展较慢（范鼎和闫明，2002），即使存在也主要是基于农户承包地的小微型机械化，且多集中于坝区和宽谷地带。就其应用效果而言，小微型机械适应山地丘陵区破碎的田（地）块条件，其结果仅是替代了畜力，但并未有效解放劳动力，以致农户要么留守现状，维系超小规模的家庭承包经营；要么因劳动强度大、比较效益低转向外出务工。依托山地丘陵区土地流转与土地整治联动的实践，本章通过整合土地流转的产权调整功能和土地整治的工程改造功能，重构了土地整治的工程技术体系：一方面确立土地流转与产业发展协同关键技术，解决土地权属调整问题，变“分散承包、分散经营”为“分散承包、规模经营”，并依据不同的流转模式将其划分为分散优化技术和整体优化技术；另一方面，确立耕作田块修筑及其配套技术，解决土地资源的适度规模利用问题，提高资源配置效率、实现优化配置。通过示范应用，取得了良好的技术经济效果，示范点农地适度规模经营比重达到 54.02%，农业产业化土地实现率达到 73.00%；典型片区细碎、不规则耕作田块的平均密度和形状指数分别下降 38.62% 和 29.46%，灌溉保证提升率达到 13.15%，田间道密度提升率达到 4.14%，生产路密度提升率达到 8.70%，农业机械动力提升率达到 130.77%。通过田块归并、整形及基础设施配套，建立了山地丘陵区发展现代农业的产权基础和工程基础，农地规模化、农业产业化程度明显提升，农业机械化需求也由小微型升级为中小型，从而解决了山地丘陵区农业生产低效问题。

（3）农村建设用地复垦技术为释放和发挥农村建设用地价值、促进城乡统筹发展提供了转化平台。迫于粮食安全、耕地保护、节约集约用地等各类政策红线，依靠占用耕地满足建设需求的供地方式已难以持续（李鑫和欧名豪，2011）。与此同时，废弃、闲置、低效利用的农村建设用地却占用了大量的土地资源和建设用地指标。为此，盘活农村建设用地、增加建设用地流量以缓解土地供求矛盾，成为一项重要的政策目标设计。但是，农村建设用地复垦不是简单的向农村要地，而是一项复杂的系统工程。如果将其停留或等同于一般的土地复垦、增减挂钩或征地，或是在农村“大拆大建”、搞“退地上楼”，那么广大农村尤其是偏远地区可能难以公平地分享改革发展“红利”和土地增值收益（李太淼，2015），错失发展契机。因此，立足于重庆市农村建设用地复垦创新实践，本章依据农村建设用地复垦过程中土地利用功能与价值转化，确立了农村建设用地复垦技术：一方面，尊重农村发展权利，对废弃、闲置、低效利用的农村建设用地实施资源化改造，发挥资源再利用价值；另一方面，按照城乡融合要求，将复垦建设用地指标在农民新村、聚落改造以及城镇建设中统一配置，释放建设用地指标并转移增值价值。通过示范应用，取得了良好的技术经济效果，示范点新增耕地及附属用地 46.58 hm^2，农村建设用地复垦率达到 33.78%，农民新村建房集中率达到 39.56%，宅基地拆除材料就地重复利用率达到 75.01%，农村建设用地复垦统筹城镇建设用地率达到 70.24%，农户宅基地复垦增值显化水平达到平均每户 89 195 元，表明通过废弃、闲置、低效利用的农村建设用地的资源化改造和指标的城乡统一配置，不仅优化了农村建设用地存量，提升了土地节约集约利用水平，同时缓解了城乡基础设施和公共服务设施建设、居民住房等用地需求，促进了城乡融合。

6.5　结论

（1）通过基于资源流动与整合的农业转型理念分析，研究发现，现代生产要素和经营方式不能盲目地向传统农业输入，而应结合其传统农业生产要素，通过要素流动将资金、技术、管理经验、营销能力等现代生产要素与土地、劳动力等传统生产要素连接起来，再通过资源整合实现各类资源要素的有机融合和价值再造，以降低农业生产成本，提高农产品市场竞争力和资源比较优势，形成资源流动与整合的互补性模式和有效途径；土地流转与土地整治联动，是发展适度规模经营、转变农业发展方式的一种现实而有效的选择；通过整合土地流转的产权调整功能和土地整治的工程改造功能，所确立的土地资源流动与整合集成技术包括：土地流转与产业发展协同关键技术，并依据不同的流转模式将其划分为分散优化技术和整体优化技术；土地及附属资源整合关键技术，并依据整合的重点将其划分为耕作田块修筑及其配套技术和农村建设用地复垦技术。

（2）将基于山地丘陵区土地资源流动与整合集成技术应用于综合示范点，有效地满足了当地农业转型发展的资源流动与整合需求，为发展现代农业奠定了产权基础和工程基础，取得了良好的技术经济效益。结果表明，示范点土地流转区域适度规模经营比重达到 54.02%，农业产业化土地实现率达到 73.00%；典型片区细碎、不规则的耕作田块的平均密度和形状指数分别下降 38.62% 和 29.46%，灌溉保证提升率达到 13.15%，田间道密度提升率达到 4.14%，生产路密度提升率达到 8.70%，农业机械动力提升率达到 130.77%；农村建设用地复垦率达到 33.78%，农民新村建房集中率达到 39.56%，宅基地拆除材料就地重复利用率达到 75.01%，农村建设用地复垦统筹城镇建设用地率达到 70.24%，农户宅基地复垦增值显化水平达到平均每户 89 195 元。

（3）通过理论分析、技术重构及示范，研究认为，土地流转与产业发展协同关键技术，解决了“分散承包、分散经营”向“分散承包、规模经营”过渡过程中如何实现小地块流动、集中、整合为大地块的问题；土地及附属资源整合关键技术中的耕作田块修筑及其配套技术，在微地形上修筑适于机械化作业和规模化生产的耕作田块，精准配套农田水利和农村道路体系，发挥农业资源优势，解决了山地丘陵区崎岖地貌背景下农业生产机械化、规模化、产业化问题；而农村建设用地复垦技术，对农村闲置、废弃、低效和转户退地的农村建设用地实施随机、无序的片块复垦，实现了农村建设用地规范有序的再利用，并在流动与整合中有效释放和发挥了农村建设用地价值，解决了城乡建设用地统筹矛盾。因此，基于资源流动与整合的农业转型理论和集成技术，能够为山地丘陵区农地适度规模经营提供理论依据和技术支撑。

第7章　山地丘陵区土地资源流动与整合效应

摆脱传统的小农分散土地经营模式，加快转变农业发展方式，大力推进农业现代化，是实现我国农业转型发展的必由之路（宋洪远，2015）。作为我国农业转型的有力支撑，高标准基本农田建设不仅是提高耕地综合生产能力、改善农业生产条件、保障国家粮食安全、发展现代农业的宏观战略举措，也是推动农村经济发展、农业产业培育以及农村社会和谐有序治理的基础平台和重要抓手（李少帅和郧文聚，2012）。通过高标准基本农田建设，能够有效解决耕地分割细碎、水利设施短缺、耕地质量低和农田环境恶化等问题，实现田块结构与布局优化、农田水路基础设施改善、耕地质量与地力提升、农业机械化推广和农田生态防护体系构建，增强农业抗灾能力，提高粮食综合产能，推进以转变农业发展方式为主线的中国特色农业现代化，助推农民收入持续增长与宜居家园建设（葛建强和胡方玉，2015）。由此可见，高标准基本农田建设既是土地整治的重要内容，也是农业产业化的重要支撑。两者以高标准基本农田建设为纽带相连通，同时两者是土地资源流动与整合的核心途径和重要过程，因此，以高标准基本农田建设的效果为表征，反馈土地资源流动与整合的效应，具有科学性和可操作性。

目前，国内学者围绕如何进行高标准基本农田建设开展了许多研究。在建设策略上，相关研究认为，高标准基本农田建设的核心在于做到“四化”——布局合理化、农田规模化、生产机械化、环境生态化（郧文聚，2013，2015），建设田块平整、渠网配套、道路通畅的高产稳产基本农田（严金明等，2012）；在建设区域上，已有的研究从土壤质量、立地条件、基础设施、空间形态、生态安全、自然灾害风险等方面来评判高标准基本农田建设的适宜区域（王新盼等，2013；奉婷等，2014；郭贝贝等，2014）；在整治技术上，一些学者提出应针对承包地细碎、不适合农业现代化发展需求的事实，着力推进土地平整工程、配套农田基础设施，做好土地权属调整，为土地流转和农业适度规模经营创造条件（杨磊和郧文聚，2013；杨磊等，2014）；在保障措施上，有关研究认为，确保高标准基本农田建设的关键是改进涉农资金投入机制，并与土地承包经营权流转相结合，构建集中投入的高标准基本农田建设体系（李少帅和郧文聚，2012），创新产权调整或耕地流转机制、土地整治机制、公众参与机制、农田设施维护机制等（崔旭，2013；黄玉娇等，2013），特别在山地丘陵区应注重创造性地开展高标准基本农田建设（李荣，2015）。与之对照，在高标准基本农田建设评价方面直观的研究报道显得较少，但相关的土地整治绩效评价研究十分丰富。回顾我国土地整治评价研究进展，早期的绩效评价注重整治结果（王喜等，2014；李冰清等，2015），并从以经济效益评价为主转向经济效益、社会效益和生态效益并重（张正峰和陈百明，2003；李岩等，2006）；随着土地整治实践的深入，基于行为与结果的辩证关系，绩效评价引入过程思维，呈现将整治行为和整治结果相结合开展评价研究的新趋势（罗文斌和吴次芳，2014）。但从研究现状来看，围绕经济、社会和生态 3 个维度开展土地整治单一或综合效益评价仍是主流（罗文斌等，2011），其重点趋向基于不同的研究区或项目类型进一步完善评价的维度和指标体系，改进评价方法，如模糊综合评价法（杨俊等，2013）、能值分析法（赵俊锐和朱道林，2010）、可拓物元模型（田劲松等，2012）、生态服务价值估算模型（谷晓坤，2012）等方法近年来得到广泛应用，并逐渐关注项目后评价问题（王瑷玲等，2006；李玉芳等，2013），以便将土地整治实施的直接效果与其后续效应连接起来，形成对整治效果的连续性认识和监控。

但是，总体而言，针对高标准基本农田建设实施后的实际效果和影响研究仍然存在不足，尤其缺乏深入细致的分析和论证，以致在高标准基本农田建设的投资决策和项目管理中，一些共性问题反复出现，严重影响了高标准基本农田建设的效果（梁伟峰和刘娜，2012）。鉴于此，本书借助“十二五”高标准农田建设综合成效评估工作，选取重庆市 3 个高标准基本农田建设示范县为研究样区，以农业产业化为视角，以土地整治中高标准基本农田建设项目为对象，通过构建土地整治后效应指标体系和评估模型探讨了土地资源流动与整合效应，以期为山地丘陵区土地资源流动与整合的效果提供反馈，为丰富高标准基本农田建设的理论与实践提供借鉴。

7.1　土地整治后效应评价体系构建

7.1.1　评价指标体系构建及权重确定

（1）评价指标选择。

近年来，项目后评价在土地整治理论研究和实践探索中日益受到重视（高明秀等，2011）。综合来看，基于经济效益、社会效益、生态效益的综合评价，以及基于社会影响、生态环境影响、可持续性等的专项评价是各类报道关注的重点。高标准基本农田建设虽隶属土地整治研究和实践范畴，但相对于一般的土地整治项目类型，高标准基本农田建设问题更为复杂，具有投资大、技术性强、涉及面广、见效慢的显著特征，并与粮食安全、农业现代化、农村发展等国家或区域战略问题密切关联。因此，在高标准基本农田建设成效的评价体系中，虽然需要兼顾经济、社会、生态不同的方面，但三者的地位并非对等。根本而言，高标准基本农田建设的核心是在兼顾生态的基础上获取最大化的经济效益和社会效益（谭枭等，2013；边振兴等，2016）。由此来看，评价高标准基本农田建设的后效应，应优先着重于其经济效应和社会效应。据此，本书即从经济、社会两个方面构建评价指标体系。并参考相关研究（薛剑等，2014；蔡洁和李世平，2014）和“十二五”高标准农田建设综合成效评估指标，遵循代表性、可比性、可操作性、可量化性原则，结合研究区实际，各选取 5 个指标表征高标准基本农田建设后经济、社会效应，借以观察分析高标准基本农田建设项目对农业、农村发展的实际作用和意义。其中，经济效应指标是依据国土资源部《高标准基本农田建设规范（试行）》和农业部《高标准农田建设标准》（NY/T 2148—2012）中对集中连片种植、规模化经营、规模效益提升等的要求，结合高标准基本农田建设对村域经济和农业产业发展的辐射带动影响，面向村域尺度选取新型经营主体个数、土地流转规模、适度规模化经营面积、农民人均农业年收入变化、亩均产出变化 5 个指标，并通过实施前后的变化值表征；社会效应指标是依据土地整治项目实施管理办法中对农户主体地位、公众参与、后续管护等的要求，结合高标准基本农田建设对项目区农户生活和社会治理的影响，面向项目尺度选取项目区农民参与项目施工收入、农民参与项目施工人数、整治工程村民满意度、项目后期管护农民参与度、项目后期管护措施到位度 5 个指标，并通过项目区调查数据予以表征。具体指标及其含义见表 7-1。

表 7-1　土地整治后经济—社会效应评价指标体系

目标层	准则层	指标层	指标说明
土地整治后经济—社会效应评价（A）	经济效应（B_1）	新型经营主体个数（C_1）	土地整治后新型经营主体数量与土地整治前新型经营主体数量之差（个）
		土地流转规模（C_2）	土地整治后农地流转规模与土地整治前农地流转规模之差（hm^2）
		适度规模化经营面积（C_3）	土地整治后经营规模≥2 hm^2 的农地面积与土地整治前经营规模≥2 hm^2 的农地面积之差（hm^2）
		农民人均农业年收入变化（C_4）	土地整治后农民人均农业年收入与土地整治前农民人均农业年收入之差（元）
		亩均产出变化（C_5）	土地整治后亩均产出与土地整治前亩均产出之差（元）
	社会效应（B_2）	农民参与项目施工收入（C_6）	农民参与土地整治施工获得的劳务收入（元）
		农民参与项目施工人数（C_7）	农民参与土地整治施工的人数（人）
		整治工程村民满意度（C_8）	开展整治工程（土地平整工程、田间道路工程、农田水利工程、农田防护与生态保护工程）满意度调查，请村干部召集项目区至少 5% 的农户填写满意度（满意和不满意）问卷，统计得到平均满意度（%）
		项目后期管护农民参与度（C_9）	项目后期管护参与农户数占项目区农户总数的比重（%）
		项目后期管护措施到位度（C_{10}）	项目后期落实管护措施的工程数量占项目区总工程数量的比重（%）

（2）指标权重确定。

采用熵权法确定。熵权法是一种由待评价指标来确定指标权重的一种客观评价法，具有较强的操作性，能够有效反映数据隐含的信息，增强指标的差异性和分辨性，以避免选取指标差异过小而造成的分析不清，从而达到全面反映各类信息的目的（程启月，2010）。熵权法的评价思路是评价对象在某项指标的值相差越大，该对象越重要，权重值较大。根据指标的变异程度，能够客观计算出各指标的权重值，为多个指标的综合评价提供更为可靠的依据。具体计算步骤为：

第一步，对判断矩阵进行标准化处理，得到标准矩阵 P：

$$P=(P_{ij})_{m\times n}$$

式中，$P_{ij}=a_{ij}\Big/\sum_{i=1}^{n}a_{ij}$。

第二步，计算信息熵：

$$e_j=-1/\ln n\sum_{i=1}^{n}P_{ij}\ln P_{ij}\ (i,j=1,2,\cdots,n)$$

式中，e_j（$0\leqslant e_j\leqslant 1$）——第 j 项指标的熵值；

$-1/\ln n$——信息熵系数。

第三步，计算指标的信熵权重：

$$u_j=1-e_j/n-\sum_{j=1}^{n}e_j$$

7.1.2　评价模型构建

TOPSIS（Technique for Order Preference by Similarity to an Ideal Solution）模型由 Yoon 和 Hwang 于 1981 年提出，是系统工程中有限方案多目标决策分析的一种决策技术，为距离综合评价法（刘慧和魏永霞，2014）。近年来，该模型被用于风险决策分析、环境质量测评、土地生态安全评价和土地整理实施效益评价等多个方面（Jun et al.，2011；Tsaur，2011；李灿等，2013），取得了较好的成果。该模型的优点在于能够充分利用原始数据、计算过程数据丢失量较小、几何意义直观且不受参考序列选择的干扰。“正理想解”和“负理想解”是 TOPSIS 模型中的两个重要概念，即通过寻求各个指标中的最优解和最劣解，构建评价指标与最优解和最劣解之间距离的二维数据空间，在此基础上对各评价指标与最优解和最劣解作比较，如果在最接近最优解的同时最远离最劣解，则该方案为待评价方案中的最优方案；如果在最接近最劣解的同时最远离最优解，则该方案为待评价方案中的最差方案。

本书将改进的 TOPSIS 模型与熵权法相结合，用于评价高标准基本农田建设后的经济—社会效应。与传统的 TOPSIS 模型相比，改进的 TOPSIS 模型主要是对待评价对象与最优解和最劣解的评价值公式进行了改进（胡永宏，2002；鲁春阳等，2011）。具体实施步骤如下：

（1）数据标准化处理。

通常运用极值标准化法来对评价指标进行处理，用以确定具体指标实际值在该指标权重中所处的状况，这一步可以直接利用熵权法中确定的标准化矩阵 P_{ij}。

（2）确定指标权重，建立加权决策矩阵。

将前面介绍的熵权法的权重向量 u_j 考虑到决策矩阵中，通过矩阵 R 的每一行与其权重 u_j 相乘得到加权后规范化决策矩阵为 $V=(v_{ij})_{m\times n}$：

$$V=\begin{bmatrix} v_{11} & v_{12} & \cdots & v_{1n} \\ v_{21} & v_{22} & \cdots & v_{2n} \\ \vdots & \vdots & \vdots & \vdots \\ v_{m1} & v_{m2} & \cdots & v_{mn} \end{bmatrix}=\begin{bmatrix} r_{11}\times u_1 & r_{12}\times u_1 & \cdots & r_{1n}\times u_1 \\ r_{21}\times u_2 & r_{22}\times u_2 & \cdots & r_{2n}\times u_2 \\ \vdots & \vdots & \vdots & \vdots \\ r_{m1}\times u_m & r_{m2}\times u_m & \cdots & r_{mn}\times u_m \end{bmatrix}$$

（3）寻求正理想解和负理想解。

令 V^+ 表示最优方案（正理想解），V^- 表示最劣方案（负理想解），则有

$$V^+=\left\{\max v_{ij}\,\middle|\, i=1,2,\cdots,m\right\}=\left\{v_1^+,v_2^+,\cdots,v_m^+\right\}$$
$$V^-=\left\{\min v_{ij}\,\middle|\, i=1,2,\cdots,m\right\}=\left\{v_1^-,v_2^-,\cdots,v_{\mathrm{m}}^-\right\}$$

（4）距离计算。

分别计算不同样区评价向量到正理想解的距离 D^+ 和到负理想解的距离 D^-：

$$D_j^+ = \sqrt{\sum_{i=1}^{m}(v_{ij} - v_i^+)^2}\ (i=1,2,\cdots,m)$$

$$D_j^- = \sqrt{\sum_{i=1}^{m}(v_{ij} - v_i^-)^2}\ (i=1,2,\cdots,m)$$

（5）计算不同用途与最优方案的贴近度 C_j：

$$C_j = \frac{D^-}{D^- + D^+}\ (1 \leqslant j \leqslant n)$$

式中，C_j 越大，表示第 j 项高标准基本农田建设后经济—社会越接近于最优水平。贴近度 C_j 的取值范围为 0～1，其中，当 C_j=1 时，土地整治后的经济—社会效应最好；当 C_j=0 时，土地整治后的经济—社会效应最差。根据国内目前的研究结果（雷勋平等，2016），将 C_j 划分为 4 个等级，用以定性表征土地整治后的经济—社会效应（表 7-2）。

表 7-2　土地整治后经济—社会效应评价标准

贴近度	评价效应等级
0.8～1.0	优
0.6～0.8	良
0.3～0.6	中
0～0.3	差

7.2　研究样区、数据来源与处理

7.2.1　研究样区与评价单元

为推动“十二五”期间建成 4 亿亩高标准基本农田的任务，2012 年国土资源部召开加快推进高标准基本农田示范县建设工作动员部署视频会议，要求加快建设 500 个高标准基本农田示范县。拟通过开展 500 个示范县建设，着力提高耕地质量，改善农业生产条件，建设一大批集中连片、设施配套、高产稳产、生态良好、抗灾能力强、与现代农业生产和经营方式相适应的高标准基本农田，为发展现代农业提供重要支撑。同时，将大幅增加农民收入，有效拉动农村消费和投资需求，促进县域经济发展。鉴于此，结合山地丘陵区的地形地貌和农业用地特征，本书选取重庆市江津（YQ-Ⅰ）、铜梁（YQ-Ⅱ）、梁平（YQ-Ⅲ）3个全国高标准基本农田建设示范县为样区（图7-1、表7-3），并以此为评价单元开展高标准基本农田建设成效调查。调查样点为重庆市农村土地整治中心在“十二五”高标准农田建设综合成效评估工作中筛选出的典型项目，范围涉及3个区（县）的48个镇街、101个土地整治项目。

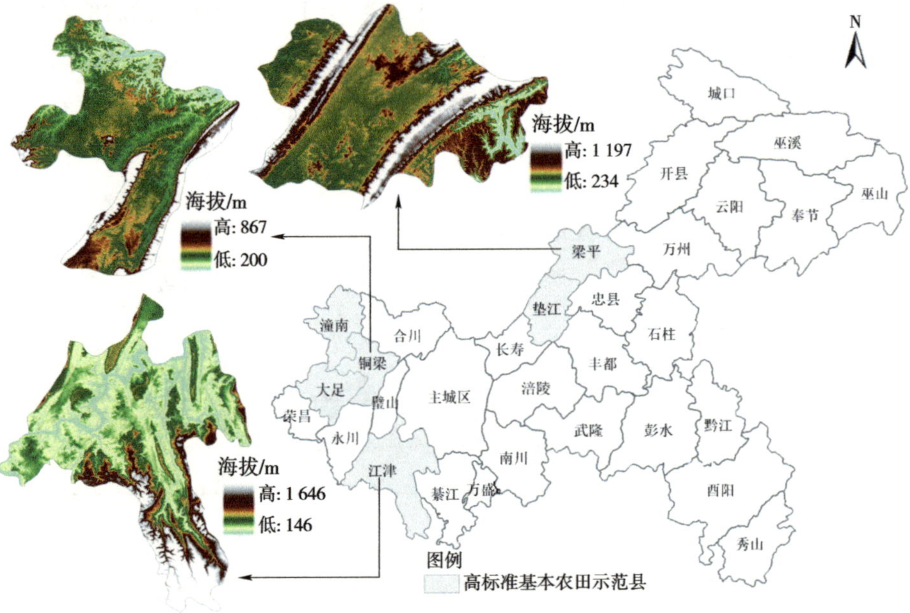

图7-1　研究样区

表7-3　研究样区概况

研究样区	区域概况	调查项目
YQ-Ⅰ	区内以丘陵兼低山地貌为主，属亚热带季风性湿润气候，农业用地主要分布在丘陵地区和中低山的中下部。2015年全区耕地面积114 923.89 hm^2，基本农田保护区面积93 283.24 m^2。“十二五”期间，全区建成高标准基本农田17 993.33 hm^2（26.99万亩），高标准农田建成率为19.29%	调查20个项目，占“十二五”高标准基本农田建设项目数的25.32%，涉及10个镇街、23个村

续表

研究样区	区域概况	调查项目
YQ-Ⅱ	区内以丘陵地貌为主，属亚热带季风性湿润气候，农业用地分布在山丘谷坝，田多土少。2015 年全区耕地面积 67 056.45 hm^2，基本农田保护区面积 57 006.65 hm^2。“十二五”期间，全区建成高标准基本农田 19 266.67 hm^2（28.90 万亩），高标准农田建成率为 33.80%	调查 39 个项目，占“十二五”高标准基本农田建设项目数的 26.50%，涉及 18 个镇街、39 个村
YQ-Ⅲ	区内以山区地貌为主，兼有山、丘、坝，属亚热带季风气候，农业用地主要分布在丘陵谷坝。2015 年全区耕地面积 83 539.47 hm^2，基本农田保护区面积 71 157.88 hm^2。“十二五”期间，全区建成高标准基本农田 19 633.33 hm^2（29.45 万亩），高标准农田建成率为 27.59%	调查 42 个项目，占“十二五”高标准基本农田建设项目数的 24.77%，涉及 20 个镇街、39 个村

研究样区农业产业化进程测度。高标准基本农田建设示范县的重要目标任务之一就是成为“发挥土地整治综合效益，促进现代农业发展的典型”。在参照农业现代化指标体系、农业产业化经营指标体系研究的相关成果基础上（崔永红，2005；黄红球，2013），遵循代表性、可比性、可操作性和简单性原则，基于山地丘陵区的农业产业化特征（余敏，2009），选取耕地流转规模、农产品商品率、农业综合机械化水平 3 项指标，分别采取专家咨询法确定指标权重、均值法进行数据标准化处理和指标综合评价法计算评价结果，最终完成研究样区的农业产业化进程测度（表 7-4）。依据评价结果，研究样区的农业产业化进程可划分为 3 种类型，即将耕地流转规模在 4 万 hm^2 以上、农产品商品率在 70% 以上、农业综合机械化水平在 50% 以上、综合评价 35 分以上的确定为农业产业化进展快速型，以江津为代表区域；将耕地流转规模在 3 万 hm^2 以上、农产品商品率在 70% 以上、农业综合机械化水平在 40% 以上、综合评价在 30～35 分的确定为农业产业化进展加速型，以铜梁为代表区域；将耕地流转规模在 2 万 hm^2 以上、农产品商品率在 60% 以上、农业综合机械化水平在 40% 以上、综合评价低于 30 分的确定为农业产业化相对缓慢型，以梁平为代表区域。

表 7-4　研究样区农业产业化进程测度

指标	权重	YQ-Ⅰ		YQ-Ⅱ		YQ-Ⅲ	
		原始值	标准化值	原始值	标准化值	原始值	标准化值
耕地流转规模 /hm^2	0.40	42 967	40.04	35 767	33.33	28 567	26.62
农产品商品率 /%	0.35	75.3	36.24	71.8	34.55	60.7	29.21
农业综合机械化水平 /%	0.25	53.3	33.04	49.8	30.87	58.2	36.08
评价结果	—	36.96（进展快速型）		33.14（进展加速型）		29.89（相对缓慢型）	

注：耕地流转规模数据来自研究样区政府工作报告（2016 年）和农业部门的工作总结（2015 年）；农产品商品率和农业综合机械化水平数据则来自《重庆统计年鉴（2015 年）》和研究样区统计年鉴（2015 年）。

7.2.2　数据获取

调查对象包括区（县）农村土地整治中心和项目涉及村的村干部，并在村支书、村主任和村会计间随机抽取 1 人。通过走访 3 个区（县）农村土地整治中心，收集到 101 个土地整治项目规划设计文本和图件以及竣工验收资料，并接洽了项目区调查事项。村干部调查主要围绕两个方面：一是了解总人口数量、常住人口数量、劳动力、外出务工劳动力、农民人均纯收入、土地面积、主要农业产业等农村基本信息；二是询问记录农民参与项目施工情况、农民对项目竣工后的满意度、项目后期管护情况、土地流转与规模经营情况、土地流转前后农民收入和土地产出情况以及农田生态环境建设情况等与高标准基本农田建设相关的信息。调查工作于 2015 年 12 月初开始，2016 年 1 月初完成。在入村调查中，首先将高标准基本农田建设项目的名称和时点告知村干部，以助其回顾项目建设带来的变化，确保提供的信息与项目建设切实相关；另外，随机抽取 1/3 的村邀请村干部、农户和经营大户举行小型座谈会，请村民对已实施的高标准基本农田建设项目提出意见和建议，并填写整治工程满意度调查问卷，调查要求参与农户和经营大户的合计数量不低于项目区覆盖农户总数的 5%，会议时间控制在 1.5 h 内。

调查共发放村委会调查问卷 101 份，回收问卷 101 份，其中 YQ-Ⅰ研究样区为 23 份，YQ-Ⅱ研究样区为 39 份，YQ-Ⅲ研究样区为 39 份，问卷有效率达 100%。举行村干部、农户和经营大户小型座谈会 35 场次，涉及 876 人，形成访谈记录 35 份和整治工程满意度调查问卷 865 份（问卷有效率达 98.74%）。

7.2.3　评价数据处理与检验

本书的研究评价指标采用的源数据是按研究样区分村统计后再经过均值化处理得到的数据。因此，检验评价指标数据（均值）对调查数据的代表性，关系着评价结果是否客观科学。在此，采用标准差系数（CV）检验调查数据指标数列的离散程度及均值的代表性。CV 小于 10% 为弱变异性，CV 为 10%～100% 为中等变异性，CV 大于 100% 为强变异性。一般意义上认为，当 CV 处于中等变异性范围内时，平均数的代表性便可接受。相关公式如下：

$$CV = \sigma / \mu$$

式中，CV——标准差系数；

σ——调查指标数列标准差；

μ——调查指标数列平均数。

$$\sigma = \sqrt{\frac{1}{N}\sum_{i=1}^{N}(x_i - \mu)^2}$$

式中，σ——调查指标数列标准差；

N——数列中数据个数；

x_i——数列中的第 i 个数值（i=1,2,3,⋯）；

μ——调查指标数列平均数。

检验发现，研究样区 30 个指标值均处于中等变异性范围内，表明评价指标数据对调查数据具有代表性，据此实施评价可行（表 7-5）。

表 7-5　评价数据标准差系数（CV）检验

研究样区	数据检验项	C_1	C_2	C_3	C_4	C_5	C_6	C_7	C_8	C_9	C_{10}
YQ–Ⅰ	μ	17.78	102.41	72.09	295.65	315.43	223 008.70	76.48	86.79	0.018 3	0.297 7
	σ	17.40	95.50	71.22	202.65	164.56	202 516.87	57.85	12.54	0.018 1	0.050 8
	CV/%	97.84	93.25	98.78	68.54	52.17	90.81	75.64	14.45	98.91	17.06
YQ–Ⅱ	μ	11.77	68.57	50.10	345.64	300.64	129 364.10	78.08	91.24	0.017 7	0.322 1
	σ	11.19	54.92	48.32	196.73	196.85	111 238.59	71.69	13.37	0.014 8	0.032 9
	CV/%	95.09	80.09	96.45	56.92	65.48	85.99	91.81	14.65	83.62	10.21
YQ–Ⅲ	μ	10.56	51.30	29.83	345.64	196.92	187 274.92	80.87	75.19	0.025 1	0.266 3
	σ	9.63	50.54	22.25	140.53	87.21	185 842.88	79.36	28.45	0.024 0	0.098 4
	CV/%	91.23	98.51	74.58	40.66	44.29	99.24	98.13	37.84	95.62	36.95

7.3　结果与分析

7.3.1　经济效应分析

基于熵权法的权重确定思路，经济效应指标赋权结果显示，C_3（0.398 4）> C_2（0.270 6）> C_1（0.179 8）> C_5（0.133 7）> C_4（0.017 5），表明对高标准基本农田建设项目的经济效应而言，其对适度规模化经营的影响最为重要，其次是其直接或间接引起的土地流转规模和新型经营主体数量，最后是对亩均产出变化和农民人均农业年收入的影响。依据自然断点法，可按权重≥0.3 为重要级指标、[0.1,0.3) 为次要级指标、<0.1 为边缘级指标进行指标分级，在经济效应指标中，适度规模化经营面积（C_3）为重要级指标，土地流转规模（C_2）、新型经营主体个数（C_1）和亩均产出变化（C_5）为次要级指标，农民人均农业年收入变化（C_4）为边缘级指标。

对经济效应的相关指标统计分析显示，农业产业化进展快速型的 YQ–Ⅰ平均每个村的新型经营主体个数（C_1）为 17.78 个，土地流转规模（C_2）为 102.41 hm^2，适度规模化经营面积（C_3）为 72.09 hm^2，农民人均农业年收入变化（C_4）为 295.65 元，亩均产出变化（C_5）为 315.43 元；进展加速型的 YQ–Ⅱ平均每个村的新型经营主体个数（C_1）为 11.77 个，土地流转规模（C_2）为 68.57 hm^2，适度规模化经营面积（C_3）为 50.10 hm^2，农民人均农业年收入变化（C_4）为 345.64 元，亩均产出变化（C_5）为 300.64 元；相对缓慢型的 YQ–Ⅲ平均每个村的新型经营主体个数（C_1）为 10.56 个，土地流转规模（C_2）为 51.30 hm^2，适度规模化经营面积（C_3）为 29.83 hm^2，农民人均农业年收入变化（C_4）为 345.64 元，亩均产出变化（C_5）为 196.92 元。

比较来看，在重要级指标上，适度规模化经营面积（C_3）表现为 YQ–Ⅰ＞YQ–Ⅱ＞YQ–Ⅲ，YQ–Ⅰ比YQ–Ⅱ、YQ–Ⅲ分别高出 43.91%、141.68%。在次要级指标上，土地流转规模（C_2）表现为 YQ–Ⅰ＞YQ–Ⅱ＞YQ–Ⅲ，YQ–Ⅰ比 YQ–Ⅱ、YQ–Ⅲ分别高出 49.35%、99.63%；新型经营主体个数（C_1）表现为 YQ–Ⅰ＞YQ–Ⅱ＞YQ–Ⅲ，YQ–Ⅰ比YQ–Ⅱ、YQ–Ⅲ分别高出 51.09%、68.33%；亩均产出变化（C_5）表现为 YQ–Ⅰ＞YQ–Ⅱ＞YQ–Ⅲ，YQ–Ⅰ比YQ–Ⅱ、YQ–Ⅲ分别高出 4.92%、60.18%。在边缘级指标上，农民人均农业年收入变化（C_4）表现为 YQ–Ⅱ（YQ–Ⅲ）＞YQ–Ⅰ，YQ–Ⅱ（YQ–Ⅲ）比 YQ–Ⅰ高 16.91%。

基于改进 TOPSIS 模型评价结果显示，在土地整治后经济效应方面，农业产业化进展快速型的 YQ–Ⅰ距离负理想解的距离最远，达到 0.353 8，与最优理想参照点的贴近度为 0.972 5，效应等级为优，效果最好；其次是进展加速型的 YQ–Ⅱ，其距正理想解的距离和负理想解的距离界于 YQ–Ⅰ和 YQ–Ⅲ两个样区之间，与最优理想参照点的贴近度为 0.430 5，效应等级为中；相对缓慢型的 YQ–Ⅲ距离正理想解的距离最远，达到 0.353 8，与最优理想参照点的贴近度仅为 0.027 5，效应等级为差，效果相对最差（表 7–6）。这与经济效应指标统计分析的结果具有一致性。

表 7-6　高标准基本农田建设经济—社会效应评价结果

效应类型	研究样区	正理想解距离 D^+	负理想解距离 D^-	与最优理想参照点的 C_j	贴近度排序	效应等级
经济效应	YQ-Ⅰ	0.010 0	0.353 8	0.972 5	1	优
	YQ-Ⅱ	0.210 5	0.159 1	0.430 5	2	中
	YQ-Ⅲ	0.353 8	0.010 0	0.027 5	3	差
社会效应	YQ-Ⅰ	0.106 7	0.130 4	0.550 1	2	中
	YQ-Ⅱ	0.171 2	0.041 4	0.194 9	3	差
	YQ-Ⅲ	0.074 4	0.131 9	0.639 4	1	良
综合效应	YQ-Ⅰ	0.107 2	0.377 1	0.778 7	1	良
	YQ-Ⅱ	0.271 3	0.164 4	0.377 4	2	中
	YQ-Ⅲ	0.361 5	0.132 3	0.267 9	3	差

7.3.2 社会效应分析

基于熵权法的权重确定思路，社会效应指标赋权结果显示，C_9（0.400 6）>C_6（0.399 9）>C_8（0.099 5）>C_{10}（0.091 9）>C_7（0.008 1），表明对高标准基本农田建设项目的社会效应而言，最为重要的是看项目后期农民参与管护的程度，其次看其对农民参与项目施工收入的影响，再次是看村民对整治工程的满意度和项目后期管护措施的到位度，最后是农民参与项目施工人数。同样，依据自然断点法进行的指标分级，在社会效应指标中，项目后期管护农民参与度（C_9）、农民参与项目施工收入（C_6）为重要级指标，整治工程村民满意度（C_8）、项目后期管护措施到位度（C_{10}）和农民参与项目施工人数（C_7）为边缘级指标，无次要级指标。

对社会效应的相关指标统计分析显示，农业产业化进展快速型的 YQ-Ⅰ平均每个村的农民参与项目施工收入（C_6）为 223 008.70 元，农民参与项目施工人数（C_7）为 76.48 人，整治工程村民满意度（C_8）为 86.79%，项目后期管护农民参与度（C_9）为 1.83%，项目后期管护措施到位度（C_{10}）为 29.77%；进展加速型的 YQ-Ⅱ平均每个村的农民参与项目施工收入（C_6）为

149 364.10 元，农民参与项目施工人数（C_7）为 78.08 人，整治工程村民满意度（C_8）为 91.24%，项目后期管护农民参与度（C_9）为 1.77%，项目后期管护措施到位度（C_{10}）为 32.21%；相对缓慢型的 YQ-Ⅲ平均每个村的农民参与项目施工收入（C_6）为 187 274.92 元，农民参与项目施工人数（C_7）为 80.87 人，整治工程村民满意度（C_8）为 75.19%，项目后期管护农民参与度（C_9）为 2.51%，项目后期管护措施到位度（C_{10}）为 26.63%。

比较来看，在重要级指标上，项目后期管护农民参与度（C_9）表现为 YQ-Ⅲ＞YQ-Ⅰ＞YQ-Ⅱ，YQ-Ⅲ比YQ-Ⅰ、YQ-Ⅱ 分别高出 37.26%、41.67%；农民参与项目施工收入（C_6）表现为 YQ-Ⅰ＞YQ-Ⅲ＞YQ-Ⅱ，YQ-Ⅰ比YQ-Ⅲ、YQ-Ⅱ 分别高出 19.08%、49.31%。在边缘级指标上，整治工程村民满意度（C_8）表现为 YQ-Ⅱ＞YQ-Ⅰ＞YQ-Ⅲ，YQ-Ⅱ比YQ-Ⅰ、YQ-Ⅲ分别高出 5.14%、21.35%；项目后期管护措施到位度（C_{10}）表现为 YQ-Ⅱ＞YQ-Ⅰ＞YQ-Ⅲ，YQ-Ⅱ比YQ-Ⅰ、YQ-Ⅲ 分别高出 8.21%、20.98%；农民参与项目施工人数（C_7）表现为 YQ-Ⅲ＞YQ-Ⅱ＞YQ-Ⅰ，YQ-Ⅲ比YQ-Ⅱ、YQ-Ⅰ分别高出 3.58%、5.74%。

基于改进 TOPSIS 模型评价结果显示，在土地整治后社会效应方面，农业产业化相对缓慢型的 YQ-Ⅲ距离负理想解的距离最远，达到 0.131 9，与最优理想参照点的贴近度为 0.639 4，效应等级为良，效果最好；其次是进展快速型的 YQ-Ⅰ，其距正理想解的距离和负理想解的距离界于 YQ-Ⅲ和 YQ-Ⅱ两个样区之间，与最优理想参照点的贴近度为 0.550 1，效应等级为中；进展加速型的 YQ-Ⅱ距离正理想解的距离最远，达到 0.171 2，与最优理想参照点的贴近度仅为 0.194 9，效应等级为差，效果相对最差（表 7-6）。这与重要级指标统计分析的结果具有一致性。

7.3.3　综合效应分析

基于熵权法的评价思路和指标赋权结果分析，土地整治后的经济效应指标明显重于社会效应指标。经济效应指标中，包括 1 个重要级指标、3 个次要级指标和 1 个边缘级指标；而社会效应指标中，包括 2 个重要级指标和 3 个边缘级指标，次要级指标缺失。由此可以推断，农业产业化进程快、程度高的样区，其经济效应在综合效应中正向贡献大；而在农业产业化进程缓慢的样区，经济效应偏低，在综合效应中成为约束。

基于改进 TOPSIS 模型评价结果显示，在土地整治后综合效应方面，农业产业化进展快速型的 YQ-Ⅰ距离负理想解的距离最远，达到 0.377 1，与最优理想参照点的贴近度为 0.778 7，效应等级为良，效果最好；其次是进展加速型的 YQ-Ⅱ，其距正理想解的距离和负理想解的距离界于 YQ-Ⅰ和 YQ-Ⅲ两个样区之间，与最优理想参照点的贴近度为 0.377 4，效应等级为中；相对缓慢型的 YQ-Ⅲ距离正理想解的距离最远，达到 0.361 5，与最优理想参照点的贴近度仅为 0.267 9，效应等级为差，效果相对最差（表 7-6）。

在综合效应下，研究样区内部的经济效应和社会效应具有不平衡性。农业产业化进展快速型的 YQ-Ⅰ经济效应等级为优，而其社会效应等级为中，且经济效应高出社会效应 0.77 倍；进展加速型的 YQ-Ⅱ经济效应等级为中，而其社会效应等级为差，且经济效应高出社会效应 1.21 倍；与之相反，相对缓慢型的 YQ-Ⅲ社会效应等级为良，经济效应等级为差，且社会效应高出经济效应 22.25 倍。从经济效应与社会效应差异变化的递进趋势来看，随着农业产业化进程的加快，土地整治的经济效应和社会效应的差距将逐步缩小。

基于前述分析，并对照研究样区的访谈记录，不难发现，土地整治的综合效应主要源于农业产业化发展环境。农业产业化发展进程越快、程度越高，土地整治的综合效应越好。从样区来看，随着耕地流转规模的不断扩大和农产品市场的日益活跃，农业对更高生产效率的需求愈加迫切，加之农村劳动力老龄化、妇女化的刺激，农业产业化、规模化、机械化对农业生产条件和基础设施的要求越来越高。YQ-Ⅰ的农业产业化环境最为优越，素有种植蔬菜、花卉苗木、特色水果的传统优势和富硒农产品的资源优势。为不重复低效农业的老路，YQ-Ⅰ将高标准基本农田建设作为中间环节和农民增收工程，与前期土地流转及后续农业产业化规模化进行有效衔接和整合，依据不同农业产业类型和适度规模化要求改造耕作田块、配套农业基础设施，结果其适度规模化经营面积（C_3）、土地流转规模（C_2）、新型经营主体个数（C_1）、亩均产出变化（C_5）、农民参与项目施工收入（C_6）等重要级和次要级指标的效果最好，评价效应最佳，并由此受到经营大户的认可和农户的支持拥护。而 YQ-Ⅲ有广阔的槽、坝区域，素有种植水稻、玉米、油菜等粮油作物的传统优势，由于地势相对平坦，便于农业机械化作业，农户多采取“候鸟式”的耕作模式，导致耕地流转规模相对较小，农产品市场发育程度不高，农业产业化环境总体不及 YQ-Ⅰ、YQ-Ⅱ。因此，YQ-Ⅲ高标准基本农田建设更注重基于家庭承包经营模式改善生产条件、配套基础设施，缺乏与土地流转和适度规模经营衔接、整合的有效机制，以致其适度规模化经营面积（C_3）、土地流转规模（C_2）、新型经营主体个数（C_1）、亩均产出变化（C_5）等重要级和次要级指标的效果欠佳，评价效应相对较差。但是，农业产业化进程快、程度高并不意味着高标准基本农田建设的经济、社会效应会自然达到平衡。YQ-Ⅱ的农业产业化环境总体相对较好，并在个别项目的实践中形成了当地群众参与高标准基本农田建设的成功经验和做法，但由于面上尚未形成有效的推广应用机制（如农民参与施工的工价标准问题、项目后期管护责任问题等），其项目后期管护农民参与度（C_9）、农民参与项目施工收入（C_6）等重要级指标效果仍然欠佳，社会效应有待更全面的提升。

7.4 讨论

（1）基于熵权法和改进 TOPSIS 模型的评价方法，能够有效地用于土地整治后经济—社会效应评价。

近年来，虽然项目后评价在土地整治理论研究和实践探索中愈加受到重视，但专门针对高标准基本农田建设后评价问题的研究并不多（王丹，2012）。目前现有文献主要以高标准基本农田建设个案项目为评价对象，以实施前后经济效益、社会效益、生态效益及综合效益的对比分析为主要研究内容，以德尔菲法（Delphi method）和层次分析法（AHP）为主进行指标赋权，以综合指数法或物元可拓模型、模糊综合评价法计算评价结果（魏明宇等，2013；潘延立，2015，姜雨辰，2015）。鉴于此，本书比较了高标准基本农田建设项目相对于一般土地整治活动的特殊性，突出了经济—社会效应，并选取 10 个因子构建了评价指标体系；同时，为规避指标赋权过程中人为主观因素的干扰、强化评价的客观性，选取了熵权法和改进 TOPSIS 模型进行评价；最后，选取 3 个农业产业化进程梯度差异明显的高标准基本农田建设示范县为研究样区展开调查，并对评价数据进行了均值化处理和变异系数检验。不仅丰富了高标准基本农田建设效益定量研究方法，也将评价单元由大比例尺的项目区推广到小比例尺的行政区。

（2）山地丘陵区农业产业化能促进高标准基本农田建设。

随着耕地流转规模的不断扩大和农产品市场的日益活跃，农业对更高生产效率的需求越发迫切，加之农村劳动力老龄化、妇女化刺激，相对节约劳动的农业产业化、规模化、机械化对农业生产条件和基础设施的要求越来越高。因此，对于高标准基本农田建设而言，除了遵循一般性建设目标、建设内容及工程技术要求，还应该具体针对区域农业发展的实际需求作出有力支撑。但问题在于，山地丘陵区应该如何发挥高标准基本农田建设项目的支撑作用。总体而言，山地丘陵区既有地理条件差、人均耕地少、农业基础设施建设滞后的劣势，又有立地条件多样、立体气候明显、生物品种多样的优势。将劣势的资源禀赋转化为优势条件、将独特的农业资源转化为产业优势，实现各种生产要素的优化组合，不仅需要通过农业生产经营方式的变革提供“软件”支撑，也需要通过生产条件的改善提供“硬件”支撑。由此来看，与农业生产经营方式变革对应的农业产业化和与生产条件改善对应的高标准基本农田建设应当是相互统一的。本书中，3 个研究样区均是全国高标准基本农田建设示范县，但不同区域高标准基本农田建设的经济—社会效应呈现明显差异。进一步分析发现，农业产业化进展快速型的 YQ-Ⅰ 做法是，依托已有的农业资源和产业优势，将高标准基本农田建设与土地流转、农业产业化规模化有机结合起来，依据不同农业产业类型和适度规模化要求改造耕作田块、配套农业基础设施，从而明确了高标准基本农田建设项目要改善什么样的农业生产条件、配套什么样的农业基础设施，产生出良好的经济—社会效应。与之对照，农业产业化进展相对缓慢型的 YQ-Ⅲ，虽然地势相对平坦，田块集中连片度较高，农业机械化水平甚至高于YQ-Ⅰ，但尚未形成有效的衔接机制，高标准基本农田建设仍然主要基于农户分散的承包地块实施，导致土地流转、适度规模经营与高标准基本农田建设相互游离，即使高标准基本农田建设改善了小农户的耕作条件和生产环境，却难以形成对农业产业化的有效支撑，由此产生的经济效应十分有限。由YQ-Ⅰ和YQ-Ⅲ的差异可进一步推断，在山地丘陵区农业现代化进程中，高标准基本农田建设的支撑点在于，在农业产业化进程中，围绕项目区农业产业培育和适度规模经营需求，有针对性地实施高标准田块改造和农业基础设施建设，而这可能也是山地丘陵区精准扶贫和农业转型的关键所在。

（3）新型农业经营主体能有效地实施高标准基本农田建设后续管护。

后续管护关系着建成的高标准基本农田长久效益的发挥。在相关论述中，一般认为农民是公众参与和后续管护的主体，因此与农民参与相关的指标应该是相对稳定的。但从本研究来看，项目后期管护农民参与度（C_9）和农民参与项目施工收入（C_6）属于重要级指标，在社会效应中居于主导地位，且指标值变差大，在3个研究样区有显著差异；社会效应最好的是农业产业化进程相对缓慢型的YQ-Ⅲ，其次是农业产业化进程快速型的YQ-Ⅰ，最后是进展加速型的YQ-Ⅱ。分析发现，YQ-Ⅲ的高标准基本农田建设主要基于农户分散的承包地块实施，与农民的利益相关度更为紧密，因此农民在项目建设前、建设中和建设后的参与度较高，在后续的管护中积极性也更强；而YQ-Ⅰ、YQ-Ⅱ的高标准基本农田建设主要面向土地流转后实施，相应地农户更关注的是务工或其他收益所得，至于项目建设和管护情况如何与其已不具有直接关系，因此其参与性和积极性便明显下降。问题在于，即使YQ-Ⅲ在农民参与和后续管护中具有良好的社会效应，但与YQ-Ⅰ、YQ-Ⅱ相比，其经济效应相对较差，一旦出现比效益更高的选择（如土地流转），从理性经济人的角度来说，农民在参与项目建设和后续管护中的积极性将难以保障。由此可见，虽然农民居于主体地位，但其行为决策上的不确定性导致其主体地位并未得到充分发挥和体现。而从3个研究样区经济效应与社会效应差异变化随农业产业化进程加快而逐步缩小的趋势来看，保障高标准基本农田建设后续管护的可持续性，有必要结合家庭承包经营向适度规模经营转变的趋势，在后续管护中确立新型经营主体的主导性和主体性地位，以便更有效地统筹项目的建设与管护。

7.5 结论

（1）通过指标权重排序和重要性分级，在影响高标准基本农田建设后经济—社会效应的各项指标中，适度规模化经营面积（C_3）、项目后期管护农民参与度（C_9）、农民参与项目施工收入（C_6）为重要级指标，指标值变差大，对评价结果影响强；农民人均农业年收入变化（C_4）、整治工程村民满意度（C_8）、项目后期管护措施到位度（C_{10}）和农民参与项目施工人数（C_7）为边缘级指标，指标值变差小，对评价结果影响弱。总体而言，经济效应的指标变差大于社会效应的指标变差。

（2）将熵权法和改进 TOPSIS 模型应用于高标准基本农田建设后经济—社会效应评价，3 个研究样区呈现为农业产业化进展快速型的 YQ-Ⅰ＞进展加速型的 YQ-Ⅱ＞相对缓慢型的 YQ-Ⅲ，效应等级分别为良、中、差，表明农业产业化发展进程越快、程度越高的区域，高标准基本农田建设的综合效应越好。但高标准基本农田建设后单方面的经济效应和社会效应具有不平衡性，表现为指标等级分布不平衡、效应等级分布不平衡和样区内部不平衡。不过，随着农业产业化进程的加快，高标准基本农田建设后的经济效应和社会效应差距在逐步缩小，表现为 YQ-Ⅲ、YQ-Ⅱ和 YQ-Ⅰ经济效应贴近度和社会效应贴近度的差距依次为 22.25 倍、1.21 倍和 0.77 倍。

（3）结合 3 个研究样区高标准基本农田建设的效果，对于山地丘陵区而言，发挥好高标准基本农田建设的支撑作用，除了遵循一般性建设目标、建设内容及工程技术要求，还应与农业产业化的需求相对应。其中，YQ-Ⅰ的经验值得推广，具体做法是，依托已有的农业资源和产业优势，将高标准基本农田建设与土地流转、农业产业化规模化有机结合起来，依据不同农业产业类型和适度规模化要求改造耕作田块、配套农业基础设施，从而明确高标准基本农田建设要改善什么样的农业生产条件、配套什么样的农业基础设施，以实现高标准基本农田建设与当地农业产业化的良性互动；YQ-Ⅱ的问题需要反思，即建立健全个案项目实践中形成的管护经验和成功做法向面上推广应用的机制和办法，尤其应发挥好新型经营主体的作用；YQ-Ⅲ的教训应当吸取，高标准基本农田建设不能游离于农业产业化之外，与农业产业结构调整、土地流转、适度规模经营及新型经营主体培育脱节。

第 8 章　基于城乡融合的土地资源流动与整合机制

城乡差距是我国发展面临的差距之一。城乡差距与长期以来实行的城乡二元结构体制密切相关。这一体制适应了中华人民共和国成立初期工业化优先战略，但也造成了长期的城乡社会断裂，带来了资源流动、配置、分配上的一系列壁垒，成为全面建设小康社会的严重阻碍。在新常态下，融合城乡发展成为国家经济社会发展的重要战略任务（徐丽杰，2016）。而资源流动与整合的核心就在于破除各种有形、无形资源流动与整合障碍，建立城乡要素双向流动的机制，形成城乡融合发展的载体和抓手。为此，本章以“刘易斯通道说”为视角，分析了城乡融合中资源流动与整合的过程，并基于重庆市的实践考察，总结资源流动与整合促进城乡融合的经验做法及成效，提出了相应的创新机制和配套措施，以期为城乡融合发展提供决策参考。

8.1　城乡融合中资源流动与整合过程分析

8.1.1　来自“刘易斯通道说”的启示

在促进经济增长问题上，刘易斯分析了各类资源对国家实现经济增长的意义，认为只有“进出通道”在刺激经济增长方面具有决定性作用（刘易斯，2005），可谓“刘易斯通道说”。该进出通道作为资源指的是一种地理特征，反映一个国家或地区的地面形态、河流、入海通道、港口数量和质量以及这个国家与其他文明世界之间有无不可逾越的屏障。“刘易斯通道说”对经济增长的意义在于，一方面直接地通过刺激贸易扩大需求的范围，进而促进生产的专业化；另一方面，间接地通过不同习俗和不同思想的人混合、碰撞、交流，加速知识的增长，使人们的精神和社会的制度能够保持自由与活力。简言之，进出通道的开辟从供需上扩充了实体经济体量，并加速了知识、技术和制度的进步，从而促进了经济增长。

无疑，"刘易斯通道说"所讨论的是一种"有形通道"。主流的国际贸易理论认为，贸易自由化对经济增长的重要性是决定性的（张健，2010）。尤其在自由市场条件下，"进出通道"的通畅和拓展意味着经济增长的拉动力——需求的持续扩大。但是，相对地理条件、资源状况、基础设施、基础条件等"硬件"而言，在这种"有形通道"之外还有一种"无形通道"，包括一个国家或地区的思想观念、文化氛围、体制机制、政策法规及政府行政能力水平和态度等，主要反映经济发展的软环境（John et al.，1997；Rui，2005；Poveda，2011）。基于历史和现实的各种因素，我国遗留了大量体制性、机制性、政策性或区域性的障碍，通过改革或创新打破这些障碍对构建经济增长无形的"进出通道"至关重要。因此，在融合城乡发展过程中，缩小城乡差距、区域差距、工农对立的矛盾，不仅要充分利用各类"有形通道"，还应打通各种"无形通道"，才能从根本上实现资源高效流动与整合，提升资源要素配置的效率性和公平性，使其更好地服务于国家战略需求，促进国家或区域经济社会可持续发展。

8.1.2 促进城乡融合的土地整治"通道"

城乡融合的实质是实现城乡空间及其资源要素的有效整合。融合城乡就是改变重城市、轻农村和城乡分治的观念和做法，实现以城乡双赢为目的发展（赵敏敏，2006）。但是，目前在城乡融合过程中，单纯依靠加大中央政府转移支付力度并不足以从根本上解决城乡发展失衡问题，拥有较多土地的农民只有较低的收入，以工促农、以城带乡依然缺乏有效的传导机制。究其原因，根本在于城乡要素双向流动的机制没有建立起来，城乡融合发展缺乏必要的载体和抓手。

土地整治是土地资源合理可持续利用的保障（于潇等，2016）。近十多年来，我国土地整治的内涵不断丰富、外延不断扩展，多功能性日益凸显，在促进城乡土地要素配置，提升农村公共服务均等化水平，改善农村生产生活条件，提高农民收入，缩小城乡、区域差距等方面起到了重要作用。土地整治已成为打破城乡隔阂，扩展城市资本与农村土地资源自由交换和流动的重要渠道，成为提升区域土地资源保障能力、实施主体功能区规划的重要手段（罗隆诚和房鹏飞，2013）。

因此，如果通过土地整治能够进一步打破城乡隔阂，建立以工商资本为代表的城市与以土地资源为代表的农村自由交换和流转的畅通渠道，并借以提高农民收入、农村发展能力，则不失为一条有效途径（叶红玲，2015）。正如 2009 年国土资源部印发的《关于促进农业稳定发展农民持续增收推动城乡统筹发展的若干意见》提出的“积极开展土地整治，促进新农村建设和城乡融合发展”，即希望通过整合各类土地整治活动和资金形成城乡融合发展的促进平台，通过实施重大工程和示范工程在城乡融合中形成引领和示范。

由此来看，在土地整治与城乡融合的关系中，城乡融合处于需求导向面，是土地整治规划和实践的指引，是丰富土地整治内容、完善土地整治功能的立足点；土地整治处于供给调整面，是城乡融合的内在需求和强有力的实现途径。发挥供给对需求的支撑，就必须搭建城乡融合发展的土地整治“通道”。依据融合城乡发展战略的指引，结合土地整治实践，可从土地整治内容和功能上辨析出土地整治促进城乡融合发展的有形通道和无形通道。其中，有形通道是指土地整治在促进城乡融合发展中提供的硬件支撑，主要包括农业生产条件改善和农村基础设施配套两个方面；无形通道是指土地整治在促进城乡融合发展中提供的机制保障，主要包括农村建设用地的融合利用和农用地的整合利用两个方面。具体而言，农业生产条件改善就是依托农田整治，对耕地、宅基地和其他集体建设用地进行综合整治，在新增耕地的同时，建设田成方、树成行、路相通、渠相连、旱能浇、涝能排的高标准农田，为规模化经营和集高效化、集约化、产业化的现代农业发展创造条件；农村基础设施配套就是依托村庄整治，对农民旧房改造、新居建设、农村基础设施和公共服务配套设施一起规划、建设，推进城乡公共服务均等化。农村建设用地融合利用机制就是依托城乡建设用地增减挂钩，使农村一部分富余的建设用地指标调剂到城镇使用，获得的土地增值收益反哺农村，搭建城乡土地要素优化配置平台；农用地整合利用机制就是依托土地流转和土地整治，将小块土地归并为大块土地，培育新型经营主体，发展农业产业化，推进农民进城务工后土地的适度规模化经营。

8.1.3　促进城乡融合的关键环节和落脚点

土地整治与城乡融合间的“通道”，揭示了土地整治促进城乡融合发展的路径，同时体现了土地整治范围的延展性、内涵的丰富性、目标的多元性和手段的多样性，为进一步明确契合城乡融合发展的具体载体和抓手提供了定位。因此，以土地整治的内容和功能为线，以土地整治促进城乡融合的“通道”为纲，明确与各类通道对应的关键环节和落脚点，是考察土地整治实践促进城乡融合发展成效、问题及典型经验的重要依据和支撑（图 8-1）。

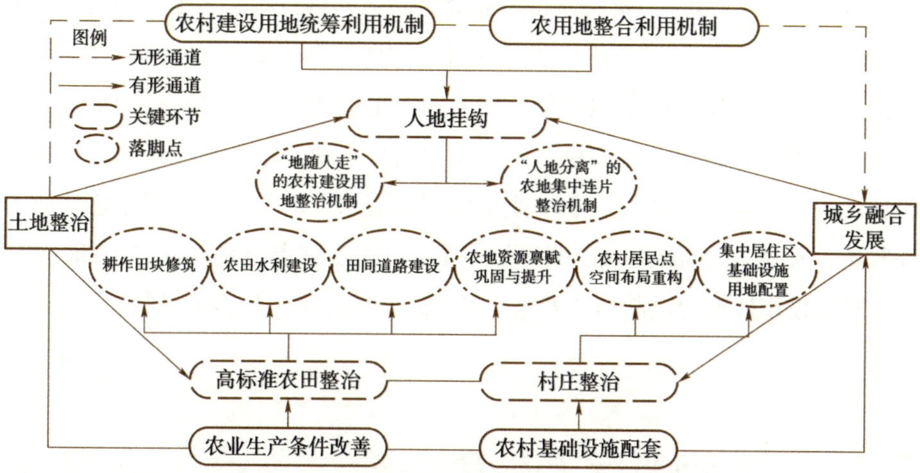

图 8-1　土地整治促进城乡融合发展过程图解

由此看来，从改善农业生产条件出发，土地整治与之对应的重点内容和发展方向是高标准农田整治，其包括 4 个落脚点：一是耕作田块修筑，即通过田块归并、调形，改善土地耕作条件，为机械化作业和适度规模经营创造条件，提高农业生产效率；二是农田水利建设，即通过农村灌溉水源和灌排渠系的修建和维护工程，优化农业水资源利用；三是田间道路建设，即通过村组道路及田间生产路、机耕道的新建和路面质量改善，提升地块间的连通性和城乡资源要素的流动性；四是农地资源禀赋巩固与提升，即通过增加有效耕地面积满足非农建设占用和生态建设对耕地的需求，通过提升耕地质量提升耕地综合生产力。

从配套农村基础设施出发，土地整治与之对应的重点内容和发展方向是村庄整治，包括两个落脚点：一是农村居民点空间布局重构，即将废弃、闲置、低效的农村建设用地和工矿用地复垦，增加建设用地流量，促进农村土地节约集约利用，为农村居民集中居住区建设提供用地指标；二是集中居住区基础设施用地配置，并优先保障饮水、排污、天然气等基础设施用地。

从农村建设用地融合利用机制和农用地整合利用机制出发，土地整治与之对应的重点内容和发展方向是“人地挂钩”（杨玉珍，2014），即结合人口的乡城转换趋势，适应人口和建设用地向城镇集中的变化需求，运用增减挂钩政策，复垦闲置、废弃宅基地以及工矿废弃地，将节余指标流转到城镇，缓解城镇用地“瓶颈”，解决农村发展资金问题，调整城乡土地利用的空间格局，促进城乡土地布局优化、效益提升。同时，结合农村人口非农化转移，农村劳动力格局发生的剧烈变化，加上农业生产成本的上升，运用土地流转政策，调整土地权属，将小块土地归并为大块土地，培育新型经营主体，发展适度规模经营，并依据农业产业结构调整需求，对耕地实施集中连片地工程改造，促进农业增效、农民增收。因此，其落脚点分别对应“地随人走”的农村建设用地整治机制和“人地分离”的农地集中连片整治机制。

8.2 区域资源流动与整合促进城乡融合的实践考察

8.2.1 重庆区域概况

重庆市集大城市、大农村、大山区、大库区于一体，具有典型的城市二元结构特征。2007 年 6 月，重庆市被国务院正式批准为“全国融合城乡发展综合配套改革试验区”，承担起率先破除城乡二元经济社会结构，实现经济社会发展方式转型的国家战略任务。2008 年 8 月，国土资源部与重庆市政府签订了《推进融合城乡综合配套改革工作备忘录》，将重庆纳入城乡建设用地增减挂钩试点、节约集约用地试点，支持重庆市探索建立城乡统一的土地交易市场。为破除城乡二元结构、促进城乡融合，在国家政策指引下，针对全国融合城乡发展综合配套改革试验区的功能定位，重庆市积极探索，在融合城乡发展、深化土地管理改革和利用机制创新方面开展了一系列探索，逐步迈向改革发展的深水区。一方面，基于“大城市带动大农村”的城乡格局和“核心—边缘”的区域格局设计总体发展框架，实现城市、农村的整体融合和对区域国土空间结构的合理安排。即依据市域空间经济格局及其演变轨迹，构建差异化的国土空间格局，将全市划分为“一区两群”，即“主城都市区”“渝东北三峡库区城镇群”和“渝东南武陵山区城镇群”，其中“主城都市区”分为“中心城区”和“主城新区”，以实现发展资源在各区（县）的合理配置，进而形成优势互补、城乡融合、区域协调的发展新格局（图 8-2）。另一方面，以特色效益农业为导向，以土地整治、农业综合开发、“小农水”为重要平台和抓手，夯实现代农业基础，推动农村发展。实践证明，这些探索在促进城乡土地要素资源配置、提升农村公共服务均等化水平、提高农民收入、缩小城乡差距方面起到重要作用，成为促进城乡融合发展的重要途径。

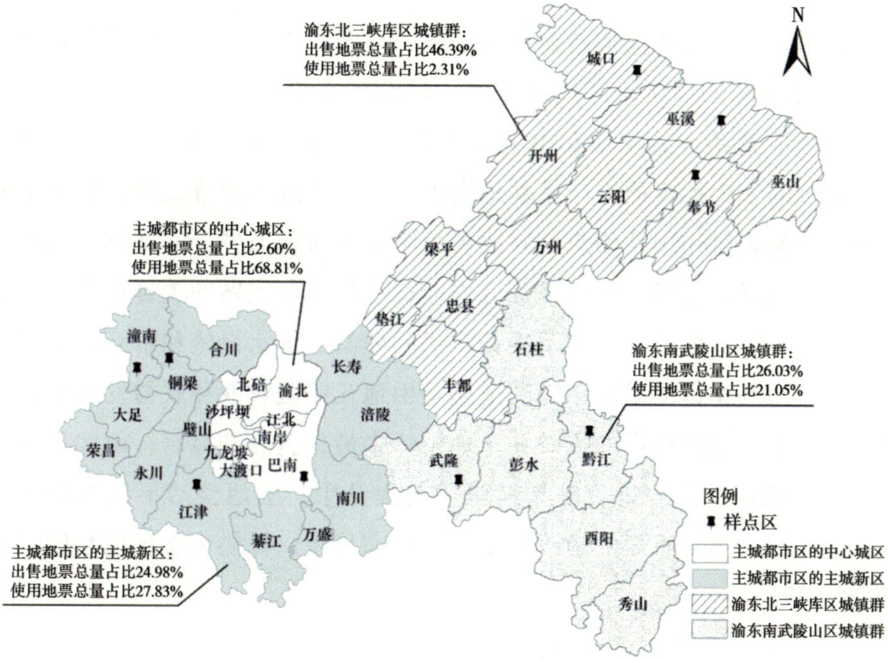

图 8-2　重庆市功能分区、研究样点区及地票生产和落地区域分布

“十二五”期间，重庆市土地整治以项目为平台、专项资金为牵引，在推进融合城乡发展、夯实现代农业基础、改善农村生产生活条件和生态环境、促进扶贫解困等方面取得了良好效果。为对重庆市土地整治促进城乡融合发展进行从面到点的全面考察，本章借助媒体报道、网络调查、文献检索和部门资料搜集等手段，整理得到重庆市“十二五”期间土地整治实施情况。同时，基于“一区两群”选取社会经济发展水平有差距、发展功能定位各具特色的区（县）为样区，选取整治内容、项目规模、建设成效具有代表性的项目为样点，开展案例调查，总结土地整治促进城乡融合发展的具体做法和典型经验。

8.2.2 资源流动与整合成效及典型实践

（1）改善农业生产条件。

“十二五”期间，围绕农业产业化布局及结构调整，科学合理安排土地整治项目，建设高标准农田，在投资、选址、规划和实施环节上，按照“高产、优质、高效、生态”的要求，积极配合优质粮油、蔬菜、花卉、中药材、水果等重点和优势产业基地建设，显著改善了适度规模经营和现代农业发展条件，为江津区优质花椒、黔江区蚕桑养殖、彭水县魔芋、潼南县无公害蔬菜、武隆仙女山生态食品、綦江县葡萄和忠县柑橘等39个区（县）的一大批优质农产品基地发展夯实了基础。调查发现，依托土地平整工程实施耕作田块修筑，对改善丘陵山区耕作条件、实施机械化作业具有特殊意义，是解决山地丘陵区农业适度规模化问题的关键；重庆农业用水资源丰富，但时空分布不平衡，田间灌溉、排水设施和桥涵建筑物是区内农田水利建设的重点；田间道路是山地丘陵区农业和农村发展最迫切的需求，田间道路建设的成效在土地整治中最为直观和显著；山地丘陵区生态环境脆弱，在农地资源禀赋巩固与提升中，土地整治不仅增加了有效耕地面积，更为重要的是改善了土地生态环境，提供生态环境基础设施（表8-1）。

表 8-1　改善农业生产条件的典型案例

土地整治实施落脚点	调查样点	整治前状况	整治后状况
耕作田块修筑	潼南区柏梓镇郭坡村	地势平坦，但田块不规整、面积小，田土坎零乱，影响生产机械化、产业化发展	平整旱地水田 61.34 hm^2，剥离表土 34 940 m^3，移动土方 16.2×10^4 m^3，为农业机械化、产业化发展提供了基础
	黔江区沙坝乡十字村	地势起伏大，田块细碎、不规整，制约了区域特色农业发展	通过坡改梯，6°～15°区田面降到 6°，15°～25°区田面降到 10°，田块宽 6 m 以上，长 40 m 以上；6°以下旱地和全部灌溉水田进行田块归并
农田水利建设	铜梁区太平镇垣楼村	农田水利与建设西郊现代农业观光园的要求不相适应	新修、整修灌溉渠 951 m，新修沉砂池 8 口、纵向排水沟 321 m，整修山坪塘塘坎 266 m，提升了农业抗风险能力
	巴南区石龙镇大兴村	高标准基本农田区水利设施老化失修、功能衰退	新修和维修排水沟 12 条、共 6 290 m，维修山坪塘 1 口，新建蓄水池 1 口，新建输水管 807 m，保障了项目区灌有水、排有沟
田间道路建设	潼南区柏梓镇郭坡村	部分田间道、生产路路面质量差，局部连通性差，村组之间、耕地与居民点之间通行不便	新修田间道 3 条、共 1 477 m，整修田间道 17 条、共 8 589 m，新修生产路 24 条、共 5 665 m，整修生产路 7 条、共 1 603 m，保障了内部机械和人畜通行
	武隆区双河乡铁炉村	田间道质量差、密度低，生产路多断头	新修田间道 6 条、共 2 850 m，新建板车道 19 条、共 1 050 km，新建生产路 88 条、共 1 860 km，维修生产路 32 条、共 6 330 m，提升了生产生活便利度
农地资源禀赋巩固与提升	国家级贫困县奉节	地处三峡库区腹地，山大坡陡、沟壑纵横，贫困人口占全县总人口的 12% 左右	土地整治新建、改建水利工程 98 处，改造基本农田 1 895.73 hm^2，脱贫村村级公路通畅率达 100%，极大地改善了农业生产条件和土地生态环境，截至 2014 年年底全县共减少贫困村 81 个
	武隆区土坎镇清水村	市级贫困村，乌江流域典型的喀斯特地貌，1/4 的村民居住在高海拔地区，生产生活极不方便	实施高山生态扶贫搬迁，腾出 66.67 hm^2 耕地和宅基地，通过宅基地复垦、打造坡耕地特色林果产业，明显改善了区域生产生态环境

（2）完善农村基础设施配套。

改善农村人居环境、建设现代化的新型农村社区是融合城乡发展的必然要求，也是众多农民群众的迫切愿望。“十二五”期间，在全域整治框架下，村庄整治不仅开展废弃、闲置、低效的农村建设用地和工矿用地复垦，增加建设用地流量和有效耕地面积，还将垃圾收集池、生活污水处理设施、卫生厕所、生态防护林等农村公共服务和生态环境基础设施纳入其中。截至 2015 年年末，全市已实施 4 338 个农村建设用地复垦项目，减少建设用地 1.23 万 hm^2，新增耕地 1.17 万 hm^2；另投资 20.43 亿元实施了 113 个整镇整村国土整治项目，有力地促进了美丽乡村建设。调查发现，由于丘陵山区农村居住形态分散，一两户便依地形地势自成格局，因此重构农村居民点空间布局，不仅在于通过复垦废弃、闲置、低效的农村居民点调整内部用地布局与结构，还在于为农村集中居住区及配套基础设施和公共服务设施提供用地保障，优化提升居住聚落功能。同时，由于丘陵山区地理空间的差异连带着经济社会发展水平的不同，因此配置集中居住区农村基础设施用地，在社会经济条件较好的地区应重点保障与新兴农村社区相关的公共基础设施用地，而在偏远及落后地区应重点解决道路、饮水、地质灾害避让等问题，重点保障与农村居民居住生活中联系更为迫切的基础性、公益性设施用地（表 8-2）。

表 8-2　完善农村基础设施配套的典型案例

土地整治实施落脚点	调查样点	整治前状况	整治后状况
农村居民点布局重构	潼南区柏梓镇郭坡村	农户多住在靠近河边，地势低洼，房屋修建时间较长，基础配套设施较差	复垦受洪灾损毁的居民点，集中建成 60 户独栋居民别墅，配套硬化街道和给排水设施，统一绿化和房屋修建风格，修建了生活广场及健身设施
集中居住区基础设施用地配置	巫溪县上磺镇羊桥村	居住生活环境差，基础设施不配套	建成 2 个巴渝新居集中安置点，进行房屋环境综合整治，沿主要田间道布设自来水管网、电网，实施沼气工程，使大多数农户用上清洁能源

续表

土地整治实施落脚点	调查样点	整治前状况	整治后状况
集中居住区基础设施用地配置	国家级贫困县城	农村环境脏、设施差、秩序乱	在90个村开展村容村貌环境综合整治，实施农村环境清洁、农村人畜分离、基础设施建设、公共服务配套、垃圾污水处理、生态环境改善等工程，极大地改善了当地村容村貌和群众生活质量

（3）促进城乡土地融合利用。

随着城镇化快速推进，城镇用地快速扩张，而农村建设用地逆向发展，呈现“人减地增”现象。因此，寻求相应的解困途径、融合城乡土地利用，对建立城乡要素双向流动机制具有重要意义。“十二五”期间，重庆市依托城乡建设用地增减挂钩政策和创设的地票制度，分别对废弃、闲置、低效和户改退地等不同类型的农村居民点进行有序复垦，不仅满足了城镇化、工业化发展对建设用地的需求，也开辟了城市和农村间资金、资源流动的新渠道和新途径，促进了城市支持农村、工业反哺农业，“都市区”与“生态功能为主体的经济欠发达地区”联动，加快了农业发展、农村繁荣和农民致富的进程，从而形成了“地随人走”的农村建设用地整治机制。数据显示，自创设地票交易制度以来，重庆市农村建设用地指标主要流向了地票交易市场，成交规模达到1.12万hm^2，占农村建设用地指标建设总规模的89.71%（表8-3）。据重庆农村土地交易所资料显示，“十二五”期间全市累计交易地票1.15万hm^2，获得价款345.65亿元，惠及20多万农户，按户均宅基地0.7亩计算，农户能一次性获得10万元左右的净收益，而复垦形成的耕地归集体所有，仍交由农民耕种，每年也可以获得收益。从农村建设用地指标的空间配置来看，地票生产集中在人口净流出的渝东南生态保护发展区、渝东北生态涵养发展区等区域，而地票落地主要集中在人口净流入的都市功能核心区和都市功能拓展区（图8-2）。

表 8-3　2008—2015 年 9 月重庆市农村建设用地指标流向

时间	总量		地票交易类		增减挂钩类	
	项目个数 / 个	规模 / 万 hm^2	项目个数 / 个	规模 / 万 hm^2	项目个数 / 个	规模 / 万 hm^2
2008—2014 年	4 243	1.24	3 712	1.12	531	0.13
2015 年 1—9 月	579	0.16	444	0.13	135	0.03

（4）推动农用地有效整合。

随着大量农村人口非农化转移，农村劳动力格局发生了显著变化，加之农业生产成本上升，整体上农民对土地生产功能的依赖性逐渐退化，出现了大量撂荒地。但是，非农化转移的农村人口仍被排斥在城市社会保障体系之外，土地仍然是农民看重的社会保障和财产，不愿隔断与土地的关系。在这样的背景下，小规模传统农业经营方式的弊端日益显现，农户融资能力差，农业机械化程度低，农业科学技术推广应用困难，推行农地适度规模经营成为解决问题的关键。“十二五”期间，重庆市土地整治通过拆旧建新、合村并庄、归并田块、设施建设等，引导集体土地以合作、联营、作价出资（入股）等形式依法自愿有偿向专业种养大户、家庭农（牧）场、农民专业合作社、农业产业化龙头企业等经营主体流转，发展多种形式的农业适度规模经营。同时，以效益好、附加值高的优势特色农业产业为先导，围绕产业基地、示范园区、龙头企业和专业大户，抓好通村入园入户配套设施建设，确保农业综合生产能力和农业现代化水平显著提升，从而形成了“人地分离”的农地集中连片整治机制。通过集中连片整治，全市建成长寿垫江梁平 100 万亩粮油基地、潼南涪琼两江流域 30 万亩连片高标准基本农田、大足铜梁 30 万亩粮油蔬菜示范片、江津 15 万亩现代农业综合示范区。调查发现，土地整治与土地流转的结合，满足了农民对农地保障和财产功能的需求，实现了农业集约化经营、农地合理利用和农业发展转型，也为留守农村中老年农民免去后顾之忧（表 8-4）。

表 8-4　推动农用地有效整合的典型案例

土地整治实施落脚点	调查样点	整治前状况	整治后状况
“人地分离”的农地集中连片整治	黔江区沙坝乡十字村	以家庭式小农生产为主，共有人口 2 868 人（2013 年），从事非农业生产 1 372 人	村内土地流转 228 户、面积 266.67 hm^2，建设猕猴桃基地。从事非农业生产人数增至 1 835 人（2014 年），另有部分人到基地和包装工厂务工，包括土地租金、劳务费在内，农户可得 2 000～5 000 元 /（亩·年）
	江津区龙华镇燕坝村	地理条件优越，生态环境良好，特色效益农业发展已现雏形	集中连片流转土地面积 566.67 hm^2，建设生产道路长度 50 000 m、沟渠面积 20 hm^2、水池 78 个，形成了集生产、加工、储藏、销售于一体的蔬菜基地和晚熟柑橘基地

8.3　资源流动与整合创新机制构建

8.3.1　主体功能导向机制

重庆市集大城市、大农村、大山区、大库区于一体，城乡融合发展任务十分艰巨。城乡地理空间隔绝的区位环境和田块耕作细碎的资源条件，在一定程度上抑制了农地的流转，优质先进的生产要素在农村地区和农业上难以自然集聚。依托重庆市划分的五大功能区，或能更好地配置各种资源。①依托都市功能核心区高端要素集聚、辐射功能强大的优势，将其建设成为现代农业服务业中心，为土地流转、农业生产、农产品加工、运输、销售等提供信息、技术、资金、人才上的强大支撑。②发挥都市功能拓展区交通便捷、运距短、人流量大的优势，利用主城生态屏障内的山水资源，将其建设成为集休闲度假、观光、生态、高科技等于一体的，独具特色的现代都市农业区。③依托城市发展新区集聚新增产业和人口的优势，加快农村人口非农化转移，利用丘陵和平行岭谷的地理条件，将其建设成为全市土地流转的先行区和农业产业化、规模化、机械化的示范区。④紧紧依托渝东北生态涵养发展区作为国家重点生态功能区和农产品主产区的优势，转变农业发展理念和发展方式，将其建设成为生态农业示范区。⑤紧紧依托渝东南生态保护区作为国家重点生态功能区与重要生物多样性保护区的优势，充分发挥农业在经济发展、生态保护、文化旅游、扶贫开发上的多功能性，将其建设成为特色农业示范区。

立足“五大功能区”的农业资源禀赋、土地资源条件和发展定位差异，分别编制出台土地流转中的农村基础设施建设指南、产业配套指南和适度经营规模指南，提高各区域农业基础设施配套的实用性、产业培育的科学性和流转规模的可控性，避免经营主体盲目投资决策的失误。

8.3.2 土地整治与产业发展联动机制

土地整治与产业发展联动，强调找准着眼点实施专项、精准化整治。按通常的评价标准，衡量土地整治项目的成效主要看其新增多少有效耕地面积，耕地质量状况是否改善，土地平整、田间道路、农田水利等工程布局是否合理，各项工程的投资比例和建设标准是否合乎规程。而农地整治与产业发展联动的创新点在于，一方面弱化了新增耕地目标，打破了传统的以农户地块为单元布局的土地整理模式，并对各项工程的投资比例和建设标准不做硬性约束；另一方面，相比一般意义上的农地整治“修修渠、通通路、整整地，再算算新增耕地率”的做法，土地整治与产业发展联动能够直击农业产业培育的要害，整治效果更为明显。农户的承包地经过这一形式包装，土地、资本、技术、产业聚合的路径通畅起来，农业产出和效益成倍增长，农民得到了实惠，经营大户和农业企业也有了投资回报。

（1）农业资源优势开发型联动模式。

以位于重庆黔江区西南边陲的石家镇为例，该镇地处山区，自然条件恶劣，传统粮食作物产量低、效益差，但十分适合反季节、无公害蔬菜等优质农产品种植。不过，这种资源优势长期得不到有效利用。原因在于，这一区域多陡坡地，水土无法有效保持；灌溉水源缺乏，每年农作物因干旱一般要减产两三成；田间路网体系极不完善，农资和农产品转运受到交通节点的严重制约；劳动力流失严重。为改善村庄面貌，黔江区政府联合市农村土地整治中心调整发展思路，发挥当地农业资源的优势，2011 年以来，以消除束缚农业资源优势因素为导向的土地整治，陆续在茶溪、中塘、长山等几个行政村分片区开展起来。整治重点包括：实施田块整形，依据不同作物的耕作要求或变陡坡地为缓坡地，或变坡地为梯地；完善水利设施，依据不同作物的需水状况和抗旱能力，设计新建不同规格的蓄水池、拦水堰和排灌沟渠；改善田间道路，依据田块分布状况和农产品性质，新建、改建或扩建田间道和生产路，以形成较为完善的生产路网和交通节点。随着项目竣工验收，项目区潜在的资源优势迅即转变为生产力，吸引大批农业经营企业入驻。如今，该地区土地流转价格从几年前的每亩不足 100 元 /a 上涨到每亩 500 元 /a 左右，无公害蔬菜基地、葛根（中药材）基地、油茶育苗基地已初具规模。当地农民既可在产业基地务工，又可享受农业产业化的辐射作用，搭车销售同类农产品，从而形成了促进农户增收的长效机制。随着生产生活条件的改善，这两年返乡就业的农民日渐增多。

（2）农业产业发展型联动模式。

以重庆市乃至全国有名的生姜种植基地荣昌区盘龙镇为例，全镇上万农户从事生姜种植，规模近万亩，平均每户年创收五六千元。长期以来，由于思想意识保守，加之农业基础设施薄弱，生姜种植一直停留在一家一户的小规模生产上，产量和品质不佳一直困扰着姜农。在立足生姜种植实施土地整治之前，当地也开展过土地整治项目，但效果不甚理想。除了沟渠路况有所改善外，其他变化不大。农户还是沿袭原有的种植模式，生姜种植的规模化、产业化、专业化始终不能迈上一个新台阶。随着重庆市特色效益农业战略的实施，盘龙镇土地整治紧紧围绕生姜产业基地建设，从保障中、小型车辆通行和小型农机具进田的需求出发，改、扩、建田间道，硬化生产路，提高路网通畅性；从满足农田灌排要求出发，新建蓄水池、整修排灌沟渠，提高渠网流通性；从方便耕作的需求出发，实施田块整形，打破田块权属界线，归并田土坎，消除布局不合理、利用率低的路网、沟渠。职能部门则对土地整治各项工程的投资比例和建设标准实行一定的弹性指导和控制。通过精准土地整治，消除了束缚农业生产的各种硬性障碍，真正“整”到了姜农的心里。生姜种植大户有了集中连片承包土地的条件，龙头企业也驻扎进来，很多村集体成立了“生姜专业合作社”，将生姜远销至沿海地区及日本等地。有了产业基地带动，产、加、销的问题也解决了，农户种植生姜的积极性和收入显著提高。

8.3.3 “人地挂钩”机制

人地挂钩政策被视为国家推动新型城镇化战略（林石，2013）、解困农民工住房问题（藏波和吕萍，2014）、促进“三化”协同推进、提高土地节约集约用地水平的重要突破（张世全等，2013）。自提出以来，“人地挂钩”与城乡建设用地增减挂钩政策一道作为土地管理制度改革创新的重要成果，受到各级政府的重视。

目前对人地挂钩政策的解读，大多源于《全国主体功能区规划》和《国务院关于支持河南省加快建设中原经济区的指导意见》的相关表述。在解读过程中，政府或专家学者的表述并不一致。综合各种理解和表述（王永宇，2012；张世全和李汉敏，2013；鲍家伟，2015），人地挂钩的基本内涵可归结为以下几点：

（1）在制度层面，人地挂钩是以城乡融合发展为前提，以促进城乡土地节约、集约利用为原则，以推进新型城镇化为核心，以农村土地综合整治为抓手，以显化农村土地资产、实现农村建设用地发展权转移为路径的一项综合性土地管理制度创新。

（2）在规划层面，人地挂钩是基于人口城镇化与土地城镇化的协同规律，对区域社会经济发展规划、人口发展规划、土地利用总体规划和土地整治规划及城乡建设规划等多部门规划的叠加与融合。

（3）在机制层面，人地挂钩是以城镇建设用地增加规模与吸纳农村人口进入城市定居规模挂钩、城市化地区建设用地增加规模与吸纳外来人口进入城市定居规模挂钩、农村建设用地节约指标与有偿使用挂钩、土地收益与农民利益挂钩等多重挂钩为牵引，通过土地综合整治有序推进城乡之间、地区之间土地和资金等要素的流转和市场配置，实现城乡建设用地和耕地动态平衡，破解城镇化过程中“人、地、钱”矛盾的新手段。

综合上述分析，不难发现，现有人地挂钩政策的基本立足点是“城”，即着眼于城乡融合和新型城镇化，本质是变“地”的城镇化为“人”的城镇化（张维宸，2013），并要求实现生产要素、公共资源和公共服务在城乡的均衡配置，将外延粗放的城镇化方式转变为内涵集约式的新型城镇化方式，从而能够真正使广大农村和农民受益于城镇化成果。

但是，如果将人地挂钩政策的视角转换到“乡”，分析这一政策的效果则可能出现负向偏离，甚至存在不确定的风险。因为在“地随人走”模式下，城乡土地要素的流动虽然有助于缓解城市用地紧缺和盘活农村闲置土地资产，但也存在加剧城乡、区域差距的风险。“十二五”时期，各地城乡建设用地增减挂钩以及重庆“地票”交易的经验表明，复垦生产出的建设用地指标集中流向了县城或中心城区，而对小城镇、中心村的发展支持力度不大，这必然会加大城乡、区域间的发展差距。同时，随着农村优质劳动力资源的非农化流失，农村过剩的劳动力格局已发生显著变化，如果进城的农民工不愿放弃承包地的经营权，而留守在农村的老弱妇孺又不能进行有效的投入和管理，那么农业增效、农民增收、农村发展的问题还是难以破解。目前，一些农村地区大量优质耕地的撂荒便是这一状况的反映。

因此，基于“乡”的立足点，有必要进一步拓展人地挂钩的内涵。不仅着眼于城乡融合和新型城镇化，还应包括新农村建设；其本质不仅是改变“要地不要人”的城镇化模式，还要促进乡村转型和农业转型发展。而要实现这两点，并使人地挂钩政策真正成为实现新型工业化、新型城镇化和农业现代化“三化”协调的重要政策抓手，关键还在于构建兼顾城乡的土地及附属资源要素有效整合机制。具体而言，就是要建立“地随人走”的农村建设用地整治机制和“人地分离”的农地集中连片整治机制。

一方面，针对城镇化快速推进，城镇用地快速扩张，农村建设用地却逆向发展，呈现“人减地增”的现象，应寻求相应的解困途径、融合城乡土地利用，建立城乡要素双向流动机制。为此，依托村庄整治，应将农村居民点的复垦与再生相结合，建立“地随人走”的农村建设用地整治机制，不仅要增加城市建设用地流量，还要优化农村建设用地存量、提升土地节约集约利用水平，同时兼顾农村生产生活迫切需要的基础设施和公共服务设施建设，推动乡村转型发展。

另一方面，随着大量农村人口非农化转移，农村劳动力格局发生了显著变化，加之农业生产成本上升，整体上农民对土地生产功能的依赖性逐渐退化，出现了大量撂荒地。但是，非农化转移的农村人口仍被排斥在城市社会保障体系之外，土地仍然是农民看重的社会保障和财产，不愿隔断与土地的关系。在这样的背景下，小规模传统农业经营方式的弊端日益显现，农户融资能力差，农业机械化程度低，农业科学技术推广应用困难，推行农地适度规模经营成为解决问题的关键。为此，依托农地整治，应将土地整治与土地流转相挂钩，建立“人地分离”的农地集中连片整治机制，适应农地适度规模经营需要，改善农业生产条件、配套农业基础设施，提升耕地保护与高效利用水平，推动农业转型发展。

8.4 资源流动与整合配套政策建议

8.4.1 主导政策措施

加强土地流转管理的顶层设计。目前重庆各个区（县）陆续建立了 30 余家农村土地流转市场和农村土地流转服务管理中心，促进了全市土地流转市场的规范化建设，有力地推进了土地流转市场的发育和壮大。基本功能是登记有意投资从事农业生产经营活动的业主和企业，向其提供土地信息；对可流转的土地进行整理、登记、分类、汇总，发布村社土地转出信息。但是，因土地流转管理顶层设计缺位和技术经济“瓶颈”约束，各土地流转管理服务机构间的信息沟通、数据共享、工作协调、工作队伍等存在一些问题，不能摸清流转潜力、流转规模、流转形式、流转主体、涉及的土地类型结构等土地流转的家底。农户、中介机构、业主之间的土地流转信息不对称，土地流转在农户和大户之间不能有效对接，带来了许多土地流转纠纷。为此，有必要将户籍制度改革与农村宅基地管理、集体建设用地管理和农用地管理有机结合起来开展顶层设计，破除土地流转的制度性“瓶颈”，为土地流转市场的发展和壮大提供保障。可依据“五大功能区”的发展差异，制定差别化的顶层设计方案，试点推进，稳步实施。另外，还应更为全面地推进各类农村土地的定级估价工作、深化村级土地规划控制管理、细化农用地分等定级，而这些都须加强土地流转组织机构的建设和工作队伍建设。

提升土地流转的基层组织化程度。江西、广西等地在推进土地流转过程中，采用“一组两会”的方式民主议事，确保了土地流转的规范性和有效性，提高了土地流转组织化程度。建议在推进土地流转过程中，在基层试行“一委两会”的管理体制。“一委”是村委会，负责土地流转政策宣传、工作动员和纠纷调解。“两会”一个是户主会，由农民各家各户联合组成，负责农户横向互助互动，协商议决土地流转事宜；另一个是理事会，由党员、村组（社）长、户主会代表组成，负责与合作社对接，具体操办土地流转，并由村委会和户主会监督。

建立土地流转利益分享办法。核心是建立农民、农民专业合作组织、企业之间的利益联结关系。首先，鼓励、支持农民以土地、资金、技术、农业机具等要素入股，与龙头企业形成合作共赢的生产关系。根据市场变化约定一定比例和年限调整流转租金，把农民和经营方的长期利益捆绑在一起。其次，通过加工互补提升土地流转收益。一方面，与企业订立协议，由专业合作组织就地利用农村人力资源开展农产品加工；另一方面，由企业开展商业包装及精深加工，两方合力，最终打通农产品加工产业链条的“肠梗阻”。

加强土地流转市场监管。党的十八届三中全会提出，鼓励承包经营权在公开市场上向专业大户、家庭农场、农民合作社、农业企业流转，发展多种形式规模经营。由于这些农村新型经营主体准入门槛非常低，导致土地转入主体参差不齐，土地流转存在经营信誉和融资风险。调查发现，重庆农村土地流转市场上的各类经营主体背景复杂，除农民之外，城市居民、个体工商户、企业、科研单位等也占相当大的比例。这些外来社会力量租赁农村土地，以单独兴办或与农民联办的形式成立农业企业。其中一些企业虽然转入大片农村土地，享受国家地方的优惠扶持政策，但受个人能力局限和资金、技术、市场、管理等因素影响，迟迟不能见效益，以至于两三年后业主便无心经营。而对于这类经营不善的农业企业或合作社而言，尚无配套统一的监管治理机制和退出机制。不需要年检，致使其虽登记在册，但却名存实亡。农民既收不回土地，也拿不到租金。从维护农民权益的角度，对进入农村土地的外来资本应设定严格的准入要求，对流转土地的类型、用途、规模、流转期限、流转价格进行严格审查，建立经营主体、流转土地类型及规模、投资强度、流转合同等档案信息库，并以此为基础建立年检制度，进而建立经营主体退出机制。从服务土地流转市场的角度，建立重庆土地流转市场信息服务中心，实现土地流转信息共享、农产品供需信息共享，以及农业科技、农业机械、农资信息的交流互动。

规范农业服务设施用地。随着土地流转加快和农业规模化经营扩大，新建农业服务设施占地越来越大。但目前设施农用地的管理还处于自发和无序状态。正确处理农业设施用地与耕地保护尤其是基本农田保护的关系，防控违法占地和随意转变土地用途，需进一步明确农业设施用地的范围和标准以及申报审批程序，完善监督管理机制。

8.4.2 辅助政策措施

多措并举打消农户对土地流转的顾虑。土地流转需要农户承包经营权的让渡。而对于外出务工的农民来说，承包地相当于一种经济保险，一旦在城市失业，起码有家可归、有地糊口。于是，小规模的家庭经营和外出务工紧密结合，农户成为一个半工半耕、相对牢固的经济体。但在这样的经济体中，农业经营却极易僵化，带来种植结构单一、农产品品质下降、过度依赖化肥农药、土壤质量退化、土地连年撂荒和季节性撂荒等问题。当前，农户的"燃眉之急"是迫切地需要改善现实的经济状况，"后顾之忧"则是面对外部务工风险时能否像家庭承包地那样保障托底。只有眼前利益和长远利益得到兼顾，农民才能真正从土地上解放出来，土地才能真正从农民手中流转出来。首先，需要对广大农户进行有关土地流转政策法规的宣传和培训，让农户知晓自身在土地流转中享有的权益和义务。其次，扩大农村社会保障的覆盖面，弱化农村土地的社会保障功能，消除农民离土的后顾之忧。最后，充分发挥土地流转仲裁委员会的作用，有效解决土地流转中出现的纠纷。

提升农业社会化服务水平。首先，强化农技推广体系的重要作用。完善农技推广制度，确保乡镇农技站人员有足够的精力从事农技推广活动，大力推行农技人员进企业、联大户制度，促进农业科技进村入户。其次，培育服务主体。鼓励农业龙头企业和专业合作社到市内外建立名特优农产品展示展销窗口，开设销售中心，建立产销直挂、连锁经营、配送中心等流通业态，形成实物交易与电子商务相结合的发展态势。最后，完善农业保险制度，扩大农业政策性保险范围，鼓励农业企业、农民专业合作社和种养大户参加农业保险。

政府统一服务监督。依据相关法规，建议建立健全市级土地流转服务中心权能，实行融合管理：设立市场处，负责建设区域性土地经营权流转交易中心，带动县、乡、村三级服务和管理网络建设，对“一委两会”工作予以奖补；设立培训处，负责整合社会资源，建立新型职业农民和新型农业经营主体领办人培训机制机构；设立综合处，负责新型农业经营主体注册登记和标准认定，向专业大户、家庭农场提供扶持和帮助，向开展农产品加工流通及与农户订立收益分配调节协议的合作社、企业提供税收减免或优惠及其他金融援助；设立监察处，负责规范土地流转行为，对合作社和从事农业产业经营的工商企业进行财务监管以及流转土地利用信息监控，建立土地流转风险预警防范机制。

调整粮食政策范畴。基于对水稻、玉米、小麦三大主粮及部分豆类和薯类构成的粮食范畴，人们对目前土地流转“非粮化”现象和“粮食安全”问题的担忧日益凸显。但对于主要地貌类型为山地丘陵的粮食产销平衡区而言，这种粮食安全概念实际上不利于当地农业资源优势的发挥，为此有必要将粮食安全的概念拓展到食物层面，不仅涵盖粮食，也应包括果品、蔬菜、水产品、禽畜品等，从而为地方农业结构调整、农民致富增收提供更完善的配套政策支撑。

8.5　结论

本章以“刘易斯的通道说”为视角，分析城乡融合中资源流动与整合的过程表明，土地整治作为土地资源流动与整合的有效途径，其与城乡融合分属于两者关系的供给调整面和需求导向面，发挥土地整治对城乡融合的支撑，必须搭建城乡融合发展的土地整治“有形”和“无形”通道，而与“通道”相契合的关键环节和落脚点，是土地整治促进城乡融合发展的实践载体和具体抓手。重庆市在促进城乡融合发展方面取得了实效，其经验证实，土地整治促进城乡融合发展的关键是利用“有形”与“无形”通道，抓住关键环节和落脚点实施“人地分离”的农地集中连片整治和“地随人走”的农村建设用地整治，以便对土地资源要素进行有效整合。为保障资源流动与整合的有效进行，应建立主体功能导向机制、土地整治与产业发展联动机制、“人地挂钩”机制，并在顶层设计、组织管理、收益分配、市场监管、规范用地方面配套相应的主导政策，在打消农户顾虑、强化农业社会化服务、完善政府职能、调整粮食政策方面配套相应的辅助政策。

第 9 章　研究结论与展望

9.1　主要结论

本书以资源流动与整合为视角，在对重庆市种植业变化趋势分析的基础上，以江津区为研究样区，并选取四川省广汉市和重庆市荣昌区、铜梁区、梁平县为主要参照，遵循“种植业变化—模式探索—技术集成—效应反馈—机制构建”的逻辑框架，结合土地流转、农业产业化及土地整治的理论与实践，以种植结构及经营模式变化为需求导向，以土地资源整合利用模式和土地资源流动与整合关键技术为支撑，以土地资源流动与整合效应为反馈，以基于城乡融合的资源流动与整合机制构建为保障，对山地丘陵区农业现代化进程中土地资源流动与整合的过程和机制问题进行了研究。得出以下主要研究结论：

（1）农业资源要素流动与整合的核心，是寻求土地资源流动与整合的有效途径和关键技术。在工业化、城市化过程中，资源流动与整合的基本方向是从农村到城市，并实现工业发展和城市转型。但是，如果城市不能为农业提供技术支持和资本积累渠道，资源流动与整合将难以实现城乡、工农之间的互动发展，反而导致城乡、工农分离的二元结构，其结果就是资源流动性不畅、整合受阻。因此，提高资源配置效率，推动农业转型发展，需找到现代农业生产要素与传统农业生产要素结合的有效途径。即通过要素流动将资金、技术、管理经验、营销能力等现代生产要素与土地、劳动力等传统生产要素结合起来，再通过资源整合实现各类资源要素的有机融合和价值再造。而由于现代生产要素的输入依附于土地资源，寻求土地资源流动与整合的有效途径和关键技术，将是发展农业适度规模经营的核心问题。其中，土地流转与适度规模经营和农村土地综合整治，是农业资源要素的流动与整合的两条基本途径。

（2）响应种植结构由“以粮为主”向“粮菜兼顾”转型的发展契机，山地丘陵区在农业政策取向上应激励节约劳动的资本化农业和培育多元化的农业产业。为客观把握山地丘陵区种植业变化趋势和政策取向，以粮食产销平衡区和山地丘陵区叠加的重庆市为研究区，利用统计数据和半结构访谈信息，构建种植业变化影响因素灰色关联多维分析模型，研究了1978—2011年重庆市种植业的变化及其政策启示。结果表明，1978—2018年重庆市种植业变化呈现粮食作物收缩、菜瓜果作物扩张的竞争态势，区域种植模式从“以粮为主”转变为“粮菜兼顾”，实现了转型增效；重庆市种植业变化特征是各类因素综合作用的结果，是以农户经营自主权放开为起点、各类因素诱致的环境变化为条件、作物的不同特性为依据发展演化而致的；划定粮食生产红线，转变粮食作物种植模式，加快菜瓜果作物生产机械化、设施化、专业化步伐，是重庆市缓解粮食作物与菜瓜果作物竞争态势，保障粮食自给率稳定和菜瓜果产量、品质持续提升的有效途径和办法。基于重庆市的经验，研究认为，山地丘陵区的农业政策方向有必要从“一个专注”（专注于粮食生产）向“两个结合”过渡，即将合理引导农业劳动力转移与推广节约劳动的资本化农业相结合、稳定粮食生产与促进农业资源优势发挥和多元化发展相结合作为着力点，推动耕地资源集约高效利用。

（3）选择和转变农业经营模式，山地丘陵区应依据农业资源禀赋和生态适宜性，调整农业产业结构，以农业科技、装备和设施更新为驱动提升单位产出水平，发展适度规模经营。为表征山地丘陵区农地流转与适度规模经营的特征，选取地处山地丘陵区的重庆市江津区为研究样区，并以地处平原区的四川省广汉市为参照对象，依据对两个区域农地流转与适度规模经营的大量调查数据，分析比较出山地丘陵区农地流转与适度规模经营的差异化特征，并运用能值分析法评价了两个区域农地适度规模经营带来的环境效应差异。结果发现：由于家庭劳动力比重偏低、人口负担重，且务农劳动力老龄化、素质低，加之地块细碎、利用低效，严重削弱了山地丘陵区小农经济的可持续性，导致农户转出农地的“离心力”强于持有农地的“向心力”；由于在资源禀赋、家庭特征、经营方式、流转市场、流转价格等因素上的差异，山地丘陵区与平原区农地转出户的流转行为呈现“悖反”特征；由于经营规模、农业产业结构、生产要素投入、经济效益产出上的差异，山地丘陵区宜立足于自身农业资源禀赋和生态适宜性发展适度规模经营，在策略上强调农业结构调整、提高产出效率，而非照搬平原区的经验，盲目地以规模化投入换取成本降低；从环境效应反馈来看，农地流转后，两区域产生了相反的农业可持续性发展结果。江津可持续性由 0.89 降至 0.46，而广汉则由 0.63 增至 0.65。以广汉为代表，平原区通过规模化、集约化、机械化的大生产模式能够提升农业科技和装备水平，降低投入、提高农业生产率，从而实现良性的农业集约化，但这难以在山地丘陵区推广；而以江津为代表，山地丘陵区虽能够有效提高产出，但在产业调整过程中，过度追加不可更新要素投入的方式不可持续，是一种劣性的农业集约化。因此，对于山地丘陵区而言，适度规模经营的适宜选择是以生态农业、循环农业为导向发挥资源优势和产业特色，以农业科技、装备和设施更新为驱动提升单位产出水平，确立可持续的农业集约化发展方式。

（4）应对土地资源流动“不畅”和乡村地域空间整合“受阻”，山地丘陵区应从宏观人地关系调控入手，以乡村地域空间结构优化与功能整合为导向，将人地协调的土地整治模式作为土地利用调控的理性选择。为寻求山地丘陵区推动土地资源流动与整合的适宜模式，通过综合论述人地协调的土地整治理念、模式与技术途径，并结合典型案例进行实证，结果表明，作为人地关系系统正向反馈的土地利用调控路径，人地协调的土地整治需立足于生产、生活、生态三大空间的结构优化与功能整合，积极响应社会经济发展阶段需求。在转型期，人地协调的土地整治模式应以保障粮食安全和食品安全、推动农业现代化发展，支撑新农村建设、优化城乡发展空间，构建生态安全格局、提升生态景观服务功能为导向，在整治目标、整治重点、运作模式上与乡村地域空间结构与功能相匹配，在行为理性上坚持价值理性与工具理性的有机统一，在技术上强调生产空间农用地整合技术、生活空间农村建设用地盘活技术和生态空间生态景观提升技术三者的智能融合。选取山地丘陵区典型的土地整治项目区为研究区，通过人地协调的土地整治模式实践，研究区生产空间的适度规模经营面积比例由整治前的 18.00% 增至整治后的 30.53%，户均耕地地块数降低 1.6 块，耕地灌溉保证率由 29.68% 增至 51.22%，综合机械化率由 42.50% 增至 61.80%，特色优势产业壮大；生活空间 24 个片块的闲置废弃农村居民点被复垦再利用，乡村景观协调性、田块连片性及聚落的风貌形象得到提升；生态空间形成了以生态节点修复与完善、生态廊道连通、核心生态用地保护为主导，“点—线—面”一体化的生态景观格局。因此，在我国高度紧张的人地关系背景下，土地综合整治的思路应由不同整治类型的组合转向整治内容的融合，从人地关系调控入手确立人地协调的土地整治模式，是应对人地关系、城乡关系矛盾和转型发展需求的理性选择，是山地丘陵区土地整治的适宜模式。

（5）适应农业适度规模经营需求，山地丘陵区应通过土地流转和土地整治的功能整合、技术重构及集成应用，构建土地资源流动与整合集成技术，实现土地权属调整与工程改造的联动一体。为集成山地丘陵区土地资源流动与整合的关键技术，遵循“理念—技术—示范”的逻辑思路，通过论述基于资源流动与整合的农业转型途径，提出了山地丘陵区土地资源流动与整合集成技术，并进行了示范应用。研究发现，现代生产要素和经营方式不能盲目地向传统农业输入，应通过要素流动将现代生产要素与传统生产要素结合起来，又通过资源整合实现各类资源要素的有机融合和价值再造，以形成资源流动与整合的互补性模式和有效途径。为此，山地丘陵区的农业现代化应以整合土地流转的产权调整功能和土地整治的工程改造功能为路径，通过土地流转与土地整治联动重构土地整治工程技术体系，推动农户承包分散经营向适度规模化经营转变，实现农业转型发展。示范应用结果表明，基于山地丘陵区土地资源流动与整合集成技术能够满足示范点发展现代农业对土地及附属资源的要求，为农业转型升级奠定产权基础和工程基础。相关技术经济指标显示，示范点农地适度规模经营比重达到 54.02%，农业产业化土地实现率达到 73.00%，典型片区细碎、不规则耕作田块的平均密度和形状指数分别下降 38.62% 和 29.46%，农业机械动力提升率达到 130.77%，农村建设用地复垦率达到 33.78%，农户宅基地复垦增值显化水平达到平均每户 89 195 元，2015 年全村实现产值 1 200 余万元，农民人均纯收入 9 200 元。由此看来，以土地资源流动与整合为主线，通过土地流转与产业发展协同关键技术、土地及附属资源整合关键技术的集成应用，能够解决山地丘陵区发展农业适度规模经营过程中破碎化小地块流动、集中、整合为大地块问题，从而破解崎岖地貌背景下农业生产机械化、规模化、产业化难题，并在城乡融合背景下实现农村建设用地规范有序的再利用和价值释放。

（6）通过反馈土地资源流动与整合效应，应重视农业产业化和新型经营主体的引领作用，增强土地整治对农业生产“硬件”供给的针对性。为反馈土地资源流动与整合效应，以重庆市3个农业产业化进程梯度差异明显的高标准基本农田建设示范县为样区，以土地整治项目为样点，选取新型经营主体个数、土地流转规模、适度规模化经营面积、农民人均农业年收入、亩均产出变化作为经济效应指标，农民参与项目施工收入、农民参与项目施工人数、整治工程村民满意度、项目后期管护农民参与度、项目后期管护措施到位度作为社会效应指标，构建土地整治后经济—社会效应评价指标体系，并以熵权法确定指标权重，以改进TOPSIS模型进行土地整治后经济—社会效应评价。结果表明，适度规模化经营面积、项目后期管护农民参与度、农民参与项目施工收入3项指标处于重要级，指标值变差大、影响强；农民人均农业年收入变化、整治工程村民满意度、项目后期管护措施到位度和农民参与项目施工人数4项处于边缘级，指标值变差小、影响弱；其余指标处于次要级，影响程度居中。高标准基本农田建设后经济—社会综合效应与农业产业化进程关系密切，呈现为农业产业化进展快速型的YQ-Ⅰ＞进展加速型的YQ-Ⅱ＞相对缓慢型的YQ-Ⅲ，效应等级分别为良、中、差。而单方面的经济效应和社会效应具有不平衡性，表现为指标等级分布不平衡，效应等级分布不平衡，研究样区内部不平衡。随着农业产业化进程的加快，经济效应和社会效应之间的差距在逐步缩小，表现为YQ-Ⅲ、YQ-Ⅱ和YQ-Ⅰ中，经济效应贴近度和社会效应贴近度的差距分别从22.25倍缩减至1.21倍和0.77倍。因此，山地丘陵区通过农业产业化能有效地利用和发挥高标准基本农田建设项目的支撑作用，并通过新型经营主体更好地统筹高标准基本农田的建设与后续管护；而基于熵权法和改进TOPSIS模型的评价方法，能够有效地用于高标准基本农田建设后经济—社会效应评价。

（7）实现土地资源有效流动与整合，关键是搭建城乡融合的“有形”“无形”通道，抓住关键环节和落脚点建立保障机制。为构建基于城乡融合的资源流动与整合机制，以“刘易斯通道说”为视角，分析城乡融合中资源流动与整合的过程表明，土地整治作为土地资源流动与整合的有效途径，其与城乡融合分属于两者关系的供给调整面和需求导向面，发挥土地整治对城乡融合的支撑，必须搭建城乡融合发展的土地整治“有形”和“无形”通道，而与“通道”相契合的关键环节和落脚点，是土地整治促进城乡融合发展的实践载体和具体抓手。重庆在促进城乡融合发展方面取得了实效，其经验证实，土地整治促进城乡融合发展的关键是利用“有形”与“无形”通道，抓住关键环节和落脚点实施“人地分离”的农地集中连片整治和“地随人走”的农村建设用地整治，以便对土地及附属资源要素进行有效整合。为保障资源流动与整合的有效进行，应建立主体功能导向机制、土地整治与产业发展联动机制、“人地挂钩”机制，并在顶层设计、组织管理、收益分配、市场监管、规范用地方面配套相应的主导政策，在打消农户顾虑、强化农业社会化服务、完善政府职能、调整粮食政策方面配套相应的辅助政策。

9.2 主要创新点

（1）提出了山地丘陵区的农业政策方向。山地丘陵区种植业变化呈现粮食作物收缩、菜瓜果作物扩张的竞争态势，令种植模式从“以粮为主”转到“粮菜兼顾”。但现有农业政策导向上存在滞后性和模糊性，尚未适应种植业转型增效的发展契机。为澄清山地丘陵区农业发展和耕地利用的政策取向，未来应将合理转移农业劳动力与推广节约劳动的资本化农业相结合、稳定粮食生产与促进农业资源优势发挥和多元化发展相结合作为农业政策的着力点。

（2）集成了山地丘陵区土地资源流动与整合的关键技术。适应山地丘陵区农业适度规模经营需求，通过土地流转和土地整治的功能整合、技术重构及集成应用，集成了山地丘陵区土地资源流动与整合关键技术，有效地解决了破碎化小地块流动、集中、整合为大地块问题，以及崎岖地貌背景下农业生产机械化、规模化、产业化难题。

（3）设计了基于城乡融合的资源流动与整合机制。为保障资源流动与整合的有效进行，应建立主体功能导向机制、土地整治与产业发展联动机制、

“人地挂钩”机制，并在顶层设计、组织管理、收益分配、市场监管、规范用地方面配套相应的主导政策，在打消农户顾虑、强化农业社会化服务、完善政府职能、调整粮食政策方面配套相应的辅助政策。

9.3 展望

本章结合土地流转、农业产业化及土地整治的理论与实践，以资源流动与整合为视角，在对重庆市种植业变化趋势分析的基础上，以江津区为研究样区，并选取四川省广汉市和重庆市荣昌区、铜梁区、梁平县为主要参照，遵循“种植业变化—模式探索—技术集成—效应反馈—机制构建”的逻辑框架，探讨了山地丘陵区农业现代化进程中土地资源的流动与整合的需求、模式、技术、效应、机制等问题。但也由于命题较大，在研究深度和广度上都存在不足之处。因此，今后研究中可从以下方面进一步丰富相关理论和技术问题，为山地丘陵区农业现代化提供支撑。

（1）基于地域特征，丰富山地丘陵区土地资源流动与整合的模式与技术。

本章以山地丘陵区种植业的变化趋势和政策取向为需求导向，以山地丘陵区人地协调的土地整治模式和土地流转与资源整合的关键技术为支撑，以典型区域农地适度规模经营的差异化特征为表征，以高标准基本农田建设后的产业化效应为反馈，以基于城乡融合的资源流动与整合机制构建为保障，研究了山地丘陵区土地资源流动与整合的模式、技术、效应、机制等相关问题。但在研究地域上集中于重庆市，对相关理论技术问题的解释或回答难免存在局限性。因此，有必要在山地丘陵区这一大地貌概念下，进一步区分不同的地域特征，深化和拓展对土地资源流动与整合问题的研究。

（2）关注资源流动与整合过程中，土地价值的流动与变化。目前对土地价值问题的研究大量存在。但基于资源流动与整合，探讨这一过程中土地资源价值的流动、转换、迁移、增值、创造、毁灭等一系列变化问题的文献仍十分有限。本章虽然对此有所反映，但并未做专门讨论。因此，有必要进一步从变化特征、影响因素、机理、政策含义等方面开展系统性研究。

参考文献

[1] 安虎森，1997. 增长极理论评述 [J]. 南开经济研究，(1): 31-37.

[2] 敖方源，2016. 重庆丘陵山区探索宜机土地整治模式 [J]. 农机科技推广，(4): 58.

[3] 鲍家伟，2015. 实施人地挂钩　促进农民工融入城镇 [J]. 宏观经济管理，(11): 63-65.

[4] 边振兴，杨子娇，钱凤魁，等，2016. 基于 LESA 体系的高标准基本农田建设时序研究 [J]. 自然资源学报，31 (3): 436-446.

[5] 卞琦娟，周曙东，易小燕，等，2011. 农户农地流转现状、特征及其区域差异分析：以浙江省为例 [J]. 资源科学，33 (2): 308-314.

[6] 卞瑞鹤，2015. "粮贱伤农" 困局待解 [J]. 农村 · 农业 · 农民，(11): 29-31.

[7] 蔡昉，2010. "民工荒" 现象：成因及政策涵义分析 [J]. 开放导报，(2): 5-10.

[8] 蔡洁，李世平，2014. 基于熵权可拓模型的高标准基本农田建设项目社会效应评价 [J]. 中国土地科学，28 (10): 40-47.

[9] 蔡杨，2012-12-08. 重庆粮食产量连年增长，咋追不上需求的 "翅膀" ?[N]. 重庆日报 .

[10] 藏波，吕萍，2014. "人地挂钩" 视域下农民工住房问题的解困思路：天津、重庆和广州的经验 [J]. 城市发展研究，21 (12): 26-30.

[11] 曹利平，2009. 农村劳动力流动、土地流转与农业规模化经营研究：以河南省固始县为例 [J]. 经济经纬，(4): 84-87.

[12] 曹顺爱，余万军，吴次芳，等，2006. 农地整理对土地景观格局影响的定量分析 [J]. 中国土地科学，20 (5): 32-37.

[13] 曹应旺，2012. 十六大以来建设社会主义新农村战略思想的形成和发展 [J]. 党的文献，(5): 97-104.

[14] 车维汉，杨荣，2010. 技术效率、技术进步与中国农业全要素生产率的提高：基于国际比较的实证分析 [J]. 财经研究，36 (3): 113-123.

[15] 陈百明，谷晓坤，张正峰，等，2011. 土地生态化整治与景观设计 [J]. 中国土地科学，25 (6): 10-14.

[16] 陈超，任大廷，2011. 基于前景理论视角的农民土地流转行为决策分析 [J]. 中国农业资源与区划，32 (2): 18-21.

[17] 陈成文，罗忠勇，2006. 土地流转：一个农村阶层结构再构过程 [J]. 湖南师范大学社会科学学报，35 (4): 5-10.

[18] 陈家宝，2002. 城乡一体化进程中的资源整合与对接：南京市城乡 "二元结构" 成因及其对策实证分析 [J]. 中国农村经济，(10): 62-68.

[19] 陈松，刘海云，2013. 人口红利、城镇化与我国出口贸易的发展 [J]. 国际贸易问题（6）：57-66.
[20] 陈锡文，2015. 适应经济发展新常态　加快转变农业发展方式 [J]. 求是，(6)：20-22.
[21] 陈晓华，2016. 引导农村土地经营权有序流转　促进农业适度规模经营健康发展 [J]. 行政管理改革，(2)：17-20.
[22] 陈小明，冯新伟，吕巧灵，2009. 土地整理项目在新农村建设中的作用：以嵩县田湖镇为例 [J]. 河北农业科学，13（1）：65-68.
[23] 陈心佩，钟守琴，魏朝富，2016. 非农建设占用耕地耕层土壤剥离潜力评价方法 [J]. 农业工程学报，32（5）：289-296.
[24] 陈训波，武康平，贺炎林，2011. 农地流转对农户生产率的影响：基于 DEA 方法的实证分析 [J]. 农业技术经济，(8)：65-70.
[25] 陈银龙，2012. 整合资源，推进农村环境整治 [J]. 环境教育，(7)：13.
[26] 陈幼惠，2013. 加快农村土地流转，推进农业规模经营 [J]. 南方农村，29（3）：11-13.
[27] 陈瑜琦，李秀彬，2009. 1980 年以来中国耕地利用集约度的结构特征 [J]. 地理学报，64（4）：469-478.
[28] 陈兆波，董文，霍治国，等，2013. 中国农业应对气候变化关键技术研究进展及发展方向 [J]. 中国农业科学，46（15）：3097-3104.
[29] 程达军，2004. 论我国人力资源的整合 [J]. 经济师，(5)：200-201.
[30] 程飞，信桂新，魏朝富，等，2015. 农地流转综合绩效评价体系构建及应用 [J]. 西南大学学报（自然科学版），37（1）：110-117.
[31] 程启月，2010. 评测指标权重确定的结构熵权法 [J]. 系统工程理论与实践，30（7）：1225-1228.
[32] 程序，邱化蛟，朱万斌，2008. 从全球农业发展的趋势审视我国农业发展的现状和未来 [M]. 北京：中国农业出版社.
[33] 重庆市政府，2009-09-30. 重庆市应对气候变化方案 [Z].
[34] 崔旭，2013. 浅析高标准基本农田建设中需要解决的几个问题 [J]. 国土资源，(3)：48-49.
[35] 崔永红，2005. 农业产业化经营绩效评价指标体系的思考 [J]. 农业技术经济，(4)：28-32.
[36] 戴炜华，2001. 论行为模式理论 [J]. 上海理工大学学报（社会科学版），23（1）：50-54.
[37] 丁松，罗昀，黄贤金，等，2004. 我国土地整理产业化发展的基本策略 [J]. 经济地理，24（4）：528-532.
[38] 董刚，丁新正，2009. 论农村集体土地流转及利益协调问题：以成渝全国统筹城乡综合配套改革试验区为实证 [J]. 探索，(1)：87-91.
[39] 董运来，赵慧娥，王大超，2008. 国外农业补贴的经验及借鉴 [J]. 沈阳工业大学学报

（社会科学版），1（4）: 335-340.
[40] 杜云生，2011. 从内到外说整治：湖北省开展土地整治的主要做法 [J]. 中国土地，（3）: 8-11.
[41] 段家芬，2013. 劳动力转移、人口“空心化”与农村土地规模化经营研究 [D]. 成都：西南财经大学 .
[42] 段建南，2013. 农业资源及可持续利用 [M]. 北京：中国农业出版社 .
[43] 段力，傅鸿源，2011. 地票模式与农村集体建设用地流转制度的案例研究 [J]. 公共管理学报，8（2）: 86-92.
[44] 段应碧，2011. 城镇化不能加剧农村边缘化 [J]. 中国房地产业，（2）: 18-20.
[45] [法] 阿・德芒戎，2007. 人文地理学问题 [M]. 葛以德，译 . 北京：商务印书馆 .
[46] 凡兰兴，2011. 农民就业多元化：加强农村劳动力资源开发 [J]. 农业经济与管理，（4）: 60-66.
[47] 樊帆，2002. 试论土地流转与农业生产结构调整的关系 [J]. 农林经济管理学报，1（3）: 30-33.
[48] 范鼎，闫明，2002. 农业农村农民问题是关系全局的首要问题 [J]. 学理论，（5）: 14-15.
[49] 范玉芳，罗友进，魏朝富，2010. 西南丘陵山区坡耕地水平梯田工程设计分析 [J]. 山地学报，28（5）: 560-565.
[50] 冯应斌，杨庆媛，2014. 转型期中国农村土地综合整治重点领域与基本方向 [J]. 农业工程学报，30（1）: 175-182.
[51] 奉婷，张凤荣，李灿，等，2014. 基于耕地质量综合评价的县域基本农田空间布局 [J]. 农业工程学报，30（1）: 200-210.
[52] 付凯，2014. 农地流转对农业生产要素整合的影响 [D]. 重庆：西南大学 .
[53] 付雨晴，丑洁明，董文杰，2014. 气候变化对我国农作物宜播种面积的影响 [J]. 气候变化研究进展，（2）: 110-117.
[54] 高明秀，张芹，赵庚星，2011. 土地整理的评价方法及应用 [J]. 农业工程学报，27（10）: 300-307.
[55] 高明秀，赵庚星，王瑗玲，2006. 土地整理与农村建设：国外的分析及中国的对策 [J]. 农业工程学报，22（S2）: 299-302.
[56] 高明秀，赵庚星，2012. 土地整理与新农村建设耦合关系模型研究 [J]. 中国土地科学，26（5）: 82-87.
[57] 高鹏，傅新红，2014. 城市化进程中农业经营模式的优化路径 [J]. 农村经济，（5）: 111-113.
[58] 高向军，彭爱华，彭志宏，等，2011. 农村土地综合整治存在的问题及对策 [J]. 中国土地科学，25（3）: 4-8.
[59] 高向军，2006. 土地开发整理项目典型调查与评价 [M]. 北京：中国大地出版社 .

[60] 高阳华，居辉，JAN VERHAGEN，等，2008. 气候变化对重庆农业的影响及对策研究 [J]. 高原山地气象研究，28（4）: 46-49.
[61] 郜亮亮，黄季焜，2011. 不同类型流转农地与农户投资的关系分析 [J]. 中国农村经济，（4）: 9-17.
[62] 葛建强，胡方玉，2015-10-17. 委员建言引发关注　市长挂帅建高标田 [N]. 人民政协报.
[63] 谷晓坤，刘静，张正峰，等，2014. 大都市郊区景观生态型土地整治模式设计 [J]. 农业工程学报，30（6）: 205-211.
[64] 谷晓坤，2012. 湖北省不同类型土地整治生态效应评价 [J]. 应用生态学报，23（8）: 2263-2269.
[65] 郭贝贝，金晓斌，杨绪红，等，2014. 基于农业自然风险综合评价的高标准基本农田建设区划定方法研究 [J]. 自然资源学报，29（3）: 377-386.
[66] 郭斌，韩璐，2012. 基于农地流转行为中转入方进行内涵式投资的条件分析 [J]. 广东农业科学，39（6）: 213-216.
[67] 郭贯成，侯嘉慧，丁琳琳，2016. 农地流转现状、区域差异及影响因素分析：以江苏省为例 [J]. 江苏农业科学，44（7）: 563-566.
[68] 郭苦成，黄传伟，李何超，2010. 新时期破解“三农”问题的利刃：浅析城乡建设用地增减挂钩试点对新农村建设和城乡统筹发展的作用 [J]. 资源与人居环境，（19）: 24-26.
[69] 郭文炯，姜晓丽，杨伟，等，2015. 资源型地区流动人口空间分布特征与影响因素分析：以山西省为例 [J]. 中国名城，（2）: 56-61.
[70] 韩宏伟，2012. 土地综合整治中空间格局优化研究 [D]. 昆明：昆明理工大学 .
[71] 韩霁昌，2012. 生态文明是土地整治的终极目标 [J]. 中国土地，（4）: 46-47.
[72] 韩长赋，2011. 加快推进农业现代化努力实现“三化”同步发展 [J]. 求是，（19）: 39-42.
[73] 何广文，赵大晖，2001. 培育农业资本市场　深化农业产业化经营 [J]. 农业经济问题，22（11）: 38-42.
[74] 何小勤，2013. 农业劳动力老龄化研究：基于浙江省农村的调查 [J]. 人口与经济，（2）: 69-77.
[75] 贺雪峰，2013. 新乡土中国 [M]. 北京：北京大学出版社 .
[76] 贺雪峰，2013. 关于“中国式小农经济”的几点认识 [J]. 南京农业大学学报（社会科学版），13（6）: 1-6.
[77] 赫寿义，安虎森，1999. 区域经济学 [M]. 北京：经济科学出版社 .
[78] 胡初枝，黄贤金，2007. 农户土地经营规模对农业生产绩效的影响分析：基于江苏省铜山县的分析 [J]. 农业技术经济，（6）: 81-84.
[79] 胡建民，胡欣，左长清，2005. 红壤坡地坡改梯水土保持效应分析 [J]. 水土保持研究，

12（4）: 271-273.
[80] 胡奇，2012. 土地流转对农村剩余劳动力数量影响的研究 [J]. 人口与经济，（5）: 102-108.
[81] 胡秋红，张力小，王长波，2011. 两种典型养鸡模式的能值分析 [J]. 生态学报，31（23）: 7227-7234.
[82] 胡霞，2000. 农业衰退对经济发展影响的内在机制：发展中国家的经验及其理论分析 [J]. 宁夏社会科学，（6）: 16-22.
[83] 胡永宏，2002. 对 TOPSIS 法用于综合评价的改进 [J]. 数学实践与认识，32（4）: 572-575.
[84] 黄红球，2013. 农业产业化经营评价指标体系设置及评价方法研究：基于广东省的证据 [J]. 农业技术经济，（7）: 110-117.
[85] 黄鹏，郑巧凤，2011. 土地整合模式研究 [J]. 商业时代，（7）: 103-104.
[86] 黄延廷，2012. 农地流转、规模化进程中的农地制度创新研究 [J]. 社会科学，（1）: 58-64.
[87] 黄胤英，温铁军，2008. 农村基本制度建设与农业稳定增长：山东省平度市农村 1987—1996 年综合性制度试验的实证研究 [J]. 中国软科学，（12）: 37-45.
[88] 黄玉娇，陈美球，刘志鹏，2013. 高标准基本农田建设面临困境与对策初探 [J]. 中国国土资源经济，（11）: 28-30.
[89] 黄宗智，彭玉生，2007. 三大历史性变迁的交汇与中国小规模农业的前景 [J]. 中国社会科学，（4）: 74-88.
[90] 黄宗智，2014. “家庭农场”是中国农业的发展出路吗 ?[J]. 开放时代，（2）: 176-194.
[91] 黄宗智，2010. 中国的隐性农业革命 [M]. 北京：法律出版社 .
[92] 黄宗智，2006. 中国农业面临的历史性契机 [J]. 读书，（10）: 118-129.
[93] 黄宗智，2009. 中国小农经济的过去和现在：舒尔茨理论的对错 [J]. 中国乡村研究，（6）: 267-287.
[94] 黄祖辉，2009. 基于资源利用效率的现代农业评价体：兼论浙江高效生态现代农业评价指标构建 [J]. 农业经济问题，（11）: 20-27.
[95] 贾芳芳，于亚男，王秀茹，2007. 浅谈基本农田整理的景观效应：以河北省邢台市平乡县寻召乡基本农田整理项目为例 [J]. 水土保持研究，14（3）: 169-172.
[96] 姜雨辰，2015. 高标准基本农田建设效益评价 [D]. 兰州：甘肃农业大学 .
[97] 蒋宏宾，1996. 我国分配体制改革新构想：西方经济学分配理论的启示 [J]. 唯实，（6）: 3-6.
[98] 蒋一军，2001. 我国农村土地整理研究 [D]. 北京：北京大学 .
[99] 金炳华，2003. 马克思主义哲学大辞典 [M]. 上海：上海辞书出版社 .
[100] 金微，2013-12-16. 吉林省原省长洪虎：主销区拖欠粮食款多年未还 [N/OL]. 每日经济新闻网 . http://www.nbd.com.cn/ articles/2013-12-16/795175.html.

[101] 孔祥智，周振，2014.“三个导向”与新型农业现代化道路 [J]. 江汉论坛，(7): 42-49.

[102] 寇有观，1987. 农业资源信息系统的研究 [J]. 自然资源学报，2 (1): 84-91.

[103] 蓝盛芳，钦佩，陆宏芳，2002. 生态经济系统能值分析 [M]. 北京：化学工业出版社 .

[104] 郎渊，2015. 丘陵山地区格田整治工程技术措施 [J]. 南方农业，9 (12): 170.

[105] 雷勋平，ROBIN QIU，刘勇，2016. 基于熵权 TOPSIS 模型的区域土地利用绩效评价及障碍因子诊断 [J]. 农业工程学报，32 (13): 243-253.

[106] 冷敏华，2013. 中东欧农地改革背景下的土地细碎化与土地整理研究 [D]. 南京：南京农业大学 .

[107] 李冰清，王占岐，金贵，2015. 新农村建设背景下的土地整治项目绩效评价 [J]. 中国土地科学，29 (3): 68-74.

[108] 李炳坤，2007. 加快建立健全现代农业服务体系 [J]. 农村工作通讯，(8): 12-16.

[109] 李伯华，2014. 农户空间行为变迁与乡村人居环境优化研究 [M]. 北京：科学出版社 .

[110] 李灿，张凤荣，朱泰峰，等，2013. 基于熵权 TOPSIS 模型的土地利用绩效评价及关联分析 [J]. 农业工程学报，29 (5): 217-227.

[111] 李晨，吴克宁，刘新卫，2013. 土地整治促进城乡统筹 [J]. 中国土地，(4): 45-46.

[112] 李程骅，2009. 城市化不应是农村边缘化 [J]. 北京农业，(23): 48.

[113] 李谷成，李崇光，2012. 十字路口的农户家庭经营：何去何从 [J]. 经济学家，(1): 55-63.

[114] 李光跃，王敏，吴建中，2010. 统筹城乡发展的“成都模式”初探 [J]. 系统科学学报，18 (1): 67-71.

[115] 李京生 . 城市规划与乡村规划相辅相成 [EB/OL]. 2015-01-13. http://www.planning.org.cn/news/view?id =2095.

[116] 李澜，李阳，2009. 我国农业劳动力老龄化问题研究：基于全国第二次农业普查数据的分析 [J]. 农业经济问题，(6): 61-66.

[117] 李亮科，2015. 生产要素利用对粮食增产和环境影响研究 [D]. 北京：中国农业大学 .

[118] 李鹏，2011. 要素流动对区域经济发展的推动效应 [J]. 中国集体经济，(33): 29-30.

[119] 李倩，2014. 土地整治的发展方向：访国土资源部土地整治中心副主任郧文聚 [J]. 中国土地，(1): 32-34.

[120] 李让恩，2012. 丘陵区农村土地整治与农业产业发展的关系研究 [D]. 重庆：西南大学 .

[121] 李荣，2015. 山区高标准基本农田建设对策浅析 [J]. 陕西水利，(3): 180.

[122] 李善君，2009. 推进农村土地流转促进农业产业化经营 [J]. 改革与开放，(8): 6-7.

[123] 李少帅，郧文聚，2012. 高标准基本农田建设存在的问题及对策 [J]. 资源与产业，14 (3): 189-193.

[124] 李太森，2015-05-02. 统筹城乡建设用地势所必然 [N]. 河南日报 .

[125] 李文秀，李仪，江颖，2015. 发达国家农业生产投入与农业生产率的实证研究 [J]. 世界农业，(4): 29-33.
[126] 李香，2012. 农村土地流转对劳动力转移的影响研究 [D]. 济南：山东大学 .
[127] 李潇，2012. 土地规模流转的效应分析：关于吉林省汪清县红日村的调查 [D]. 重庆：西南大学 .
[128] 李霄，2003. 农村土地使用权流转的博弈分析 [J]. 农业经济问题，24 (12): 4-7.
[129] 李晓燕，谢长青，2004. 农业机械与土地流转问题 [J]. 农机化研究，(2): 25-26.
[130] 李鑫，欧名豪，2011. 建设用地供给创新：总量控制 + 差别化调控 [J]. 中国土地，(8): 47.
[131] 李秀彬，赵宇鸾，2011. 森林转型、农地边际化与生态恢复 [J]. 中国人口 · 资源与环境，21 (10): 91-95.
[132] 李秀彬，2002. 土地利用变化的解释 [J]. 地理科学进展，21 (3): 195-203.
[133] 李雪瑞，2010. 旅游资源整合评价分类方法与指标体系研究 [D]. 南昌：南昌大学 .
[134] 李妍，2013. 本刊独家专访国土资源部副部长胡存智：土地资源配置不能完全跟着市场走 [J]. 中国经济周刊，(13): 35-37.
[135] 李玉芳，杜潇，何宏，等，2013. 土地整理项目后效益的综合评价 [J]. 中国人口：资源与环境，23 (11): 384-387.
[136] 李中，2013. 农村土地流转与农民收入：基于湖南邵阳市跟踪调研数据的研究 [J]. 经济地理，33 (5): 144-149.
[137] 李子联，2012. 江苏省土地整理与农民增收实证研究 [J]. 经济地理，32 (11): 120-125.
[138] 梁金修，2011. 推进农业用地土地流转：江苏省泰州市黄桥镇双桥村调查 [J]. 宏观经济管理，(12): 55-56.
[139] 梁伟峰，刘娜，2012. 高标准基本农田建设中应注意几个要点 [J]. 中国集体经济，(6S): 3-4.
[140] 梁伟恒，2012. 农村建设用地复垦绩效评价研究 [D]. 重庆：西南大学 .
[141] 梁义成，李树茁，费尔德曼，等，2010. 农户的非农参与和农业劳动供给研究：来自中国西部山区的证据 [J]. 统计与信息论坛，25 (5): 91-96.
[142] 林卿，李建平，林翊，等，2006. 两岸农业合作模式：资源流动与整合：以闽台农业合作为例 [J]. 福建师范大学学报（哲学社会科学版），(6): 37-41.
[143] 林石，2013. 争议城镇化：解密新城镇化十年蓝图 [J]. 新财经，(2): 24-29.
[144] 刘成武，李秀彬，2006a. 对中国农地边际化现象的诊断：以三大粮食作物生产的平均状况为例 [J]. 地理研究，25 (5): 895-904.
[145] 刘成武，李秀彬，2006b. 基于生产成本的中国农地利用集约度的变化特征 [J]. 自然资源学报，21 (1): 9-15.
[146] 刘慧，魏永霞，2014. 黑土区土壤侵蚀厚度对土地生产力的影响及其评价 [J]. 农业工

程学报，30（20）: 288-296.
[147] 刘丽伟，2012. 我国发展社区支持农业的多功能价值及路径选择 [J]. 学术交流，（9）: 100-103.
[148] 刘莉君，2013. 农村土地流转的国内外研究综述 [J]. 湖南科技大学学报（社会科学版），16（1）: 95-99.
[149] 刘奇，2014-04-24. 农村土地问题的现实困境 [N]. 农民日报 .
[150] 刘琴，2014. 土地流转制度下粮食主产区粮食生产问题研究 [J]. 生态经济，30（4）: 75-77.
[151] 刘淑春，2008. 改革开放以来中国农村土地流转制度的改革与发展 [J]. 经济与管理，22（10）: 23-27.
[152] 刘涛，曲福田，金晶，等，2008. 土地细碎化、土地流转对农户土地利用效率的影响 [J]. 资源科学，30（10）: 1511-1516.
[153] 刘维奇，韩媛媛，2013. 中国城乡资源流动与城乡互动关系研究：以比较经济史为视角 [J]. 现代经济探讨，（10）: 15-19.
[154] 刘卫柏，李中，2011. 新时期农村土地流转模式的运行绩效与对策 [J]. 经济地理，31（2）: 300-304.
[155] 刘文平，宇振荣，郧文聚，等，2012. 土地整治过程中农田防护林的生态景观设计 [J]. 农业工程学报，28（18）: 233-240.
[156] 刘彦随，刘玉，翟荣新，2006. 中国农村空心化的地理学研究与整治实践 [J]. 地理学报，64（10）: 1193-1202.
[157] 刘彦随，刘玉，2010. 中国农村空心化问题研究的进展与展望 [J]. 地理研究，29（1）: 35-42.
[158] 刘彦随，朱琳，李玉恒，2012. 转型期农村土地整治的基础理论与模式探析 [J]. 地理科学进展，31（6）: 777-782.
[159] 刘彦随，2011. 科学推进中国农村土地整治战略 [J]. 中国土地科学，25（4）: 3-8.
[160] 刘彦随，2015. 土地综合研究与土地资源工程 [J]. 资源科学，37（1）: 1-8.
[161] 刘羊旸，王宇，韩长赋，2015. 多种形式适度规模经营是农业现代化必由之路 [J]. 现代农业装备，（1）: 5-6.
[162] 刘英，朱雅玲，祝琪雅，等，2011. 农村土地综合整治中土地流转存在的问题及建议 [J]. 现代农业科技，（13）: 389-399.
[163] 刘勇，吴次芳，岳文泽，等，2008. 土地整理项目区的景观格局及其生态效应 [J]. 生态学报，28（5）: 2261-2269.
[164] 龙花楼，刘彦随，张小林，等，2014. 农业地理与乡村发展研究新进展 [J]. 地理学报，69（8）: 1145-1158.
[165] 龙花楼，2015. 论土地利用转型与土地资源管理 [J]. 地理研究，34（9）: 1607-1618.
[166] 龙花楼，2012. 论土地利用转型与乡村转型发展 [J]. 地理科学进展，31（2）: 131-

138.
[167] 龙花楼，2013. 论土地整治与乡村空间重构 [J]. 地理学报，68（8）: 1019-1028.
[168] 龙花楼，2003. 区域土地利用转型与土地整理 [J]. 地理科学进展，22（2）: 133-140.
[169] 卢福营，2005. 非农化与农村社会分层 [M]. 北京：中国经济出版社 .
[170] 卢建新，苏雨薇，2013. 中部地区农村土地流转与证券化意愿调查研究 [J]. 农业经济问题，34（8）: 49-55.
[171] 卢盛荣，李文溥，易明子，2012. 农民增收：地权稳定抑或土地流转：基于对漳浦县农地细碎化和农业投入的产出弹性分析 [J]. 东南学术，（2）: 86-94.
[172] 鲁春阳，文枫，杨庆媛，等，2011. 基于改进 TOPSIS 法的城市土地利用绩效评价及障碍因子诊断：以重庆市为例 [J]. 资源科学，33（3）: 535-541.
[173] 鲁莎莎，刘彦随，2011. 农地流转中规模经营的适宜度分析：以山东利津县为例 [J]. 地理科学进展，30（5）: 600-606.
[174] 陆大道，1991. 区位伦及区域研究方法 [M]. 北京：科学出版社 .
[175] 罗必良，吴晨，2008. 交易效率：农地承包经营权流转的新视角：基于广东个案研究 [J]. 农业技术经济，（2）: 12-18.
[176] 罗必良，2013. 产权强度、土地流转与农民权益保护 [M]. 北京：经济科学出版社 .
[177] 罗隆诚，房鹏飞，2013. 新一轮土地整治规划“新视角”：以陕西省西安市为例 [J]. 中国集体经济，（10）: 6-7.
[178] 罗明，张惠远，2002. 土地整理及其生态环境影响综述 [J]. 资源科学，24（2）: 60-63.
[179] 罗文斌，吴次芳，2014. 农村土地整理项目绩效评价及影响因素定量分析 [J]. 农业工程学报，30（22）: 273-281.
[180] 罗小锋，刘清民，2010. 我国农业机械化与农业现代化协调发展研究 [J]. 中州学刊，（2）: 54-56.
[181] 马贵发，李建，2011. 以土地流转推进产业结构调整的思考 [J]. 云南农业，（10）: 49-50.
[182] 马述忠，李嫣君，吴国杰，2015. 基于空间自相关的中国技术类创新资源流动影响因素分析 [J]. 经济学家，（11）: 15-25.
[183] 马晓河，崔红志，2002. 建立土地流转制度，促进区域农业生产规模化经营 [J]. 管理世界，（11）: 63-77.
[184] 马忠伟，2007. 城乡统筹发展视角下重庆农村劳动力有序转移的促进机制与政策研究 [D]. 重庆：西南大学 .
[185] [美] 莱斯特 · R. 布朗，2006. B 模式 2.0：拯救地球延续文明 [M]. 林自新，暴永宁，译 . 北京：东方出版社 .
[186] 孟繁元，熊建华，李晶，2006. 国外土地征用制度比较及对我国的启示 [J]. 农业经济，（10）: 50-52.

[187] 缪瑞林，2000. 可持续农业资源开发论 [D]. 南京：南京农业大学 .
[188] 欧阳进良，宋春梅，宇振荣，等，2004. 黄淮海平原农区不同类型农户的土地利用方式选择及其环境影响：以河北省曲周县为例，自然资源学报 [J]. 19（1）: 1-11.
[189] 潘延立，2015. 高标准基本农田建设项目效益评价研究：以滕州市羊庄镇为例 [D]. 泰安：山东农业大学 .
[190] 彭文斌，2008. 资本流动对区域经济差距的影响研究 [D]. 上海：复旦大学 .
[191] 钱忠好，2008. 非农就业是否必然导致农地流转：基于家庭内部分工的理论分析及其对中国农户兼业化的解释 [J]. 中国农村经济，（10）: 13-21.
[192] 秦鹏程，姚凤梅，曹秀霞，等，2011. 利用作物模型研究气候变化对农业影响的发展过程 [J]. 中国农业气象，32（2）: 240-245.
[193] 秦志伟，2016-04-20. 机械化与规模化"惺惺相惜"[N]. 中国科学报 .
[194] 秦中春，2013-07-04. 中国未来十年农产品消费增长预测 [N]. 中国经济时报 .
[195] 曲衍波，姜广辉，张凤荣，等，2012. 基于农户意愿的农村居民点整治模式 [J]. 农业工程学报，（23）: 232-242.
[196] 冉清红，岳云华，谢德体，等，2008. 土地整理的人—地系统响应综述 [J]. 水土保持研究，15（4）: 171-174.
[197] 人民网，2015. 习近平：依法依规做好耕地占补平衡　规范有序推进农村土地流转　李克强作出批示 [J]. 中国农业会计，（6）: 1.
[198] 单志芬，毕涛，刘德方，等，2010. 发展规模经营提高耕地资源利用率：黑龙江省农村土地规模经营的调研 [J]. 中国农业资源与区划，31（1）: 33-38.
[199] 邵景安，魏朝富，谢德体，2007. 家庭承包制下土地流转的农户解释：对重庆不同经济类型区七个村的调查分析 [J]. 地理研究，26（2）: 275-286.
[200] 邵晓梅，刘庆，张衍毓，2006. 土地集约利用的研究进展及展望 [J]. 地理科学进展，25（2）: 85-95.
[201] 沈关宝，2007. 一场静悄悄的革命 [M]. 上海：上海大学出版社 .
[202] 沈琳，2013. 中国农村土地流转绩效评价及对策研究 [D]. 武汉：中国地质大学 .
[203] 宋洪远，2015. 转变农业发展方式　加快推进农业现代化 [J]. 中国发展观察，（2）: 7-10.
[204] [日] 速水佑次郎，[美] 弗农・拉坦，2000. 农业发展的国际分析 [M]. 郭熙保，张进铭，译 . 北京：中国社会科学出版社.
[205] 隋学佳，陈前利，田美玲，等，2016. 农地整治的农户增收效应实证分析：以沙湾县安集海镇为例 [J]. 农业与技术，36（2）: 168-169.
[206] 孙剑，2008. 中国农业发展与农村劳动力充分就业研究 [D]. 北京：中国人民大学 .
[207] 孙秀峰，2013. 中国粮食产销平衡区的粮食安全与耕地保护研究 [D]. 重庆：西南大学 .
[208] 谭梦，黄贤金，钟太洋，等，2011. 土地整理对农田土壤碳含量的影响 [J]. 农业工程学报，27（8）: 324-329.

[209] 谭荣，曲福田，2006. 中国农地非农化与农地资源保护：从两难到双赢 [J]. 管理世界，(12): 50-59.

[210] 谭枭，王秀茹，汤怀志，2013. 县级高标准基本农田建设条件评价指标体系及方法研究：以四川省绵竹市为例 [J]. 西南农业学报，26 (5): 1977-1983.

[211] 汤怀志，郧文聚，2015-05-05. 对接用地规划重塑国土空间 [N]. 中国国土资源报 .

[212] 田劲松，过家春，刘琳，等，2012. 基于物元模型的土地整理经济效益评价 [J]. 水土保持通报，32 (5): 107-112.

[213] 田孟，贺雪峰，2015. 中国的农地细碎化及其治理之道 [J]. 江西财经大学学报，(2): 88-96.

[214] 佟新，2000. 人口社会学 [M]. 北京：北京大学出版社 .

[215] 汪鸣，2015. 资源整合在于创造新价值 [J]. 物流时代，(12): 18.

[216] 王瑷玲，赵庚星，李占军，2006. 土地整理效益项目后综合评价方法 [J]. 农业工程学报，22 (4): 58-61.

[217] 王丹，2012. 高标准农田建设的后评价研究 [D]. 扬州：扬州大学 .

[218] 王昉，2007. 传统中国社会农村地权关系及制度思想在近代的转型 [J]. 学术论坛，(3): 91-96.

[219] 王桂艳，2015. 关于土地资源调查与评价的探讨 [J]. 工程技术（引文版），(25): 248.

[220] 王海燕，2002. 农业经济可持续利用研究——农业资源承载力和可持续评价 [D]. 北京：中国农业大学 .

[221] 王家庭，陈天烨，冯树，2015. 改革视角下中国新型城镇化红利及其释放路径 [J]. 区域经济评论，(3): 149-154.

[222] 王军，李正，白中科，等，2011. 土地整理对生态环境影响的研究进展与展望 [J]. 农业工程学报，27 (增刊 1) : 340-345.

[223] 王军，2011. 土地整治呼唤景观生态建设 [J]. 中国土地科学，25 (6): 15-19.

[224] 王锟，2005. 工具理性和价值理性：理解韦伯的社会学思想 [J]. 甘肃社会科学，(1): 120-122.

[225] 王丽，蒋桂斌，2005-12-09. 我国九个粮食产销平衡区外调粮增加安全令人忧 [N]. 经济参考报 .

[226] 王鹏，黄贤金，张兆干，等，2004. 江西上饶县农业产业结构调整与土地利用变化研究 [J]. 资源科学，26 (2): 115-122.

[227] 王庆日，唐健，2015. 农村土地政策创新：实践发展与检验 [J]. 中国土地，(12): 6-10.

[228] 王淑君，张胜，于富生，2008. 价值链会计理论框架研究 [J]. 管理世界，(3): 179-180.

[229] 王图展，2013. 丘陵山区农业机械化发展的制约因素及对策：以重庆为例 [J]. 农机化研究，(3): 24-28.

[230] 王喜，陈常优，谢申申，2014. 基于行为与结果的土地整治项目绩效评价研究 [J]. 地理与地理信息科学，30（6）: 88-93.
[231] 王新盼，姜广辉，张瑞娟，等，2013. 高标准基本农田建设区域划定方法 [J]. 农业工程学报，29（10）: 241-250.
[232] 王雅芹，王震，2010. 论农村土地流转对农村土地利用的双重效应 [J]. 改革与战略，26（9）: 101-103.
[233] 王亚运，蔡银莺，李海燕，2015. 空间异质性下农地流转状况及影响因素：以武汉、荆门、黄冈为实证 [J]. 中国土地科学，29（6）: 18-25.
[234] 王英，刘秀华，刘勇，2012. 不同经济区农村劳动力结构失衡及其影响研究：基于重庆市的实证分析 [J]. 西南师范大学学报，37（7）: 119-125.
[235] 王永宇，2012（6）: 40-41. 浅议"人地挂钩"政策 [J]. 中国土地 .
[236] 王雨濛，张安录，2006. 基于新农村建设背景下城乡建设用地关系的思考 [C]// 全国青年农业经济学者年会 .
[237] 王媛，2014-02-20. 丰年缺粮冲破自给红线　中粮集团海外找粮 [N]. 时代周报 .
[238] [美] 威廉・恩道尔，2008. 粮食危机 [M]. 赵刚，胡钰，旷野，等，译 . 北京：知识产权出版社 .
[239] 卫思祺，2012. 现代农业发展的要素整合与政策选择 [J]. 中州学刊，（3）: 67-70.
[240] 魏明宇，金凤，任家强，2013. 高标准基本农田建设规划设计及效益分析：以辽阳县小北河镇东月河等村为例 [J]. 吉林农业，（2）: 46.
[241] 魏巍，2015. 土地流转与农业产业化协同发展：以河南省叶县为例 [J]. 人民论坛，（35）: 86-88.
[242] 魏雯，张杰，王建康，2015. 家庭农场农地流转意愿研究：基于陕西省的调查 [J]. 调研世界，（11）: 41-45.
[243] 吴超，胡小东，2010. 基于能值理论的重庆市生态承载力现状研究 [J]. 西南大学学报（自然科学版），32（4）: 26-30.
[244] 吴晨，2009. 制度、交易效率与农户耕种农地面积行为选择：基于 2007 年广东省农地流转的实证研究 [J]. 农村经济，（6）: 27-31.
[245] 吴传钧，1991. 论地理学的研究核心：人地关系地域系统 [J]. 经济地理，11（3）: 1-6.
[246] 吴传钧，2008. 人地关系地域系统的理论研究及调控 [J]. 云南师范大学学报（哲学社会科学版），40（2）: 1-3.
[247] 吴次芳，费罗成，叶艳妹，2011. 土地整治发展的理论视野、理性范式和战略路径 [J]. 经济地理，31（10）: 1718-1722.
[248] 吴海洋，2012. 农村土地整治　助推农业现代化 [J]. 求是，（7）: 51-53.
[249] 吴文嫔，2015-07-02. 严守农村土地制度改革底线 [N]. 人民日报 .
[250] 吴玉洁，胡希军，但新球，2010. 复合系统视角下的乡村景观类型研究 [J]. 中南林业科技大学学报（社会科学版），4（2）: 80-83.

[251] 伍学林，2011. 成都市城乡建设用地增减挂钩试点的经验与启示 [J]. 软科学，25（5）: 99-101.
[252] 夏渝，2010. 基于资源配置效应的农村土地流转经济分析 [J]. 知识经济，(6): 69.
[253] 夏玉莲，曾福生，2013. 农村土地流转、生态效应与区域差异——基于中国 31 个省份面板数据的实证分析 [J]. 山东农业大学学报（社会科学版），(3): 40-46.
[254] 夏玉莲，曾福生，2014. 农地流转效益、农业可持续性及区域差异 [J]. 华中农业大学学报（社会科学版），(2): 100-106.
[255] 夏玉莲，匡远配，曾福生，2016. 农地流转、区域差异与效率协调 [J]. 经济学家，(3): 87-95.
[256] 向国成，2005. 小农经济效率改进论纲：超边际经济学之应用研究 [J]. 社会科学战线，(4): 75-86.
[257] 谢高地，2002. 农业资源高效利用评价模型与决策支持 [M]. 北京：科学出版社 .
[258] 谢苗苗，李超，刘喜韬，等，2011. 喀斯特地区土地整理中的生物多样性保护 [J]. 农业工程学报，27（5）: 313-319.
[259] 谢新，2012. 指标控制下城乡土地流转微观机制分析：以成渝地票实践为例 [J]. 中国农村经济，(12): 17-31.
[260] 信桂新，阎建忠，杨庆媛，2012. 新农村建设中农户的居住生活变化及其生计转型 [J]. 西南大学学报（自然科学版），34（2）: 1221-130.
[261] 徐畅，高明，谢德体，等，2009. 土地整理年限对紫色丘陵区土壤质量的影响 [J]. 农业工程学报，25（8）: 242-248.
[262] 徐红，2007. 新农村建设中提高农村劳动力素质的问题和对策研究：以常州市武进区为例 [D]. 南京：南京林业大学 .
[263] 徐丽杰，2016. 中国经济新常态下推动城乡一体化发展的新策略 [J]. 税务与经济，(1): 16-21.
[264] 徐绍史，2009. 深入开展农村土地整治搭建新农村建设和城乡统筹发展新平台 [J]. 国土资源通讯，(8): 6-8.
[265] 徐勇，安祥生，王志强，2009. 基于农业资源分类的农业资源本体架构设计 [J]. 农业网络信息，(10): 8-11.
[266] 徐珍源，孔祥智，2010. 转出土地流转期限影响因素实证分析：基于转出农户收益与风险视角 [J]. 农业技术经济，(7): 30-40.
[267] 许传力，2016. 我国农民农业在国民经济中的地位及其出路 [J]. 农业与技术，36（3）: 113.
[268] 薛剑，韩娟，张凤荣，等，2014. 高标准基本农田建设评价模型的构建及建设时序的确定 [J]. 农业工程学报，30（5）: 193-203.
[269] 闫坤，刘陈杰，2014-12-29. 新常态下的新思路与新对策 [N]. 经济参考报 .
[270] 严斌剑，2011. 涉农产业发展对居民收入分配的影响研究 [D]. 南京：南京农业大学 .

[271] 严金明，夏方舟，李强，2012. 中国土地综合整治战略顶层设计 [J]. 农业工程学报，28（14）: 1-9.

[272] 阎建忠，卓仁贵，谢德体，等，2010. 不同生计类型农户的土地利用：三峡库区典型村的实证研究 [J]. 地理学报，65（11）: 1401-1410.

[273] 颜波，陈玉中，2009. 粮食流通体制改革 30 年 [J]. 中国粮食经济，（3）: 18-25.

[274] 颜银根，安虎森，2013. 演化经济地理：经济学与地理学之间的第二座桥梁 [J]. 地理科学进展，32（5）: 788-796.

[275] 杨钢桥，靳艳艳，2010. 农地流转对农户农地投入影响的区域比较：基于江汉平原和太湖平原的实证分析 [J]. 中国人口·资源与环境，20（10）: 164-168.

[276] 杨华，2011. 农村土地流转与社会阶层的重构 [J]. 重庆社会科学，（5）: 54-60.

[277] 杨继瑞，汪锐，马永坤，2011. 统筹城乡实践的重庆“地票”交易创新探索 [J]. 中国农村经济，（11）: 4-9.

[278] 杨建云，2014. 乡村治理视角下的农村土地综合整治研究 [J]. 中国农业资源与区划，35（4）: 20-25.

[279] 杨俊，王占岐，金贵，等，2013. 基于 AHP 与模糊综合评价的土地整治项目实施后效益评价 [J]. 长江流域资源与环境，22（8）: 1036-1042.

[280] 杨磊，郧文聚，2013. 加快良田建设　促进农业转型：对宁夏高标准基本农田建设的认识与思考 [J]. 中国土地，（9）: 57-58.

[281] 杨磊，郧文聚，左旭阳，2014. 创新整治模式　服务三农发展：广西高标准基本农田建设调研报告 [J]. 中国发展，14（3）: 82-84.

[282] 杨敏，吴克宁，高星，2016. 地方解决耕地细碎化的经验及借鉴 [J]. 中国土地，（8）: 49-50.

[283] 杨庆媛，2006. 西南地区土地整理的目标及模式 [M]. 北京：商务印书馆.

[284] 杨涛，王雅鹏，2003. 农村耕地抛荒与土地流转问题的理论探析 [J]. 调研世界，（2）: 15-19.

[285] 杨祥禄，侍慧宇，李华，2012. 农村人口结构特点与推进农村劳动力有序转移研究：以四川省为例 [J]. 农村经济，（4）: 99-103.

[286] 杨玉珍，2014. 城乡一体化下人地挂钩的制度创新与运行模式 [J]. 经济地理，34（7）: 143-149.

[287] 姚洋，2000. 中国农地制度：一个分析框架 [J]. 中国社会科学，（2）: 54-65.

[288] 叶红玲，2015.“城乡一体”发展，用地布局新战略：上海郊野单元综合整治透视 [J]. 中国土地，（9）: 6-9.

[289] 叶茂，兰鸥，柯文武，1993. 封建地主制下的小农经济：传统农业与小农经济研究述评（下）[J]. 中国经济史研究，（3）: 123-143.

[290] 衣俊卿，1991. 论人的自然—对人与自然关系的微观透视 [J]. 哲学研究，（9）: 11-16.

[291] 尹成杰，2011. 关于“三化同步”推进的理性思考与对策：在中国农业经济学会

2011 年学术年会上的报告 [J]. 农业经济问题，(11): 8-12.
[292] [英] 阿瑟·刘易斯，2005. 经济增长理论 [M]. 周师铭，沈丙杰，沈伯根，译. 北京：商务印书馆.
[293] 游和远，吴次芳，鲍海君，2013. 农地流转、非农就业与农地转出户福利：来自黔浙鲁农户的证据 [J]. 农业经济问题，(3): 16-25.
[294] 游和远，吴次芳，2010. 农地流转、禀赋依赖与农村劳动力转移 [J]. 管理世界，(3): 65-75.
[295] 于建嵘，2016. 谨防土地流转中的农民利益受损 [J]. 人民论坛，(13): 72-74.
[296] 于潇，吴克宁，郧文聚，等，2016. 三江平原现代农业区景观生态安全时空分异分析 [J]. 农业工程学报，32 (8): 253-259.
[297] 余敏，2009. 重庆市山区农地规模经营问题与对策研究 [D]. 重庆：西南大学.
[298] 余勇亮，2013. 农户经营方式转型研究 [D]. 金华：浙江师范大学.
[299] 俞贺楠，2014. 产业转型升级对我国农村转移劳动力就业的影响及对策研究 [J]. 兰州学刊，(5): 170-174.
[300] 袁国华，2005. 突出资源整合加快欠发达县域经济发展 [J]. 长沙铁道学院学报（社会科学版），6 (1): 104-106.
[301] 袁弘，陈田，谢婷，2008. 半城市化地区非农土地利用及整合研究进展 [J]. 地域研究与开发，27 (1): 88-93.
[302] 袁启，2008. 试论土地整理与新农村建设 [J]. 资源与产业，10 (5): 28-31.
[303] 郧文聚，2010. 没有农田整治，就没有现代农业 [J]. 中国土地，(11): 13-14.
[304] 郧文聚，2011. 土地整治规划概论 [M]. 北京：地质出版社.
[305] 郧文聚，2011b. 关于加快土地整治创新的思考 [J]. 华中农业大学学报（社会科学版），(6): 1-5.
[306] 郧文聚，宇振荣，2011a. 中国农村土地整治生态景观建设策略 [J]. 农业工程学报 27 (4): 1-6.
[307] 郧文聚，宇振荣，2011b. 土地整治加强生态景观建设理论、方法和技术应用对策 [J]. 中国土地科学，25 (6): 4-9.
[308] 郧文聚，宇振荣，2011. 生态文明：土地整治的新目标 [J]. 中国土地，(9): 20-21.
[309] 郧文聚，2013-10-14. 高标准基本农田的建设与管理 [N/OL]. 中国科学报.
[310] 郧文聚，2015-04-23. 建设高标准农田要讲原则、重配套 [N]. 中国财经报.
[311] 张蚌蚌，王数，2013. 群众自主式土地整治模式及其效应研究：以新疆玛纳斯县三岔坪村为例 [J]. 经济地理，33 (5): 131-136.
[312] 张大文，2002. 新经济条件下资源整合模式探索 [D]. 成都：西南财经大学.
[313] 张鸿，何希德，郑林用，等，2010. 依靠科技创新　促进城乡统筹发展：以四川省为例 [J]. 农业现代化研究，31 (4): 447-450.
[314] 张建武，刘光辉，明娟，2008. 农地流转与农村劳动力转移：基于赵庄和麒麟村的

个案考察 [J]. 华东经济管理，22（10）: 77-82.
[315] 张健，2010. 贸易自由化对经济增长的影响 [J]. 经济导刊，（5）: 56-57.
[316] 张瑾，2014. 资本主导型土地流转的叙事 [D]. 北京：中国农业大学 .
[317] 张兰，冯淑怡，曲福田，2014. 农地流转区域差异及其成因分析：以江苏省为例 [J]. 中国土地科学，28（5）: 73-80.
[318] 张泉，王晖，陈浩东，等，2006. 城乡统筹下的乡村重构 [M]. 北京：建筑工业出版社 .
[319] 张世全，李汉敏，2013. "挂钩" 透析：对城乡建设用地增减挂钩和人地挂钩的思考 [J]. 中国土地，（2）: 45-47.
[320] 张世全，沈昊婧，李汉敏，等，2013. 关于人地挂钩政策问题的探讨 [J]. 国土与自然资源研究，（3）: 13-16.
[321] 张仕超，魏朝富，邵景安，等，2014. 丘陵区土地流转与整治联动下的资源整合及价值变化 [J]. 农业工程学报，30（12）: 1-17.
[322] 张顺喜 . 2013 年我国粮食是如何实现 "十连增" 的？ [EB/OL]. http://cn.chinagate.cn/economics/2014-03 /21/content_31861928.htm.
[323] 张同信，2009. 土地整治工作的权属调整探讨 [J]. 国土资源情报，（11）: 39-42.
[324] 张维宸，2013. "人地挂钩" 距离新型城镇化还有多远 [J]. 中国国土资源经济，（6）: 17-20.
[325] 张文卓，谢世友，冀建成，2013. 北碚区农业生态经济系统能值分析及可持续发展 [J]. 湖北农业科学，52（9）: 2188-2191.
[326] 张献，郭庆海，2012. 不同区域经济条件下农户土地流转的意愿分析：基于吉林省五棵树镇、瞻榆镇、抚松镇的调查 [J]. 社会科学战线，（5）: 54-59.
[327] 张小林，1998. 乡村概念辨析 [J]. 地理学报，53（4）: 365-371.
[328] 张信宝，王正秋，徐航，等，2002. 陕甘三县坡改梯工程提高土地产出率和劳动生产率的剖析 [J]. 山地学报，20（5）: 589-593.
[329] 张秀玲，2014. 论我国平原地区发展现代农业的思路：以可持续发展为指导 [J]. 生态经济，30（6）: 121-124.
[330] 张秀青，赖景生，2004. 优化农村人口智力结构与提高农村劳动力素质分析 [J]. 西南农业大学学报（社会科学版），2（3）: 47-55.
[331] 张雪露，彭家宇，任晓红，等，2014. 时间与空间的双重规模化：依托合作社进行土地整理的实践研究：以恩施市城郊烟草基地单元为个案 [J]. 湖北社会科学，（8）: 83-88.
[332] 张永岳，2011. 我国城乡一体化面临的问题与发展思路 [J]. 华东师范大学学报（哲学社会科学版），43（1）: 24-31.
[333] 张勇，汪应宏，2013. 发达国家农村土地整治的经验及启迪 [J]. 北京社会科学，（5）: 163-168.

[334] 张媛媛，2014. 人口流动对中国经济发展影响的研究 [D]. 大连：东北财经大学 .
[335] 张云华，2014. 国际视野下的土地流转经验 [J]. 国土资源，(3): 52-54.
[336] 张贞，高金权，杨威，等，2010. 土地整理工程影响下农业生态系统服务价值的变化 [J]. 应用生态学报，21 (3): 723-733.
[337] 张贞，魏朝富，李萍，等，2007. 西南丘陵山区土地整理方案比选研究 [J]. 农业工程学报，23 (10): 98-105.
[338] 张正峰，杨红，谷晓坤，2013. 土地整治对平原区及丘陵区田块利用的影响 [J]. 农业工程学报，29 (3): 1-8.
[339] 章家恩，骆世明，2004. 农业生态安全及其生态管理对策探讨 [J]. 生态学杂志，23 (6): 59-62.
[340] 赵俊芳，郭建平，张艳红，等，2010. 气候变化对农业影响研究综述 [J]. 中国农业气象，31 (2): 200-205.
[341] 赵俊锐，朱道林，2010. 基于能值分析的土地开发整理后效益评价 [J]. 农业工程学报，26 (10): 337-344.
[342] 赵敏敏，2006. 统筹城乡发展建设社会主义新农村 [J]. 社会主义论坛，(2): 10-13.
[343] 赵树凯，2011. 农民的政治 [M]. 北京：商务印书馆 .
[344] 赵小风，黄贤金，王小丽，等，2013. 基于城乡统筹的农村土地综合整治研究：以南京市靖安街道“万顷良田建设”为例 [J]. 长江流域资源与环境，22 (2): 158-163.
[345] 赵智，郑循刚，李冬梅，2016. 土地流转、非农就业与市民化倾向：基于四川省农业转移人口的调查分析 [J]. 南京农业大学学报（社会科学版），16 (4): 90-99.
[346] 甄月桥，朱茹华，李益娟，等，2011. 新生代农民工身份转型过程中的社会支持问题研究：基于浙江杭州、宁波、嘉兴、温州四地的调查 [J]. 发展研究，(9): 98-100.
[347] 郑度，2002. 21 世纪人地关系研究前瞻 [J]. 地理研究，21 (1): 9-13.
[348] 郑海朋，阎建忠，2017. 重庆市耕地转入的区域特征及其影响因素 [J]. 西南大学学报（自然科学版），39 (6): 107-113.
[349] 中共重庆市委研究室课题组，2016. 加强土地管理推进重庆农业现代化问题研究 [R].
[350] 中央党校访德代表团，2006. 德国土地整理和乡村革新的经验及其启示 [J]. 科学社会主义，(1): 112-114.
[351] 钟勉，2013. 关于现代农业产业基地建设问题研究：来自四川的实践 [J]. 经济学家，(4): 24-31.
[352] 钟贤华，谢振峰，2014. 农村土地整治如何赢“民心” [J]. 中国土地，(11): 42-44.
[353] 周蓉辉，2011. 马克思恩格斯关于人与自然和人与人的社会关系理论 [J]. 学术论坛，(2): 5-10.
[354] 周小萍，2004. 区域农业资源可持续利用模式及其评价研究 [J]. 经济地理，24 (1): 85-90.
[355] 周拥平，2006. 江村经济七十年 [M]. 上海：上海大学出版社 .

[356] 朱伏平，张宁俊，易世志，2010. 城乡统筹综合配套改革中成渝地区农村劳动力转移比较研究 [J]. 中外企业家，(4): 4-7.

[357] 朱海莲，彭开丽，2013. 农地城市流转的福利效应研究进展综述 [J]. 国土资源科技管理，30 (4): 8-14.

[358] 朱启臻，2015-01-10. 从公共视角审视农民的耕地财产权 [N]. 农民日报 .

[359] 邹利林，王占岐，王建英，2005. 农村土地综合整治产业化发展盈利模式的构建 [J]. 经济地理，31 (8): 1370-1374.

[360] AGOSTINHO F, DINIZ G, SICHE R, et al., 2007. The use of emergy assessment and the Geographical Information System in the diagnosis of small family farms in Brazil[J]. Ecological modelling, 210(1): 37-57.

[361] ANTROP M, 2005. Why landscapes of the past are important for the future[J]. Landscape & urban planning, 70(1-2): 21-34.

[362] BONFANTI P, FREGONESE A, SIGURA M, 1997. Landscape analysis in areas affected by land consolidation[J]. Landscape & urban planning, 37(1-2): 91-98.

[363] BOSERUP E, 1983. The impact of scarcity and plenty on development[J]. Journal of interdisciplinary history, 14(2): 383-407.

[364] CAVALETT O, DE QUEIROZ J, ORTEGA E, 2006. Emergy assessment of integrated production systems of grains, pig and fish in small farms in the South Brazil[J]. Ecological modelling, 193(3-4): 205-224.

[365] CHEN G Q, et al., 2006. Emergy analysis of Chinese agriculture[J]. Agriculture ecosystems & environment, 115(1): 161-173.

[366] COELHO J, PORTELA J, PINTO P A, 1996. A social approach to land consolidation schemes : a Portuguese case study: the Valença Project[J]. Land use policy, 3(13): 129-147.

[367] CRECENTE R, ALVAREZ C, FRA U, 2002. Economic, social and environmental impact of land consolidation in Galicia[J]. Land use policy, 19(2): 135-147.

[368] DEININGER K, et al., 2011. Rising global interest in farmland: can it yield sustainable and equitable benefits?[R]. The World Bank.

[369] DÉMURGER S, FOURNIER M, YANG W, 2010. Rural households', decisions towards income diversification: evidence from a township in northern China[J]. China economic review, 21(S1): 32-44.

[370] DIEBEL M W, et al., 2009. Landscape planning for agricultural nonpoint source pollution reduction Ⅲ: assessing phosphorus and sediment reduction potential[J]. Environmental management, 43(1): 69-83.

[371] DIJK T V, 2003. Scenarios of Central European land fragmentation[J]. Land use policy, 20(2): 149-158.

[372] GRANDY A S, ROBERTSON G P, 2006. Aggregation and oqrganic matter protection

following tillage of a previously uncultivated soil[J]. Soil science society of America journal, 70(4): 1398–1406.

[373] GROSS L H, ERICKSON J D, MÉNDEZ V E, 2014. Supporting rural livelihoods and ecosystem services conservation in the Pico Duarte coffee region of the Dominican Republic [J]. Agroecology & sustainable food systems, 38(9): 1078–1107.

[374] HAGGBLADE S, HAZELL P B R, REARDON T, 2010. Transforming the rural nonfarm economy: opportunities and threats in the developing world[J]. American journal of agricultural economics, 92(1): 289–290.

[375] HUANG L M, et al., 2010. Marginalization of arable land and its correlation with rural labor migration—a case of Tongcheng County, Hubei Province, China[J]. Asian agricultural research, 2(2): 6–9.

[376] IBRD, WORLDBANK, A response to the world development report 2008: what agenda now for agriculture? [EB/OL]. (2007-10-19). www.worldbank.org.

[377] IPCC, 2007. Impacts, adaptation and vulnerability—working group Ⅱ contribution to the intergovernmental panel on climate change fourth assessment report[R]. Brussels IPCC.

[378] JELLEMA A, et al., 2009. Landscape character assessment using region growing techniques in geographical information systems[J]. Journal of environmental management, 90(5): 161–174.

[379] JEROME W M, 1958. A concept of agribusiness by John H. Davis, Ray A. Goldberg[J]. The journal of business, 31(1): 64–65.

[380] JIANG G, WANG X, YUN W, et al., 2015. A new system will lead to an optimal path of land consolidation spatial management in China[J]. Land use policy, 42(42): 27–37.

[381] JOHN M H, STEVEN C D, 1997. Public infrastructure in economic development and growth: evidence from rural manufacturers[J]. Journal of the community development society, 28(2): 149–169.

[382] JUN K S, et al., 2001. Development of spatial water resources vulnerability index considering climate change impacts[J]. Science of the total environment, 409(24): 5228–5242.

[383] KADLEC V, et al., 2014. Land consolidations as an effective instrument in soil conservation[J]. Ekologia, 33(2): 188–200.

[384] KHANDKER A W, RASHID S, 1995. Wage subsidy and full-employment in a dual economy with open unemployment and surplus labor[J]. Journal of development economics, 48(1): 205–223.

[385] KILIC T, et al., 2009. Rural nonfarm income and its impact on agriculture: evidence from Albania[J]. Agricultural economics, 40(2): 139–160.

[386] KRAMER D B, 2012. Globalization, shifting livelihoods, and their effects on natural resources on the Atlantic coast of Nicaragua[C]// AGU Fall Meeting. AGU Fall Meeting

Abstracts.
[387] LAMBIN E F, GEIST H J, 2003. Regional differences in tropical deforestation[J]. Environment, 45(6): 22-36.
[388] LESTER R B, 1995. Who will feed China?[M]. Washington: Worldwatch Institute.
[389] LIEKE V R, SONNENBORG T O, JENSEN K H, 2009. Impact of climate and land use change on the hydrology of a large-scale agricultural catchment[J]. Water resources research, 45(7): 150-164.
[390] LONG H L, 2014. Land consolidation: an indispensable way of spatial restructuring in rural China[J]. Journal of geographical sciences, 24(2): 211-225.
[391] MIHARA M, 1996. Effects of agricultural land consolidation on erosion processes in semi-mountainous paddy fields of Japan[J]. Journal of agricultural engineering research, 64(3): 237-247.
[392] NAHUSENAY A, TESSFAYE T, 2015. Roles of rural women in livelihood and sustainable food security in Ethiopia: a case study from Delanta Dawunt District, North Wollo Zone [J]. 4(3): 343-355.
[393] NOORT V D, 1987. Land consolidation in the Netherlands[J]. Land use policy, 4(1): 11-13.
[394] ODUM H T, 1995. Environmental accounting: EMERGY and environmental decision making[M]. New York: John Wiley and Sons.
[395] OTÁVIO C, JULIO Q, ENRIQUE O, 2006. Emergy assessment of integrated production systems of grains, pig and fish in small farms in the South Brazil[J]. Ecological modelling, 193(3-4): 205-224.
[396] PARK H D, 1974. Toward a new public policy for housing development in Korea[D]. Boston: Massachusetts Institute of Technology.
[397] PASCUAL H L, SAURA S, 2006. Comparison and development of new graph-based connectivity indices: towards the prioritization of habitat patches and corridors for conservation[J]. Landscape ecology, 35(9): 251-269.
[398] PETER V, TOM V, MARTIN D, et al., 2003. Framing land use dynamics [N]. LUCC Newsletter, Issue No.9: 5-6.
[399] POVEDA A C, 2011. Economic development and growth in Colombia: an empirical analysis with super-efficiency DEA and panel data models[J]. Serie de documentos en economia y violencia, 45(4): 154-164.
[400] RADEL C, SCHMOOK B, CHOWDHURY R R, 2010. Agricultural livelihood transition in the southern Yucatán region: diverging paths and their accompanying land changes[J]. Regional environmental change, 10(3): 205-218.
[401] RAFAEL C, CARLOS A, URBANO F, 2002. Economic, social and environmental impact

of land consolidation in Galicia[J]. Land use policy, (19): 135-147.
[402] RHODES V J, 1993. Industrialization of agriculture: discussion[J]. American journal of agricultural economics, 75(5): 1137-1139.
[403] RUI C, 2005. Economic development and growth in the world economy[J]. Review of economic dynamics, 8(1): 195-230.
[404] SAM M, 2007. Recent changes in crop patterns in the Kilimanjaro region of Tanzania: the decline of coffee and the rise of maize and rice[J]. African study monographs supplementary issue, (35): 73-83.
[405] SHAO J A, ZHANG S C, LI X B, 2015. Farmland marginalization in the mountainous areas: characteristics, influencing factors and policy implications[J]. Journal of geographical sciences, 25(6): 701-722.
[406] SHUHAO T, NICO H, FU T Q, 2006. Land fragmentation and its driving forces in China [J]. Land use policy, (23): 272-285.
[407] SIMATELE D M, BINNS T, 2008. Motivation and marginalization in African urban agriculture: the case of Lusaka, Zambia[J]. Urban forum, 19(1): 1-21.
[408] SKLENICKA P, 2006. Applying evaluation criteria for the land consolidation effect to three contrasting study areas in the Czech Republic[J]. Land use policy, 23(4): 502-510.
[409] TAYFUN C, TURGUT A, FATIH I, 2010. Effects of different land reallocation models on the success of land consolidation projects: social and economic approaches[J]. Land use policy, (27): 262-269.
[410] THEODORE W S, 1964. Transforming traditional agriculture[M]. New Haven: Yale University Press.
[411] TILT B, 2013. The politics of industrial pollution in rural China[J]. The journal of peasant studies, 40(6): 1147-1164.
[412] TSAUR R C, 2011. Decision risk analysis for an interval TOPSIS method[J]. Applied mathematics & computation, 218(8): 4295-4304.
[413] VANHALA S, 2012. Labor flows in the corporate context : a case study of the managerial use of human resources and employee mobility[J]. Monthly notices of the royal astronomical society, 420(2): 1405–1414.
[414] VANLAUWE B, et al., 2014. Sustainable intensification and the African smallholder farmer[J]. Current opinion in environmental sustainability, 8(8): 15-22.
[415] WANG J, CRAMER G L, WAILES E J, 1996. Production efficiency of Chinese agriculture: evidence from rural household survey data[J]. Agricultural economics of agricultural economists, 15(1): 17-28.
[416] WASCHER D M, 2005. European landscape character area. Typologies, cartography and indicators for the assessment of sustainable landscape[R]. Final report as deliverable from

the EU's accompanying measure project European Landscape Character Assessment Initiative (ELCAI), founded under the 5th Framework Programme on energy, environment and sustainable development.

[417] WHELAN C T, LAYTE R, 2006. Economic boom and social mobility: the Irish experience[J]. Research in social stratification & mobility, 24(2): 193-208.

[418] WOODS M, 2011. Rural[M]. London and New York: Routledge.

[419] WU Z, LIU M, DAVIS J, 2005. Land consolidation and productivity in Chinese household crop production[J]. China economic review, 16(1): 28-49.

[420] XU Y, TANG B S, CHAN H W, 2011. State-led land requisition and transformation of rural villages in transitional China: a case study of Shanghai[J]. Habitat international, 35(1): 57-65.

[421] Xue J B, Zhang B, 2014. Impact of rural land consolidation on the changes of landscape pattern: take Haiyan County as an example[J]. Advanced materials research, (10): 2870-2877.

[422] YANG Z, YANG L, ZHANG B, 2010. Soil erosion and its basic characteristics at Karst Rocky-desertified land consolidation area: a case study at Muzhe Village of Xichou County in southeast Yunnan, China[J]. Journal of mountain science, 7(1): 55-72.

[423] YU G, JING F, YI C, et al., 2010. The identification and assessment of ecological risks for land consolidation based on the anticipation of ecosystem stabilization: a case study in Hubei Province, China[J]. Land use policy, 27(2): 293-303.

[424] ZHANG Q, ZHENG S M, YE X Z, et al., 2011. Practical model and countermeasures for the development of ecological circular agriculture in Zhejiang Province, China[J]. Asian journal of agricultural research, 3(2): 58-60, 64.